U1018619

现代测绘理论与技术丛书

车载激光扫描数据处理技术

Vehicle-Borne Laser Scanning Data Processing Technology

李永强　刘会云　著

测绘出版社

·北京·

© 李永强　刘会云　2018
所有权利(含信息网络传播权)保留，未经许可，不得以任何方式使用。

内 容 简 介

车载激光扫描技术(车载 LiDAR)是当今测绘领域最前沿科技之一，其中数据后处理的理论与方法是其核心内容。本书在介绍车载 LiDAR 技术起源与发展的基础上，详细介绍了车载 LiDAR 数据预处理及航迹解算精度提高方法，基于车载 LiDAR 技术的地物信息提取与建模方法，以及车载 LiDAR 技术在建筑物应急灾害测量、地下空间三维建模等方面的应用延伸。最后介绍了车载 LiDAR 技术的几种典型应用。

本书可作为高等院校测绘、遥感、地信等专业高年级本科生和研究生的教材或参考书，也可为从事激光 LiDAR 研究的科研人员和工程技术人员提供参考。

图书在版编目(CIP)数据

车载激光扫描数据处理技术 / 李永强，刘会云著. —北京：测绘出版社，2018.2
(现代测绘理论与技术丛书)
ISBN 978-7-5030-3809-9

Ⅰ. ①车… Ⅱ. ①李… ②刘… Ⅲ. ①汽车—激光扫描—数据处理 Ⅳ. ①U463.6

中国版本图书馆 CIP 数据核字(2015)第 235917 号

责任编辑 李　莹　**封面设计** 李　伟　**责任校对** 石书贤　**责任印制** 陈　超

出版发行	测绘出版社	**电　　话**	010—83543956(发行部)
地　　址	北京市西城区三里河路 50 号		010—68531609(门市部)
邮政编码	100045		010—68531363(编辑部)
电子邮箱	smp@sinomaps.com	**网　　址**	www.chinasmp.com
印　　刷	北京京华虎彩印刷有限公司	**经　　销**	新华书店
成品规格	169mm×239mm		
印　　张	14.625	**字　　数**	287 千字
版　　次	2018 年 2 月第 1 版	**印　　次**	2018 年 2 月第 1 次印刷
印　　数	001—800	**定　　价**	69.00 元

书　　号 ISBN 978-7-5030-3809-9
本书如有印装质量问题，请与我社门市部联系调换。

前 言

对车载激光扫描的渊源，始于 2004 年 7 月，我刚硕士毕业离校到南京师范大学读博士，由于还没有开学，导师也没有安排研究方向，我无意中读到了 Christian Frueh 先生的博士论文《Automated 3D Model Generation for Urban Environments》，对所描述的车载激光扫描技术深感震撼，在接下来的两周里，我对这篇博士论文连续通读了三遍，从此结下了与车载激光扫描技术的不解之缘。

当时由于种种原因，南京师范大学与武汉大学联合研发的车载激光扫描系统还没有到位，我被安排到虚拟地理环境科研组，从事虚拟地理环境的研究工作，整整一年时间，无论如何也摆脱不了车载激光扫描的影响，时不时就搜索相关的文献资料阅读。直到 2005 年 8 月的一天，一台“阵容豪华”的车载激光扫描系统停在了南京师范大学地理科学学院楼西门口，我和妻子刘会云硕士绕着车转了好几圈，然后义无反顾地把我的电脑从虚拟地理环境组所在的房间搬到了隔壁房间里，当时虚拟地理环境组组长温永宁博士向我的导师盛业华汇报了情况。盛老师找我了解情况，我清楚地记得我站在学院西门口，看着车载系统向盛老师保证：“我一定能做好！”感谢盛老师对我的理解和支持，从此我和妻子刘会云硕士就开始了车载激光扫描的探索研究工作。在接下来的一年多时间里，是我感觉最为充实的一段时光，每天只有两件事情：查资料，写代码。由于当时车载激光扫描的研究大多是高校的一些探索工作，国内山东科技大学、武汉大学、中国测绘科学研究院虽然也开始了相关研究工作，但能查到的资料着实很少，95%以上的信息需要通过网络从外文文献中获得，这也锻炼了我从外文网站搜索资料的能力和技巧，我也自嘲在搜索资料时是“惯偷”。2007 年 6 月，我终于顺利完成博士学位论文《基于车载激光扫描的地物三维信息提取与表面快速重建》，和妻子一起来到了河南理工大学测绘学院，开始了另外一种与车载激光扫描相伴的旅程。在刚参加工作的一年时间里，竟然迷茫起来，出现了找不到方向的感觉。有幸在 2008 年年末，我进入了北京师范大学减灾与应急管理研究院从事博士后研究工作，二次拜吴立新教授学艺。在吴老师的指点下，结合防灾减灾应用，我成功申请到自然科学基金青年基金项目“基于车载 LiDAR 数据的建筑物灾情应急测量关键技术研究(41001304)”，这也重新唤起了我对车载激光扫描技术的热情，随着岁月的流逝，这种感觉竟然更加强烈，注定了此生的相伴。

在这 10 余年的研究过程中，也得到了多项科研基金的支持，先后主持或参与的科研项目有：江苏省高校自然科学研究计划“移动三维空间数据采集与处理方法研究（07KJA42005）”；国家自然科学基金青年基金“基于车载 LiDAR 数据的建筑物灾情应急测量关键技术研究（41001304）”；国家自然基金面上项目“地下空间动态 LiDAR 测量关键问题（41771491）”；国家“十二五”科技支撑项目“测绘装备国产化及应用示范（2012BAH34B00）”；测绘地理信息公益性行业科研专项经费项目“新一代多平台多波段移动信息采集系统研制（201412020）”；河南理工大学博士基金“基于车载激光扫描系统的公路数据采集与处理方法研究（B2009-33）”等。来到河南理工大学的 10 年多时间里，我和妻子刘会云共同努力，使河南理工大学车载激光扫描研究团队不断壮大，带领我的硕士生刘宁、苏蕾、郑艳慧、王文越、孙鹏、曹鸿、杨莎莎、牛路标、毛杰、闫阳阳、张西童、李立雪、吴珍珍、李友鹏、黄腾达、董亚涵、孙渡、吕亚磊、杨清科等，开展了大量的试验工作，取得了一批有价值的算法和应用成果。

本书是对前 10 余年工作的系统综合和相关工作的梳理。一则希望能通过本书的写作提炼自身的认识，进一步明确今后的工作方向；二则希望通过本书来传播我们的研究成果，期望更多的学者步入车载激光扫描领域，并对相关的应用和发展有所促进。本书主要由李永强和刘会云共同完成，其中：李永强执笔第 1、5、6、10、11、12 章，以及第 4 章的 5—8 节；刘会云执笔第 2、3、7、8、9 章；第 4 章 1—4 节由我的硕士毕业生、目前在贵州省测绘二院工作的杨莎莎执笔；硕士研究生牛路标、毛杰、闫阳阳、张西童、李立雪、吴珍珍等参与了书稿的整理。

从技术发展的规律看，车载激光扫描技术尚处于茁壮成长阶段，无论是硬件、软件、理论研究、技术应用都有极大的发展空间，尤其是数据处理的技术和方法距离我们的期望还非常遥远。我在给学生上课时这样形容：“外业数据采集时，仪器工作我们听音乐；内业数据处理时，电脑工作我们喝咖啡。”梦想总能变为现实，但愿我们用不懈的追求和努力，使这个梦早日实现。

李永强

2017 年 8 月 1 日

目　录

第1章 绪 论

1.1 引 言

2014 年 5 月 28 日 Code Conference 科技大会上，谷歌推出了没有方向盘、没有刹车的“无人驾驶汽车”，给汽车驾驶带来了全新的理念。2015 年 2 月，英国第一辆无人驾驶汽车 Lutz Pathfinder 亮相。而 2015 年 5 月在上海举办的亚洲消费电子展上，无人驾驶技术可谓出尽了风头，沃尔沃、福特、丰田、谷歌等都推出了自己的无人驾驶技术。与此同时，法国、德国、日本、中国等国家在该领域的研究和应用也取得了很大的进展，仿佛一夜之间进入了无人驾驶汽车的“战国时代”。以最为熟知的谷歌无人驾驶汽车为例，其成功的关键有二：一是利用车载传感器来感知车辆周围环境，并根据感知所获得的道路、车辆位置和障碍物信息，控制车辆的转向和速度，从而使车辆能够安全、可靠地在道路上行驶；二是预先绘制了详细的虚拟地图，这种虚拟地图不是普通的地图，也不是详尽的消费者版谷歌地图，它是描绘现实路况的极其精确的数字化地图，精确到了每一个人行道镶边的位置和高度，将路况精确到了英寸。上述两种关键技术的实现，都与当前测绘领域的一项前沿技术——移动激光扫描技术密切相关。移动激光扫描技术是在移动载体上集成多种传感器系统，在动态移动过程中快速获取道路及两侧地物三维空间信息，以密集激光点云为主导信息源的前沿测绘技术。近几年快速发展的街景地图能更好地帮助我们理解该技术，我们在浏览街景地图的时候，不但能感受真实的街道场景，还能感知方向、量测距离，三维街景更是将真实的三维城市装进了电脑中，人眼看到的是全景相机的二维影像，而三维效果则是通过隐藏在二维影像背后的三维激光点云来实现。“无人驾驶汽车”和“街景地图”是移动激光扫描技术的两个典型应用。移动激光扫描技术在地理空间信息获取、数字产品生产方面表现出更大的潜力，本书主要以移动激光点云为研究对象，总结笔者及其研究团队十余年的研究成果，系统阐述车载激光点云中地物的识别、分类提取及地物三维建模的理论和方法。

1.2 激光扫描技术

激光扫描技术（laser scanning technology）也称激光 LiDAR（light detecting

and ranging)技术，是 20 世纪 90 年代逐步发展并投入商业化应用的一种非接触主动式空间信息获取新技术，以激光扫描仪(laser scanner)为主导传感器，融合定位定姿、影像处理等技术的综合测绘技术。激光扫描仪在伺服马达的支持下，由激光器以极高的速度等角度发射并接收激光束，通过计算飞行时间(或相位差)获得扫描仪中心到地物表面的距离，再通过一系列坐标转换获得地物高精度密集点云。具有数据获取速度快、精度高、不受光线影响以及直接获取地物密集三维点云等诸多优势，被誉为“继 GPS 之后测绘领域又一场技术革命”。激光扫描技术是当前测量领域最热门的研究内容之一，并且随着激光扫描测量装备模式的多样化，以及在测量精度、测量速度、易操作性、抗干扰性能等方面的不断提升和价格的逐步下降，激光扫描技术的应用领域也得到了很大的拓展，成为当前三维空间信息获取的主要手段之一。经过数十年的发展，激光扫描技术已经发展成为一个相对完善的技术体系，有多种分类方法。

按工作原理来分，主要分为脉冲式和相位式。脉冲式也称为飞行模式，是计算激光脉冲从发射到返回的飞行时间，再乘以空气中的光速，从而计算激光器中心到地物表面的往返距离，进而计算地物三维坐标，其优点是扫描距离远(可达数千米)，但精度相比相位式略差(张珂殊，2013；刘守军，2013)。相位式是用无线电波段的频率，对激光束进行幅度调制并测定调制光往返测线一次所产生的相位延迟，再根据调制光的波长换算该相位延迟所代表的距离，进而计算地物三维坐标。相位式采用相位差来实现精密测距，其优点是频率和精度都很高，但扫描距离相对较近。

按维数来分，主要分为线阵激光扫描仪和面阵激光扫描仪。线阵激光扫描仪所发射的激光束限制在一条扫描线内，只有与地物保持相对运动的状态才能获取必要的三维信息，其使用方法主要分为两类：一类是固定传感器，对动态目标进行探测；另一类是搭载在移动平台上，在行进过程中获得地物的三维坐标。面阵三维激光扫描仪借助水平和竖直两个伺服马达的等角度运动，能在保持自身静止的情况下，获得周围地物密集点云，也可搭载在移动载体上，在运动过程中获取周围地物三维点云。

按扫描距离来分，主要分为近程、中程、远程和超远程。一般认为，近程激光扫描仪的作用距离小于 300 m，中程激光扫描仪的作用距离为 300～1 500 m，远程激光扫描仪的作用距离为 1 500～6 000 m，超过 6 000 m 则为超远程激光扫描仪。当前激光扫描仪都采用单一激光发射器，而激光束的飞行速度是固定的，扫描距离和扫描频率之间构成矛盾，扫描距离远则扫描频率相对较低。当前，近程激光扫描仪点频通常超过 10 万点/秒，甚至可达 100 万点/秒，远程激光扫描仪点频通常为几万至十几万点每秒。

按承载平台来分，主要分为星载、空载、地面和移动几种模式。星载激光扫描

(satellite-borne laser scanning,SLS)以卫星为承载平台,运行轨道高,观测视野广,可以触及世界的每一个角落,为境外地区三维控制点和数字高程模型(digital elevation model,DEM)的获取提供了新的途径,对国防和科学研究具有重大意义,探月和火星等探测计划中都包含了星载激光扫描传感器,星载激光扫描在植被垂直分布测量、海面高度测量、云层和气溶胶垂直分布测量以及特殊气候现象监测方法中也可以发挥重要作用。空载激光扫描(air-borne laser scanning,ALS)以空中飞行器(飞机、气球、滑翔机、无人机、飞艇等)为搭载平台,从空中俯视获取地物表面密集点云。空载激光扫描起步较早,其研究也相对比较深入,应用领域也得到了很大的拓展,在地形测绘、数字城市、电力巡线、灾害监测、海岸工程、林业应用等方面得到了广泛应用。地面激光扫描(terrestrial laser scanning, TLS),通常也叫地面三维激光扫描或地形三维激光扫描,是把仪器放置在地面上,通过仪器内部在水平和竖直两个方向的伺服马达的驱动,来获得周围地物密集点云坐标。地面三维激光扫描仪作业模式灵活,价格相对较低,近些年来得到了非常广泛的应用,在文物保护、建筑物三维重建、地形测绘、工业测量、地下工程、灾害测量、大型制造等领域得到了非常广泛的研究和应用。移动激光扫描(mobile laser scanning,MLS)是将激光扫描仪等传感器安装在地面移动平台(汽车、摩托车、三轮车、船只、人等)上,在移动过程中动态获取地物详尽的三维信息。由于地面移动测量系统需要集成多种传感器系统,其重量相对较重,并且为了能在公路上快速行进时采集数据,通常选用机动车为承载平台,所以通常也称为车载激光扫描(vehicle-borne laser scanning,VLS),或车载 LiDAR。车载激光扫描在公路改扩建、道路资产管理、数字城市建设、工程应用、三维测绘、应急救灾、城市街景等领域得到了较为广泛的应用。

1.3　车载激光扫描技术发展

1.3.1　车载激光扫描系统定义

车载激光扫描作为激光扫描领域的一个重要分支,也是激光扫描技术家族中相对年轻的成员,其在硬件系统研发、数据后处理、关键问题研究以及应用领域的拓展等方面都经历了一个从无到有、逐步深入、不断完善的过程。从称谓上讲,车载激光扫描系统有不同的描述,通常情况下,有以下几种常见的称呼:车载激光扫描系统(vehicle-borne laser scanning system)、车载激光测量系统(vehicle-borne laser surveying system)、车载 LiDAR(vehicle-borne LiDAR)或移动 LiDAR(mobile LiDAR),其中“车载激光扫描系统”和“车载 LiDAR”的称呼最为普遍,在本书中,对两者也往往进行了混用。从定义上讲,车载激光扫描系统也随着搭载传感器系统的变化以及集成模式的改变而有所变化，目前阶段的定义可以描述为：车载激光扫描系统是把激光扫描仪系统、CCD 相机系统、定位定姿系统（position and orientation system，POS）、控制系统等高度集成在一起并固定在车辆上，在车辆移动过程中快速获取道路两侧地物详尽的位置和属性信息，并在配套数据后处理软件系统支持下为测绘工作者提供多种解决方案的信息采集系统。其中激光扫描系统是主导传感器，在车辆行进过程中快速获得道路两侧地物详细的三维点云信息，通常使用线阵激光扫描仪，不同车载激光扫描系统所选用的激光扫描仪差异较大，组合模式也各有不同；CCD 相机系统是获取纹理信息的主要传感器，可以为独立相机，也可以是全景相机或双目相机；POS 系统通常为 GPS/IMU（全球定位系统/惯性测量装置）和里程计的组合系统，为整个车载系统实时提供高精度位置和姿态信息；控制系统是整个车载激光扫描系统的中枢，负责对各传感器的各种控制指令以及协调不同传感器系统之间的协同工作。

1.3.2 车载移动测量系统的发展

车载激光扫描系统的发展得益于车载移动测量系统的发展，其理论研究最早可以追溯到 20 世纪 80 年代中期，加拿大和美国一些政府部门提出移动式公路设施维护系统（mobile highway inventory system, MHIS），加拿大卡尔加里大学研发了 Alberta MHIS 系统，该系统采用航位推算传感器（陀螺仪、加速度计和里程计等）实现定位定姿，在车辆上安装模拟相机，拍摄公路设施现状，及时为公路维护单位提供信息。尽管当时 MHIS 系统定位精度较差，但其应用前景吸引了大量科研和工程技术人员。随着 GPS 技术的发展，GPS 能为移动平台提供绝对的定位精度，1988 年，Alberta MHIS 系统首次采用差分 GPS 定位技术（differential global positing system, DGPS），用于解算车载移动系统中相机投影中心的位置参数，并引入惯性导航系统（INS）用于确定相机的姿态参数。起步阶段的车载移动系统的研究集中在理论研究和原型设计方面，未能形成有效的商业产品，车载移动测图的概念刚刚建立雏形。1989 年，美国俄亥俄州立大学（The Ohio State University, OSU）制图中心 CFM 提出了将 GPS 应用于智能交通计划的建议，并于 1990 年成功设计了 GPSVan 移动测量系统，系统使用 GPS、里程计和直接地理定位来提高导航参数，装配两台能连续拍摄的模拟相机，自动获取影像数据，并以立体相对方式求取地面点的三维空间坐标。在随后的 2～3 年间，俄亥俄州立大学进行了第二、第三代 GPSVan 原型系统的设计，并将双频差分 DGPS 应用到车载系统中，系统实现了商业化，GPSVan 系统被称为第一台移动车载测图系统。从 1994 年开始，加拿大卡尔加里大学成功地将 GPS/INS 组合系统装载到 Alberta MHIS 系统中，研发出第一代车载移动测量 VISAT 系统。随后将 GPS/INS、里程计、彩色数码 CCD 相机、摄像机等传感器进行组合，发展为第二代 VISAT 系统，定位精度可达 0.1～1.0 m；在第二代 VISAT 系统的基础上，对软硬件进行升级改造，发展为第三代 VISAT 系统。在美国俄亥俄州立大学和加拿大卡尔加里大学的技术创导下，国外各大研究机构、院校、商业公司也纷纷对车载测量系统的技术进行了广泛和深入的研究。移动测量系统经历了前期 10 年左右的发展，在定位定姿精度和数据获取效率方面都有了很大的改善，由于这个时期主要以相机为数据获取传感器，激光扫描系统尚没有应用到系统中，因此还不能称为车载激光扫描系统，但前期的技术积累为车载激光扫描系统的出现和发展打下了一定的基础。

1.3.3 车载激光扫描技术的发展

随着激光 LiDAR 的出现、惯性测量装置（IMU）测量精度的提高以及 GNSS/INS（全球导航卫星系统/惯性测量装置）组合技术更加先进，车载移动测量系统支持激光 LiDAR 成为现实。特别是国际上几家知名激光扫描仪制造商（如奥地利的 RIEGL 公司、加拿大 OPTECH 公司和德国的 SICK 公司等）所制造的精密测距的激光扫描仪，使得各个研究机构、商家将激光扫描仪与移动车载平台相互集成，并逐步取代相机等传感器，成为最主要的测量传感器，这也促成了车载激光扫描系统（vehicle-borne laser scanning system，VLSS；或 mobile laser scanning system，MLSS）的出现。车载激光扫描技术的发展，从 20 世纪 90 年代中期到现在 20 年左右的时间，总结起来可以分为探索阶段、初步发展阶段、快速发展阶段，在今后的数年到更长一段时间，激光扫描技术会进入一个相对成熟阶段，各阶段描述如下。

1. 探索阶段（1996—2002 年）

1996 年，美国 JECA 公司研制出 TruckMap 车载系统，该系统将激光扫描仪作为车载摄影相机的辅助传感器，作用是获得传感器到目标的距离。由于 TruckMap 系统中的激光扫描仪所获得的点云有限，还不能真正有效地从车载激光点云中达到对地物目标测量和提取的目的，但作为车载激光扫描的前期探索，可以认为 TruckMap 系统是车载激光扫描技术发展的开端。

在随后的数年内，激光扫描仪作为车载移动测量系统的传感器，逐步得到了科研工作者的认识和响应，其中影响最大的是加利福尼亚大学（University of California）视频与影像处理实验室（Video and Image Processing Lab）的 Früeh（2001，2003，2004a，2004b，2005）和日本东京大学（University of Tokyo）空间信息科学实验中心的赵卉菁（1999，2001，2003）、Manandhar等（2000，2001a，2001b，2002）。他们均以固定车辆顶端的 SICK 线阵激光扫描仪为主要数据获取传感器，以 CCD 相机为辅助传感器，研究从车载激光点云中地物提取的方法，研究重点集中在点状地物提取、道路边界提取、空洞填补、噪声滤除、建筑物立面建模等方面，如图 1.1 所示。虽然前期的研究所使用的理论方法不多，技术方法也不成熟，但这些有益的探索工作对其后数年的研究产生了很大程度的影响。前期的车载激光扫描仪均垂直于车辆行进方向，在车辆行进过程中，只能获取朝向于街道一侧的建筑物立面数据，这是前期车载激光扫描系统的一个主要特征。东京大学的车载激光扫描系统在后期进行了完善，安装了多台激光扫描仪，分别朝向不同的方向，能够获得建筑物三个立面的点云数据。2002 年，Christian Früeh 完成了博士论文《Automated 3D Model Generation for Urban Environments》，该论文成为车载激光扫描技术前期探索研究的一个代表性成果。

(a) JECA车载系统　(b) 加利福尼亚大学车载系统　(c) 东京大学车载系统

图 1.1　前期车载激光扫描系统

2. 初步发展阶段(2003—2008 年)

经历了前期的探索阶段，在车载 LiDAR 领域，更多的研究机构开始了相关的研究工作，但仍然以高校科研院所为主体，代表性的大学除加利福尼亚大学和日本东京大学外，还有日本早稻田大学、日本先端科技学院、美国田纳西州大学、法国巴黎矿业大学、美国卡内基梅隆大学等，如图 1.2 所示。所开展的研究工作主要集中在车载激光扫描系统原型系统的研发和数据处理方法的研究，研究工作者取得了一系列的研究成果，也引起了更多的学者和研究机构关注这项前沿技术。同时，一些科研机构也将激光扫描系统集成安装在机器人平台上，如南加州大学计算机科学系机器人研究实验室、纽约城市大学计算机科学与技术学院与研究生中心、牛津大学机器人研究组、奥斯纳布吕克大学计算机科学学院基于知识系统研究组等(Abuhadrous et al,2003a,2003b,2004a,2004b;Asai et al,2004,2005a,2005b;Nüchter et al,2004,2006)。基于机器人平台的激光扫描与车载激光扫描相比，虽然承载平台有差异，但数据获取和研究内容存在共性，这也进一步促进了车载激光扫描技术的发展。我国科研工作者也紧跟科技发展前沿，国内的知名学者，包括李德仁、刘先林、李清泉、史文中等都给予了充分的关注(李德仁,2006;刘先林,2013,2015;李清泉 等,2000;史文中 等,2005)。武汉大学与山东科技大学联合进行了第一代 3Dsurs 车载激光扫描系统的研发，南京师范大学与武汉大学长恒公司联合研制了车载激光扫描系统 3DRM，随后中国测绘科学研究院、首都师范大学、华东师范大学(Wu et al,2013)等也开始了车载激光扫描系统的自主研发工作。在这个阶段内，国家也加大车载激光扫描方面的基金支持力度，各高校所开展的研究工作大多是在基金的支持下开展的，研究的范围和深度得到了进一步深入，初步的理论方法体系产生雏形，在硬件集成方面积累了大量的试验经验。很多科研人员参与到相关研究中，其中山东科技大学王健于2006年完成的博士论文《移动激光扫描数据处理与应用研究》（王健，2006）、南京师范大学李永强于2007年完成的博士论文《基于车载激光扫描的地物三维信息提取与表面快速重建》（李永强，2007）是该时期国内有代表性的系统性成果。随着车载激光扫描技术在软、硬件研究的逐步开展，以及一些有实力公司的资助，车载激光扫描技术开始走向商业化，步入批量生产阶段。前期代表性商业化车载激光扫描系统有加拿大OPTECH公司的LYNX系统、英国3D Laser Mapping公司的StreetMapper系统、日本TOPCON公司的IP-S2系统。StreetMapper系统在仪器性能和集成化程度方面具有优势，在全世界范围内被采购的范围最广，基于该系统开展的数据处理的研究也最多；IP-S2系统使用价格相对低廉的传感器，系统价格比较低，由于谷歌街景的面世，采购了数量众多的IP-S2系统在全世界范围内为其采集数据；LYNX系统虽然在全球有一定数量的销售，但与其他两款系统相比，其推广程度相对较小。商业装备也开始逐步走入国内，如由中翰公司代理的LYNX系统就获得两个客户，分别为天津星际空间公司和中科院深圳先进技术研究院。车载激光扫描技术在谷歌地球、谷歌街景中的成功应用，给人们对现实世界的认识产生很大的冲击，一些研究工作者开始将兴趣投入到街景研究上，从事高科技的公司也从中看到了巨大的商机，商业化驱动开始将车载激光扫描技术带入一个新的发展阶段。

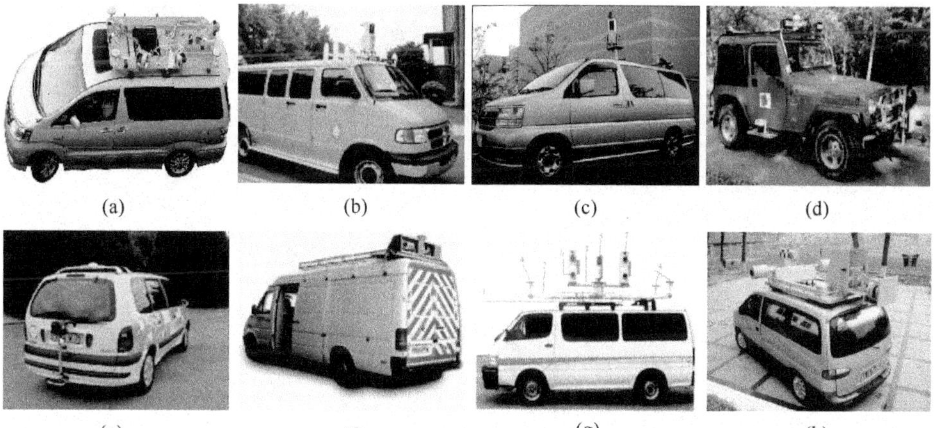

(a) (b) (c) (d) (e) (f) (g) (h)

图 1.2 初步发展阶段主要车载激光扫描系统

设备归属单位：(a)早稻田大学；(b)田纳西州大学；(c)日本先端科技学院；(d)卡内基梅隆大学；(e)巴黎矿业大学；(f) 英国3D Laser Mapping公司；(g)山东科技大学；(h)南京师范大学。

3. 快速发展阶段(2009—现在)

在这个时期,车载激光扫描技术开始迈入了快速发展阶段,其中以硬件系统的发展最为突出,车载激光扫描技术发展状况如下。

(1)在市场驱动下,更多的机构投入到车载激光扫描系统的研发和销售中,客户也有了更大的选择空间。目前,国际上主流车载激光扫描系统有加拿大OPTECH公司的LYNX系统、美国Applanix公司的LandMark系统、英国3D Laser Mapping公司的StreetMapper系统、奥地利RIEGL公司的VMX450系统等。在国内市场上,主要的车载激光扫描系统有北京四维远见公司的SSW系统、立得空间公司的MMS系统、中海达公司的iScan系统、天宝公司的VMX-450系统、中翰公司的LYNX系统等,其他一些公司也研发了车载激光扫描系统,如北科天绘公司、武汉滨湖公司、四维图新公司等,如图1.3所示。

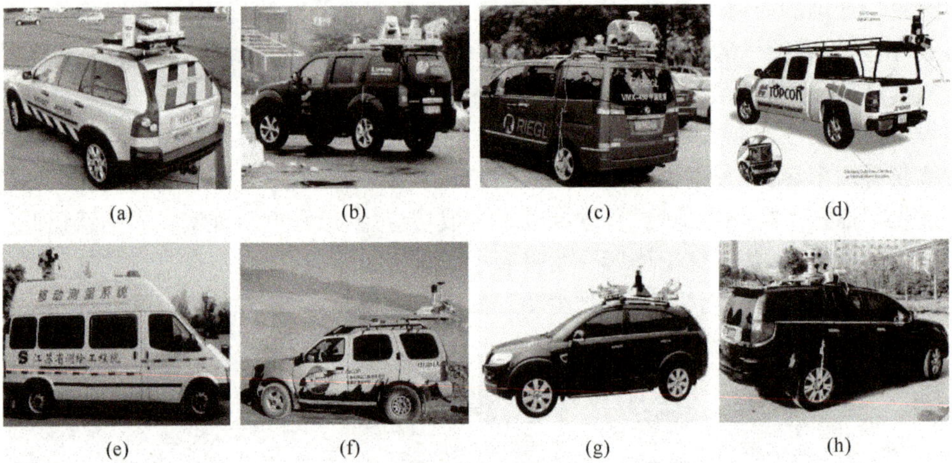

图1.3 当前代表性商业化车载激光扫描系统

设备归属单位:(a)英国3D Laser Mapping公司;(b)OPTECH公司;(c)RIEGL公司;(d)Topcon公司;(e)北京四维远见公司;(f)中海达公司;(g)立得空间公司;(h)四维图新公司。

(2)车载激光扫描系统综合性能进一步提高,大多数厂家都在原有系统基础上进行了升级换代,第二代、第三代产品成为市场主体,每个型号的车载激光扫描系统都具有自身的特色。以车载激光扫描系统最重要的传感器——车载激光扫描仪为例,其性能要求越来越高,目前车载激光扫描系统所使用的激光扫描仪,都需要满足以下基本指标:扫描距离≥200 m,点频≥10万点/秒,扫描精度≤2 cm/100 m。曾经应用广泛的SICK激光扫描仪,虽然在价格上有优势,但受到自身性能的限制,逐渐退出了竞争行列。在特色方面,如北京四维远见的SSW系统,其特色是安装了可升降3~10 m的升降杆,能在升起一定高度后实现转扫,并且为了适应复杂的作业环境,SSW系统还采用了“子母车”的模式,能实现大车和小车的同时联合数据采集。

(3)生产工艺也相对稳定，大多数厂家都能实现量产或订单化量产。如LYNX系统、StreetMapper系统、VMX450系统、iScan系统、SSW系统等都实现了量产或订单化量产。

(4)车载激光扫描技术的应用也更加广泛，在很多领域都取得了成功的应用，如道路测量、部件测量、地籍测量、三维城市建模、水上测量、高清街景、地下车库测量、地理国情监测等。

(5)基础研究的支持得到进一步重视。基础理论和方法研究是推动车载激光扫描技术向纵深发展的重要因素，各国政府、企业都非常重视对基础理论方法的研究，以我国为例，从2000年开始，通过“973”项目、“863”项目、国家科技支撑项目、测绘地理信息公益专项以及国家自然科学基金项目等形式资助的科研项目超过数十项，累计金额超亿元，对硬件系统、软件系统研发，基础理论研究以及国产装备的推广起到了极大的促进作用。

(6)专业人才培养呈现快速增长趋势。人才培养是科学研究和技术推广应用的重要组成部分，高校作为最主要的人才培养基地，近年来，国内已有数十家高校或科研院所培养出了车载激光扫描方面的硕士生或博士生。综合数量和质量，目前最主要的单位有武汉大学、山东科技大学、首都师范大学、厦门大学、河南理工大学、解放军信息工程大学等(喻亮，2011；邹晓亮，2011；杨长强，2008；魏征，2012；韩友美，2011；万国伟，2011；杨洋，2010)。到2015年年底，在车载激光扫描领域，国内高校培养出的博士毕业生已近30人，硕士毕业生超过100人，在读博士生和硕士生规模超过100人，无论从数量和质量上来讲，都在逐年提高。近几年来，从国外留学归来一定数量的高层次人才，充实到科研队伍中，从而保证了我国与国外基本处于相近的研究层次。

(7)街景成为当前车载激光扫描技术应用的最大领域。随着谷歌街景在全球范围内的快速扩展，以及其带来的巨大的商机，我国街景也紧随其后，成为地理信息行业一个快速崛起的领域。当前能提供街景服务的代表商家有城市吧、谷歌、腾讯地图、我秀中国、百度地图、高德地图等，而车载激光扫描系统无疑成为最主要的数据获取手段，每天都有数十辆车载系统奔跑在城市街道上。

4. 相对成熟阶段(现在—2020)

在今后的数年甚至更长一段时间内，车载激光扫描技术会延续当前的快速发展势头，并且会逐步走向相对成熟，车载激光扫描技术将有以下发展趋势。

(1)集成化程度越来越高。当前，车载激光扫描系统的主要传感器系统，如GNSS/IMU组合系统、激光扫描仪系统、相机系统、控制系统等，都自成体系。由于外壳及系统之间连接部件等因素，集成系统整体相对比较笨重，对承载平台的选择、系统的安装以及数据采集工作都造成不小的影响。随着传感器技术的发展，部分传感器系统可以合并起来，甚至整个车载激光扫描系统的所有传感器都可以集成在一个外壳里，各传感器内部之间的联系更加紧密，甚至内部的控制线路也集成为一体，系统的集成化程度更高、重量更轻、操作控制更加协调一致。

(2)规模化生产更加突出。随着市场竞争的进一步加剧，车载激光扫描系统的性能和价格将成为赢得竞争的两个决定因素，一些在研发能力和经济实力上有竞争力的公司将会拥有更多的市场，而竞争力较弱的生产厂商将会被并购，或退出车载激光扫描领域，规模化生产趋势更加明显。今后的一段时间，车载激光扫描仪的生产成本会有所降低，市场价格也会有所下降，产品的升级换代将会有序进行，与其他商品相似，车载激光扫描系统也会逐步迈入相对规范的市场。

(3)智能化数据后处理要求更加迫切。目前，全球投入使用的车载激光扫描系统多达数百套，今后会有数量更多的系统应用于生产。由于车载激光扫描系统惊人的数据获取能力，快速、高效、智能化数据后处理的要求越来越迫切。车载激光扫描系统的配套软件系统将会成为决定因素之一，在数据采集、数据预处理、数据产品生产等环节均要求更加智能、功能更加强大的配套软件系统。

(4)产学研联系将更加紧密。车载激光扫描技术的持续发展，必须有大量的基础研究工作为支撑，而基础性的研究工作，往往需要高层次专门人才，投入多，见效慢。生产单位有大量的生产实践活动，但高层次人才以及基础研究能力不足，对生产实践中的一些关键技术问题的解决能力有限；有实力的公司虽然也在研发方面投入大量人力和财力，但仍然难以满足需要；而高校科研单位在基础研究、人才培养方面具有优势，但往往科研成果转化困难。在今后相当长一段时间内，车载激光扫描技术的发展还会面临一系列问题，这必然会促使经营单位、生产单位、科研高校之间的合作，只有建立更加紧密的产学研联系，各方才能更大限度地受益。

(5)专业人才需求量越来越大。随着投入生产的车载激光扫描系统数量的大量增加，以及车载激光扫描系统越来越强大的数据获取能力，需要更多的专业人才来充分发挥其效能。高校作为人才培养的重要基地，除培养从事基础研究的高层次人才外，还需要与生产单位联合进行专业人才的培养，如专业硕士、卓越工程师、专科人才等。

(6)多源数据融合是必然趋势。尽管车载激光扫描技术在数据获取方面有诸多优势，但也存在不少自身难以克服的问题。例如在进行城市建筑物三维建模时，车载激光扫描系统只能获取建筑物立面数据，对建筑物顶部信息的获取无能为力；再如使用车载激光扫描技术进行山区丘陵公路防灾减灾应用中，对于较大的山体以及较深的沟壑，车载激光扫描的作用能力有限，需要配合地形三维激光扫描、无人机共同实现。

1.4 本章小结

本章先从谷歌无人驾驶车和街景引出车载激光扫描技术，然后介绍了激光扫描技术，分别从扫描原理、扫描维数、扫描距离、承载平台几个方面对激光扫描仪的分类进行了介绍，最后详细介绍了车载激光扫描技术的发展状况。第三部分中，先总结了激光扫描技术的定义与称谓，然后介绍了车载激光扫描技术发展的前期——车载移动测量技术的发展，接着把车载激光扫描技术的发展分为探索阶段、初步发展阶段、快速发展阶段进行了详细介绍，并对今后几年进入相对成熟阶段的特点进行了预测分析。

第2章　车载 LiDAR 数据预处理

车载激光扫描系统快速获取道路及其两侧三维表面信息，使外业数据采集工作相当轻松和迅捷。然而，激光扫描仪仅获取从仪器中心到目标点的扫描角度与距离信息，要得到目标点的真实三维信息，还需要一个复杂的数据处理与转换过程。本章中先对车载激光扫描系统作一介绍，接着讨论与数据处理密切相关的激光扫描仪标定问题，然后进行空间坐标的转换和激光点云的可视化操作，最后重点阐述在数据预处理中发挥重要作用的背景移除工具的研究与开发。

2.1　车载 LiDAR 系统工作原理

2.1.1　工作原理

车载 LiDAR 系统是将汽车作为搭载平台，集成激光扫描仪、GPS、相机等装置，在汽车行驶中采集两侧目标地物的三维信息。主要的工作原理如图 2.1 所示。在图 2.1(a)中激光扫描仪为倾斜放置，而图 2.1(b)中的激光扫描仪为垂直于建筑物放置。汽车在行驶过程中，GPS 记录车载 LiDAR 系统行进过程中的位置和地理坐标，IMU 同时记录汽车的俯仰、偏航等姿态数据。车载激光扫描仪获取目标地物到激光扫描仪中心的距离，实时获取目标地物表面的几何信息。CCD 相机动态获取目标地物表面的序列影像信息，可以用于数据处理时目标地物表面纹理的建模。因此车载 LiDAR 系统采集的数据主要包括：距离数据、CCD 相机获取的影

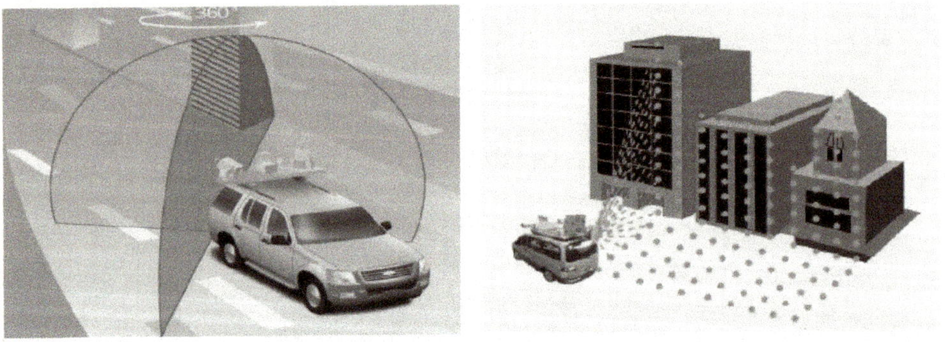

（a）倾斜扫描模式　　（b）垂直扫描模式

图 2.1　车载 LiDAR 系统工作原理

像数据、GPS 定位数据、IMU 获得的姿态数据。将 GPS 数据和 IMU 数据进行联合解算处理后得到 POS 数据，把获得的 POS 数据与车载激光扫描仪获得的相对坐标数据进行融合，最终得到目标地物激光扫描点的空间三维坐标。

2.1.2　车载 LiDAR 的特点

与固定在地面上，对安放地点周围地物进行密集扫描的作业方式不同，车载 LiDAR 有其自身的特性：

(1)车载激光扫描系统在车辆正常行驶过程中动态采集数据，为了保证数据采集的效率和质量，在数据采集过程中要尽量减少大的转弯；另外车载平台有一定的高度限制，激光扫描仪的射程也有限，因此适合于大型带状场景(城市街道、公路、隧道、堤岸等)信息的采集与重建。

(2)激光扫描仪的扫描方向垂直于车辆行进方向，每条扫描线上的点近似落在一个扫描平面内，相邻两条扫描线近似平行，相邻扫描线间的狭长条带也具有相似的特征，因此数据处理时，宜以扫描线为单位，根据相邻扫描线间的相似或关联关系进行处理。

(3)激光扫描仪以一定的角度间隔采集数据，在靠近车辆的地面上，数据点的间隔非常小，随着距离的增加，数据点的间隔不断增加，当到达竖直目标时，数据点间隔的变化量趋于平缓，因此同一条扫描线上，数据点的密度有很大的差别。

2.2　车载 LiDAR 系统标定

2.2.1　坐标系的定义

1. 地心惯性坐标系(o-$x^i y^i z^i$)

原点为地球质心 o，z^i 轴沿地轴指向北极方向，x^i、y^i 轴在地球赤道平面内，x^i 轴指向春分点，三个坐标轴指向惯性空间固定不动，构成右手坐标系。

2. 地固坐标系(o-$x^e y^e z^e$)

原点为地球质心 o，z^e 轴与地球自转轴重合，x^e、y^e 轴在地球赤道平面内，x^e 轴指向格林尼治子午线，y^e 轴指向东经 90°方向，三个坐标轴构成右手坐标系，长半轴为 6 378.137 km，扁率为 1/298.257。

3. 地理坐标系(o-$x^n y^n z^n$)

又叫东北天坐标系，是在车载系统上用来表示车辆所在位置的东向、北向和天向的坐标系，其原点在车载系统中惯性导航系统的中心处，y^n 轴沿参考椭球子午圈方向指向北，x^n 轴沿参考椭球卯酉圈方向指向东，z^n 轴沿参考椭球外法线方向指向天顶三轴构成右手坐标系。

4. 载体坐标系($o\text{-}x^by^bz^b$)

与车载系统固连的坐标系，其坐标系原点位于惯性导航系统的中心，y^b轴与车辆行进方向相同指向前，x^b轴方向与车辆横轴相同指向右，z^b轴在车辆竖轴方向，与 x^b、y^b轴构成右手坐标系。

5. 激光扫描仪自定义坐标系($o\text{-}x^ly^lz^l$)

中心为激光扫描仪中心，在扫描平面内，0°扫描角方向为 z^l轴，90°扫描角方向为 x^l轴，y^l轴垂直于扫描平面且指向车辆前进方向。

地心惯性坐标系、地固坐标系、地理坐标系和载体坐标系定义及其关系如图 2.2 所示。DGPS/INS/Odometer 系统通过自带处理系统以紧耦合方式对数据进行处理，并以 200 Hz 的频率输出系统瞬时的位置与姿态信息，其中位置指 INS 中心在 WGS-84 椭球上的平面投影坐标，z 值为高程值，经纬度为 INS 中心的经纬度，姿态信息为载体坐标系相对于地理坐标系的旋转角。

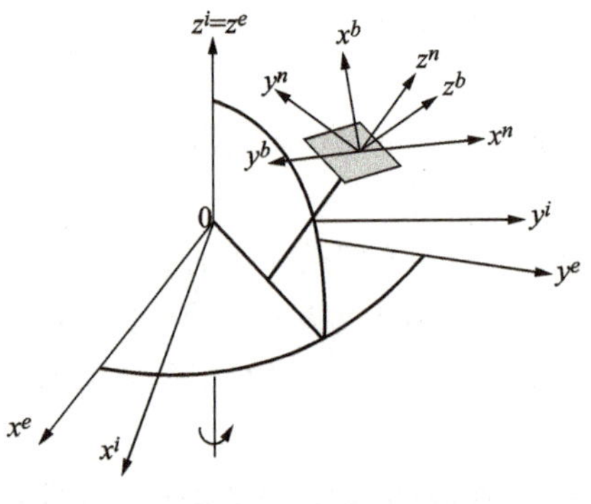

图 2.2　坐标系定义及其关系

2.2.2　标定参数的确定

把车载激光扫描系统看作一个刚体，车辆在行驶过程中，其自身的绝对位置和姿态是时刻变化的，相应地载体坐标系的位置和方向也是时刻变化的，但是载体坐标系与激光扫描仪自定义坐标系(Laser 坐标系)间的关系是固定的，如图 2.3 所示。Laser 坐标系中心与载体坐标系中心不重合，存在 3 个距离偏移量 Δx、Δy 和 Δz；Laser 坐标系的 3 个坐标轴也不完全与载体坐标系对应的 3 个坐标轴平行，存在 3 个旋转角 $\Delta\varphi$、$\Delta\omega$ 和 $\Delta\kappa$。要把激光扫描仪自定义坐标系下的目标点坐标信息转换到 WGS-84 坐标系，需要按下面的顺序进行转换：Laser 坐标系下坐标→载体坐标系下坐标→WGS-84 坐标。由此

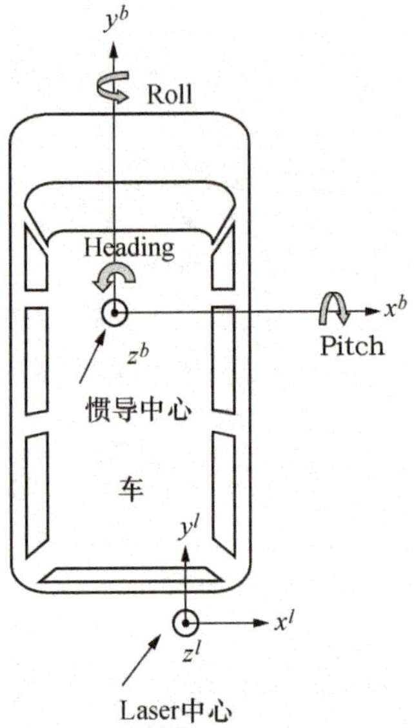

图 2.3　激光扫描仪自定义坐标系与载体坐标系定义

可知,要进行坐标转换计算,首先需要确定 Laser 坐标系与载体坐标系间的 3 个平移量和 3 个旋转角,即 6 个需要标定的参数。

2.2.3　标定方案设计

采用坐标计算法对各参数分别求取。

1. 平移量标定

在激光扫描仪和 INS 表面贴上多个激光反射片,用全站仪精确观测这些反射片的位置,然后依据激光扫描仪和 INS 仪器说明书上的参数通过空间立体几何方式解算仪器的中心,因为两个仪器中心在同一坐标系下,通过坐标差可求得平移量 Δx、Δy 和 Δz。

2. 旋转角的标定

在激光扫描仪的标定过程中,一个关键的问题是对空间点的查找,与面阵的 CCD 影像不同,车载激光扫描系统中的激光扫描仪是线阵的,对目标点的确定比较困难。笔者设计了如图 2.4 所示的装置:在如图所示的木质框架上并排拉紧两根韧性好的深色细线,在细线上粘贴三个面积为 1 cm^2 的反射片。根据激光扫描仪自身的性能,对 1 cm^2 的目标能产生回波信号,实际上在获取的数据中,每个反射片产生 1～2 个反射信号。由于深色细线的回波信号非常小,对测量结果影响很小,可以忽略,它的作用是把激光反射片固定在空中,便于对反射信息的观测和数据查找。贴三个反射片是为了保证由反射片确定的直线都落在激光扫描仪的扫描平面内。

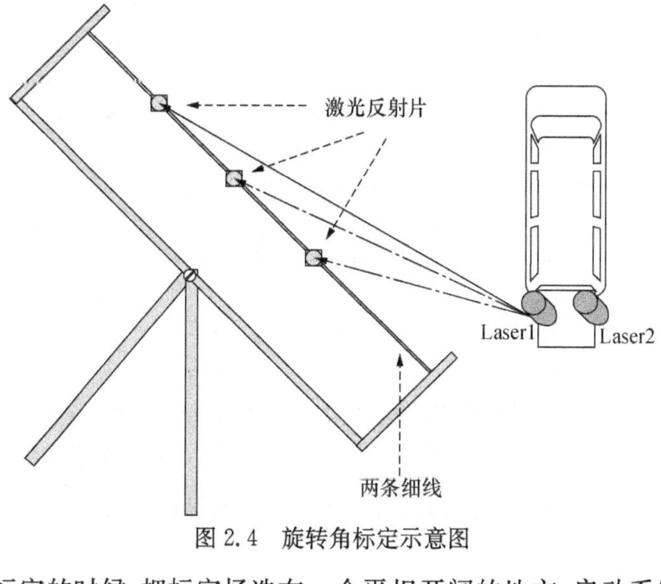

图 2.4　旋转角标定示意图

在进行标定的时候,把标定场选在一个平坦开阔的地方,启动系统运行程序,反复调整车辆的位置和方向,尽量使三个旋转角度接近于零。然后固定车辆,调整标定支架上面激光反射片的位置和角度，通过系统实时显示的点云图像观测激光反射片信息，进行反复调整，当三点都有比较稳定的反射信号时，记下该时刻的时间，然后用全站仪精确测定激光反射片的位置，同时测定激光扫描仪中心的位置。在后处理中，查找激光反射片信息在扫描线数据中的序号与距离值。

三个待标定旋转角是分别求算的，以 $\Delta\omega$ 为例，如图 2.5 所示，o 为激光扫描仪中心，x^n、x^b和 z^n、z^b分别为地理坐标系和载体坐标系的 x 轴和 z 轴平移后的坐标轴，x^l和 z^l分别为 Laser 坐标系的 x 轴和 z 轴，p 为一个激光反射片。ω 角为载体坐标系相对于地理坐标系的翻转角，由系统直接读出来；$\Delta\omega$ 为 Laser 坐标系相对于载体坐标系的翻转角，是未知的；θ_1 为 p 点所在的扫描线与 Laser 坐标系 x^l 轴（90°）的夹角，可以由反射点的序号求得；θ 为激光扫描仪中心 o 点坐标和 p 点坐标求得的与 x^n的夹角。因此 $\Delta\omega=\theta-\theta_1-\omega$ 即为待定参数 $\Delta\omega$ 的标定值，类似地可以求得其他两个待定角度参数 $\Delta\varphi$ 和 $\Delta\kappa$。

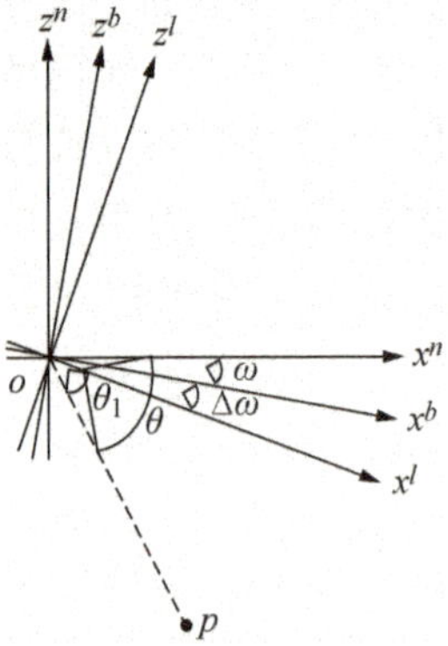

图 2.5 翻转角 $\Delta\omega$ 求解示意图

2.2.4 精度评价

激光扫描仪和 INS 中心是通过精确测量求得的，其精度可以达到 1 cm以内，其误差对目标点坐标的换算影响不大；旋转角的误差对目标点坐标的换算影响很大，一般情况下，1°的标定误差对目标点的精度影响在 0.5 m 以上，因此，角度标定是整个标定工作的核心。由于激光扫描仪的角度分辨率为 0.5°，在确定目标点在自定义坐标系中的角度的时候，其精度只能精确到 0.5°。对每个角度参数的标定都是单独进行的，并且都忽略了其他两个角度的影响，这势必增加标定误差，通过对多次标定结果进行筛选然后取平均值则能减小误差。

2.3 车载 LiDAR 数据预处理

2.3.1 数据文件的整合

车载激光扫描系统采集数据时采用了不同记录方式：激光扫描仪数据存储在 Access 数据库中，每条记录存储一条扫描线信息，包括该扫描线数据采集时的系统时间 T_S（以开始采集数据时为零时间）、同步器时间 T_N（拍摄相片时的 GPS 时间）和 361 个距离值；DGPS/INS/Odometer 系统以 200 Hz 的频率给出 INS 中心瞬时位置和姿态信息，存储在文本文件中。要计算目标点的空间坐标，就需要知道每列扫描线瞬时对应的扫描仪中心位置和姿态信息以及 361 个距离值。扫描仪中心位置和姿态信息可以通过与 INS 中心的标定参数求得，但其与距离值存储在不同文件中，没有统一的时间标准，这是系统软件的缺陷。因此需要解决两个问题：数据存放的统一和时间的统一。

由于数据库支持高效的数据查询，因此先把 DGPS/INS/Odometer 文本文件中的数据转移到 Access 数据库中，数据库的每条记录对应一帧数据，这样便完成了数据存放的统一。

系统以 5 m 距离间隔拍摄相片，记录一个同步器时间，两幅相片拍摄间隔内激光扫描仪通常记录几十甚至几百条扫描线，它们被赋予了相同的同步器时间，即相片拍摄时的 GPS 时间。解决时间统一问题的方法如下：先找出每组扫描线（同步器时间相同）中第一条扫描线对应的系统时间，作为该组的起始时间 T_0，然后计算其他扫描线的系统时间与起始时间的差值 $\Delta_i = T_{S_i} - T_0$，再与同步器时间相加，便得到了各扫描线对应的 GPS 时间，这样就完成了时间的统一。最后以扫描线对应的时间为基准，在 DGPS/INS/Odometer 对应的数据表中查找最近的记录，把两个记录数据进行合并，便得到了每条扫描线数据完整的信息，包括激光扫描仪的位置、姿态、距离值等。

2.3.2　目标点空间坐标计算

1. 空间坐标转换原理

设有两个三维空间直角坐标系 $O\text{-}XYZ$ 和 $O'\text{-}X'Y'Z'$（尺度比参数为 1），则把 $O\text{-}XYZ$ 坐标系下某一点 $P(X,Y,Z)$ 转换为 $O'\text{-}X'Y'Z'$ 坐标系下一点 $P'(X',Y',Z')$，则需要先进行旋转变换，然后进行平移变换，其中旋转角分别为 ω、φ、κ，平移量分别为 ΔX、ΔY、ΔZ，两者的转换关系为

$$\begin{bmatrix} X' \\ Y' \\ Z' \end{bmatrix} = \boldsymbol{R}(\varphi)\boldsymbol{R}(\omega)\boldsymbol{R}(\kappa)\begin{bmatrix} X \\ Y \\ Z \end{bmatrix} + \begin{bmatrix} \Delta X \\ \Delta Y \\ \Delta Z \end{bmatrix} = \boldsymbol{R}\begin{bmatrix} X \\ Y \\ Z \end{bmatrix} + \begin{bmatrix} \Delta X \\ \Delta Y \\ \Delta Z \end{bmatrix} \tag{2.1}$$

其中

$$\boldsymbol{R}(\varphi) = \begin{bmatrix} \cos\varphi & 0 & -\sin\varphi \\ 0 & 1 & 0 \\ \sin\varphi & 0 & \cos\varphi \end{bmatrix} \tag{2.2}$$

$$\boldsymbol{R}(\omega) = \begin{bmatrix} 1 & 0 & 0 \\ 0 & \cos\omega & \sin\omega \\ 0 & -\sin\omega & \cos\omega \end{bmatrix} \tag{2.3}$$

$$\boldsymbol{R}(\kappa) = \begin{bmatrix} \cos\kappa & \sin\kappa & 0 \\ -\sin\kappa & \cos\kappa & 0 \\ 0 & 0 & 1 \end{bmatrix} \tag{2.4}$$

2. 目标点坐标计算

依据上面坐标转换原理，先根据测量点的序号和距离值转换为 Laser 坐标系下的坐标，然后根据标定参数确定的旋转矩阵和平移量转换为载体坐标系下坐标，最后由载体坐标系的位置和姿态信息转换为 WGS-84 坐标。

2.3.3 数据结构的定义与数据分块处理

经坐标转换后，每条扫描线的信息被保存在数据库的一条记录内，笔者采用 ADO(active data object)操作数据库，为了数据操作方便，采用了数据库绑定技术。每个信息点都是三维空间点，一条扫描线包含 361 个扫描点，用以下结构来分别存储空间点和扫描线信息。

```
class DPoint //三维空间点
{
public:
    double x;//x 坐标
    double y;//y 坐标
    double z;//z 坐标
    friend CArchive & operator <<( CArchive ar,const DPoint &pt)//
                                        重载<<
    {…}
    friend CArchive & operator >>(CArchive &ar,DPoint &pt)//重载
                                        >>
    {…}
    void Serialize(CArchive &ar)//对象序列化
    {…}
};

struct LineData//保存一条扫描线数据的信息
{
    int no;//记录集(扫描仪)的编号
    double time;//经过更正后的时间
    DPoint insPos;//该帧数据对应的惯导中心的 WGS-84 坐标
    double lon;//惯导中心经度
    double lat;//惯导中心纬度
```

```
    double roll;//Roll
    double pitch;//Pitch
    double yaw;//Heading
    unsigned type[361];//各个点的类型
    BOOL show[361];//点是否显示
    DPoint coord[361];//各个点的 WGS-84 坐标
    DPoint Processing[361];//存储各个点的 OpenGL 坐标，是动态变
                           化的
};
```

在数据操作过程中，对数据点进行去除操作，并不是真的把该点的信息删除，而是通过布尔型的 show 数组，把该点标示为 false，在进行计算和显示的时候，该点便不再参与计算。对于一些其他的分类操作，可以通过 type 数组来标示各个数据点的类型，例如，对于公路信息的分类，可以把边界点定义为 1，路面点定义为 2，边坡点定义为 3，而其他的点定义为 4，对不同类型的数据分别进行相应的操作。

对获取的场景信息进行显示的时候，不可能把整个场景信息全部显示出来，也不可能一次只显示一条扫描线数据，需要对数据进行分块处理，这就牵涉到了分块处理的原则。Früeh(2005)按照下面两个原则对车载激光扫描获取的城市街道数据进行分块：①数据块包含的路面有小的曲率；②扫描线有规整的格网结构。依照 Früeh 的原则，以 100 m 左右的距离把街道分为若干小段，街道拐弯处由于曲率比较大被排除在外。这种方法对于城市街道的分块有一定的合理性，但也损失了街道拐弯处丰富的信息，数据预览也相对呆板。笔者采取了更加灵活的分块方式。首先是存储数据块数据的结构体 DataBlock，其定义如下：

```
struct DataBlock//数据块
{
    std::vector<LineData>lines;//保存一系列扫描线信息
    ...
};
```

在数据块结构体中，数据变量 lines 动态存储一系列扫描线数据，因此数据处理时可以通过参数设置显示任意长度、任意区域的数据，给数据处理更大的自由度。

2.3.4　重叠数据精简

数据采集过程中，车辆遇到红灯或其他原因会停止前进或前进速度减慢，而激

光扫描仪仍然正常工作，在局部区域会出现扫描线数据非常密集或重叠现象，需要采取措施去除那些冗余的扫描线数据。这项操作直接在数据库中进行，先设定一个距离阈值作为相邻扫描线的最小间隔，然后把第一条对应的 INS 中心位置作为起始位置，从下一条记录开始计算其对应的 INS 中心位置到起始位置的距离，若小于限差，则移除该记录，若大于限差，则把该位置作为新的起始位置并重复进行以上操作。

激光扫描仪垂直于车辆行进方向采集扫描线数据，当车辆沿直线或近似直线轨迹行驶时，扫描线数据中包含的地物信息也按顺序排列，形成有序的空间拓扑关系。但当车辆行驶的轨迹有比较大的曲率时，扫描线数据可能出现倒置的现象，如图 2.6(a)所示。图 2.6(b)和图 2.6(c)对造成上述现象的原因进行了说明。

图 2.6(b)中两邻近扫描线有一定的夹角，分别对应目标物的 1、2 位置，当目标距离扫描仪比较近时，两扫描线的交点落在了目标物的后方，而 1、2 位置处的扫描线数据就形成了正常的空间拓扑。当两目标比较远时，两扫描线的交点落在了目标物的前方，如图 2.6(c)所示，这样就形成了空间数据的交叉现象。目标与扫描仪的临界距离 d、两扫描线夹角 $\Delta\theta$ 以及两扫描线数据获取时车辆行驶距离 Δs 有如下关系

$$d=\frac{\Delta s}{\sin(\Delta\theta)} \tag{2.5}$$

当扫描线上目标点的距离超过临界距离时，说明该数据点可能落在前面扫描线数据点覆盖的区域内，造成对目标的重复采样，给后续工作带来麻烦，需要消除重复数据。虽然激光扫描仪能探测 80 m 范围内的目标，但在实际应用中，通常仅把 40 m 以内的数据看作有效数据，之外的目标由于数据采样点很少、信息提取比较困难而直接被忽略。按式(2.5)计算各扫描线与其前面邻近扫描线间的关系，把当前扫描线中距离超过距离限差的数据点移除。

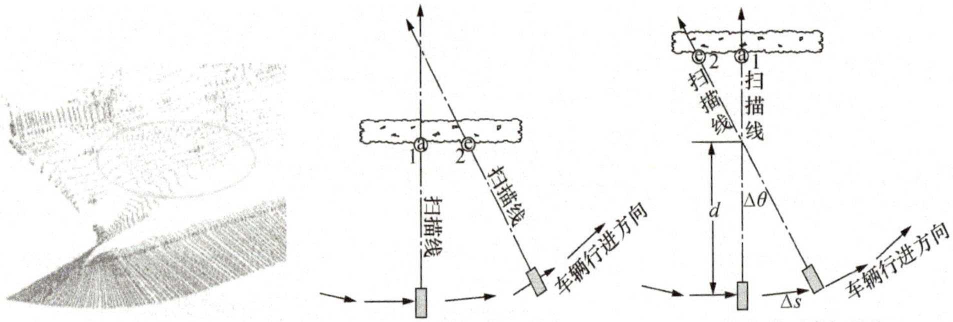

(a) 扫描点交叉现象 (b) 正常扫描线 (c) 非正常扫描线

图 2.6 扫描线空间位置关系

2.4　车载 LiDAR 点云的有序化处理

2.4.1　基本思想

车载 LiDAR 沿着带状的公路采集信息，激光扫描仪采集每条扫描线数据所用时间极短，因此每条扫描线数据点都近似于落在一个平面内。每条扫描线都相当于带状地物的一个横断面，相邻两条扫描线所在平面也近似平行，中间所夹区域为一个狭长条带，把相邻两条扫描线上的点构建为三角网就能准确反映这个条带区域的形态特点。整个带状地物就是由许多这样的狭长条带构成的，把这些条带状的三角网连接起来就能准确描述整个带状地物的形态结构。因此，表面重建过程就是对相邻两列扫描线数据进行构网并不断重复的过程。

2.4.2　轨迹单一化

车载 LiDAR 系统不仅采集了地物精确的三维信息，而且还记录了详细的轨迹信息。一般情况下，轨迹线与道路边界近似平行，但也不可避免地会存在对某一区域数据进行重复采集的情况，在同一路段上轨迹可能出现两条或多条，甚至相互交错，这时需要对轨迹信息进行简化，成为单一轨迹。每个轨迹点都包含时间信息，车辆在行进过程中，同一条轨迹上邻近数据点在时间上差异较小，同一路段上往返轨迹在时间上有一定的时间差。以各轨迹数据点获取的时间标志为主要参考来进行数据简化，方法如下：①从起始轨迹点开始，按时间顺序对比各相邻点，将距离过近的点去除，这样就把车辆停止时获取的数据点去除，保证各轨迹点都是在行驶过程中获取的，并按时间顺序对各数据点进行编号；②再从起始位置开始，依次以每个数据点为中心，搜索一定距离半径内且序号大于当前点的数据点，判断各点与当前点的时间差和序号差，若时间差和序号差都大于给定阈值，则去除该点，这样可以将重复的轨迹去除，从而使一段路面上只保留最先采集数据时的轨迹。图 2.7 为轨迹简化示意图，其中图 2.7(a)为简化前的轨迹数据，包含有重复轨迹，图中方框部分放大如图 2.7(b)所示，按上述方法进行轨迹的单一化处理，效果如图 2.7(c)所示。

(a) 简化前　　(b) 放大　　(c) 简化后

图 2.7　轨迹简化

2.4.3　加入辅助面的有序化

不同的车载 LiDAR 系统获取点云的方式差异很大，若激光扫描仪垂直于车辆行进方向，则每条扫描线都可以近似看作道路的一个"断面线"。相比大场景散乱点云，若以每条扫描线数据为独立数据处理单位，则可以简化数据处理的复杂度，并大大提高数据处理的效率。但是大多数情况下，激光扫描仪扫描方向都不与车辆行进方向垂直，尤其是多台仪器同时作业时，或者一条道路往返采集数据时，所获取的点云只能看作是散乱点。为了把散乱点云转化为"断面线"数据，需要使用 GPS 轨迹数据作为辅助信息。简化后的 GPS 轨迹线近似平行于道路边界且走向相同，将简化后的轨迹线方向作为辅助面的法向量来加入辅助面，原理如下：加入的各辅助面垂直相交于轨迹线，交点为辅助面的中心点，根据道路的宽度设置辅助面的高和宽，依据中心点的坐标和辅助面的高和宽计算出辅助面的四个顶点的坐标值，公式为

$$\left.\begin{aligned}&\boldsymbol{X}=\boldsymbol{P}_1-\boldsymbol{P}_0\\&\boldsymbol{Y}=\boldsymbol{X}\cdot\boldsymbol{Z}\\&\boldsymbol{V}_i=\boldsymbol{P}_0\pm\frac{H\cdot\boldsymbol{Z}}{2}\pm\frac{W\cdot\boldsymbol{Y}}{2}\end{aligned}\right\}\tag{2.6}$$

式中，$\boldsymbol{P}_0$、$\boldsymbol{P}_1$ 为要插入截面和轨迹线交点，$\boldsymbol{X}$ 为轨迹线的方向向量，$\boldsymbol{Z}=[0\ 0\ 1]$为向上的方向向量，$\boldsymbol{Y}$ 为向右的方向向量，W、H 为截面的宽和高，$\boldsymbol{V}_i$ 为要插入的截面顶点坐标。

根据上述原理，设定插入界面的距离间隔，插入一系列辅助面，如图 2.8 所示。对每个辅助面，将其两侧一定距离范围内的数据点投影到辅助面上，构成一系列"断面线"数据，如图 2.9 所示，投影后的每条"断面线"所包含的数据可看作一条扫描线，作为一个独立数据处理单位进行处理。

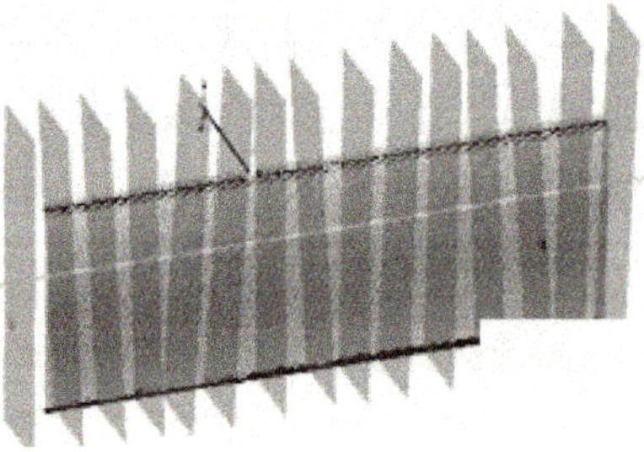

图 2.8　插入截面

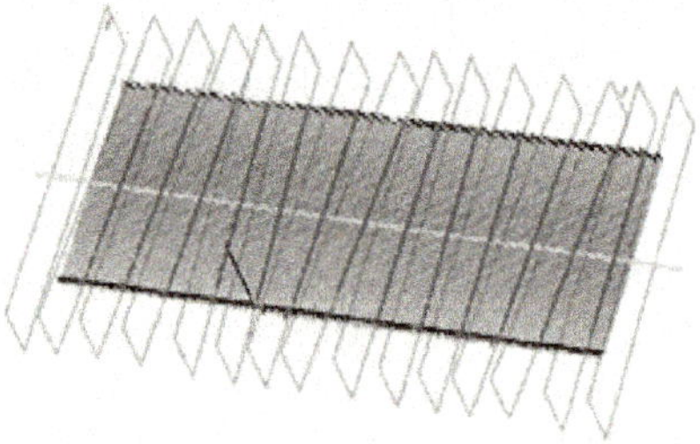

图 2.9　点云投影

2.5　前景层与背景层的交互分离

在动态采集数据过程中，激光扫描仪无选择地记录了所有能够探测到的信息，

其中包括需要提取的信息如路面和建筑物立面等，称为前景，也包括冗余信息如树木、行驶中的车辆以及其他无序的空间散乱点等，称为背景。信息提取前，必须有效地分离前景和背景。李必军等(2003)先进行地形地物数据分类，然后用曲面拟合的方法滤除背景；王健等(2003)根据建筑物立面与地面的几何关系找到变坡点，利用激光扫描仪测得的点的距离确定出冗余数据函数，进而滤除背景信息；张爱武等(2005b)先检测出主要墙面位置，然后把主要墙面之前某一区间认为遮挡物，之后某一区间认为空间散乱点，并进行滤除。在车载激光扫描研究中，用直方图法进行前景、背景分离也是常用的方法。车载激光扫描要处理大量的三维信息，特别是对于复杂的城市环境，函数法或直方图法都容易造成错分现象，例如 Früeh(2005)采用直方图法进行前景与背景的自动分离，就把部分树木划分为了建筑物侧面信息。如果对点云图像进行直接操作，只要保证数据处理的速度，则其直观性明显优于函数法或直方图法，准确性也能得到保证。

2.5.1　分离工具的基本原理

设空间任一点 $P_0(x_0, y_0, z_0)$，空间任意平面 π 的平面方程为 $Ax+By+Cz+D=0$。平面 π 把空间分为三部分：平面的正面、背面和平面上。根据空间解析几何原理(马国强 等，1995)，点 P_0 与平面 π 存在以下关系：若 $Ax_0+By_0+Cz_0+D>0$，则点 P_0 落在平面 π 的正面；若 $Ax_0+By_0+Cz_0+D=0$，则点 P_0 落在平面 π 上；若 $Ax_0+By_0+Cz_0+D<0$，则点 P_0 落在平面 π 的背面。

2.5.2　分离工具的开发

要分离前景和背景，需要在两者之间插入一个空间平面，平面一侧的点被移除，另一侧的点被保留，该平面称为裁剪平面(和平鸽工作室，2003)。在交互编辑中空间平面的位置很难有效控制，为了提高裁剪效率笔者采用以下的方法来放置空间平面：旋转点云图像到一个合适的位置，然后在前景和背景图像间绘直线，这条直线实际上是垂直于屏幕的一个平面，然后旋转图像，则该平面随图像一起旋转。把裁剪平面的思想予以扩展：若在屏幕上绘折线，则折线的每条线段代表一个垂直于屏幕的平面，相邻平面以交线连接。裁剪面的构建过程如下：用鼠标在计算机屏幕上绘线段，线段两端点的窗口坐标为 $p_1(x_1, y_1)$、$p_2(x_2, y_2)$，对应的屏幕三维坐标为 $p_1(x_1, h-y_1, 0.5)$、$p_2(x_2, h-y_2, 0.5)$，其中 h 为设定的高度，p_1、p_2 在屏幕深处平行于屏幕的某一平面 $z=t$ 上投影，投影点分别为 $v_1(x_1, h-y_1, t)$，$v_2(x_2, h-y_1, t)$，由 p_1、p_2、v_2、v_1 四点构成的平面 k 垂直于屏幕。使用函数 gluUnProject 把平面 k 的屏幕坐标转换为 OpenGL 坐标，则平面 k 与用 OpenGL 坐标显示的激光点云在同一个坐标系下，根据点与平面的位置关系可以判断点落在裁剪平面的哪一侧，执行相应的操作移除裁剪平面一侧的所有背景点。

依据以上裁剪面原理，笔者开发了以下裁剪工具。

1. 单裁剪面

拖动鼠标在计算机屏幕上绘线段，形成一个裁剪平面，这个裁剪面仅由一条线段及其投影点构成，所以为单裁剪面。单裁剪面为一个半透明平面且有箭头指示其法向量的正向，平面的两侧用不同颜色表示。当旋转图像的时候，裁剪平面也一起旋转，由于使用了颜色融合技术，落在裁剪平面正面和背面的点云图像呈现不同的颜色，很容易判断空间点落在裁剪平面的哪一侧。单裁剪面主要有两个操作函数：正面移除和背面移除，相应的功能为移除落在裁剪平面正面的所有点或移除落在裁剪平面背面的所有点。

2. 双裁剪面

点云图像处理中，为了保留扫描目标完整的信息（如建筑物的一个立面），而把其他的信息都滤除掉，可以执行两次单裁剪面操作来实现，也可用一次双裁剪面操作来实现。双裁剪面继承了单裁剪面，它把两个单裁剪面平行放置在一起，且正方向相反，裁剪面的间距可以调节，执行相应的裁剪操作，可一次性移除落在两裁剪平面内侧或外侧的所有点。

3. 多裁剪面

由于所处理的对象变化多样，单裁剪平面和双裁剪平面只能处理一些简单的点云聚于某深度范围的情况。为满足处理复杂情况的需求，开发了多裁剪面功能。在屏幕上绘折线，每个线段是一个单裁剪面，多个单裁剪面组合在一起形成了一个多裁剪面，单裁剪面是多裁剪面的一个特例。无论顺时针或逆时针交互绘制多裁剪面，其正方向总能自动调节为朝向外侧。裁剪面把空间分两个部分：内侧和外侧。要判断空间点是否落在裁剪平面内侧，就是判断点是否落在所有平面的背面，因此绘制多裁剪面时，折线的形状必须是凸的，否则就会出现判断错误。

4. 闭合裁剪面

闭合裁剪面继承于多裁剪面。在绘制多裁剪面结束之后，自动形成一个闭合的环面。闭合裁剪面把点云数据分为内外两个部分，可一次性滤除所有内部或外部数据点。

5. 裁剪盒

对于特殊情况，仅用平面并不能把两部分数据分离开，借助于裁剪盒操作就可以把一些特殊的点分离掉。裁剪盒继承于单裁剪面，它的六个面由六个单裁剪平面组成且各平面的背面都朝向盒子的内部。盒子的大小、方向、位置可以调节，裁剪盒把空间分为内外两部分，执行相应的操作可以移除盒内部或外部点。

由于前景和背景基本上都沿公路或街道的走向分布，因此在实际操作中，单裁剪面和多裁剪面使用最为广泛。由于要保证数据处理的速度，对于少量未被滤除的背景信息，通常会在后续处理中自动滤除，没有必要进行大量的干预交互滤除。

也就是说，对于一段要处理的信息，只需要进行有限的几次裁剪操作，就可以滤除绝大部分的背景信息，保留的信息能够满足后续处理的要求。类似于裁剪面的思想，在分离前景和背景的时候，在屏幕上绘直线，利用空间点在屏幕上的投影与线段的空间关系，也可以移除落在直线一侧的所有点。但是点云图像描绘的是三维空间信息，空间裁剪面使用了色彩融合技术，在任何位置观察空间点与裁剪面位置关系的时候，都可以通过不同的色调清楚地分辨出来，利于进行保留信息和移除信息的正确性判断。利用点与直线关系进行判断的时候，只能通过它们在屏幕上的投影进行判断，既不利于观察，也容易造成错分。

2.5.3　分离效果分析

图 2.10(a)为一段长度为 65 m 的高速公路点云图像，由于车辆靠公路右侧行驶，所以只获取了公路右侧的信息。信息提取时，需要提取公路的边界、路面及右侧的边坡信息，其他的信息都看作背景信息予以滤除。从图 2.10(a)中可以看出，右侧边坡的外侧包含很多的树木信息就是空间的噪声点，在边坡和需要移除的背景中间绘出一个多裁剪面，如图 2.10(a)中的箭头所指线段，旋转点云图像，可以看到前景和背景信息用裁剪面融合后呈现不同的颜色，如图 2.10(b)所示。执行移除操作，则落在裁剪面一侧的背景信息全部被滤除，如图 2.10(c)所示。然后在公路的另一侧绘制单裁剪面，位置如图 2.10(c)中箭头所指线段，执行移除操作，则裁剪面一侧的背景信息也被全部滤除。只需要执行上面一个单裁剪面和一个多

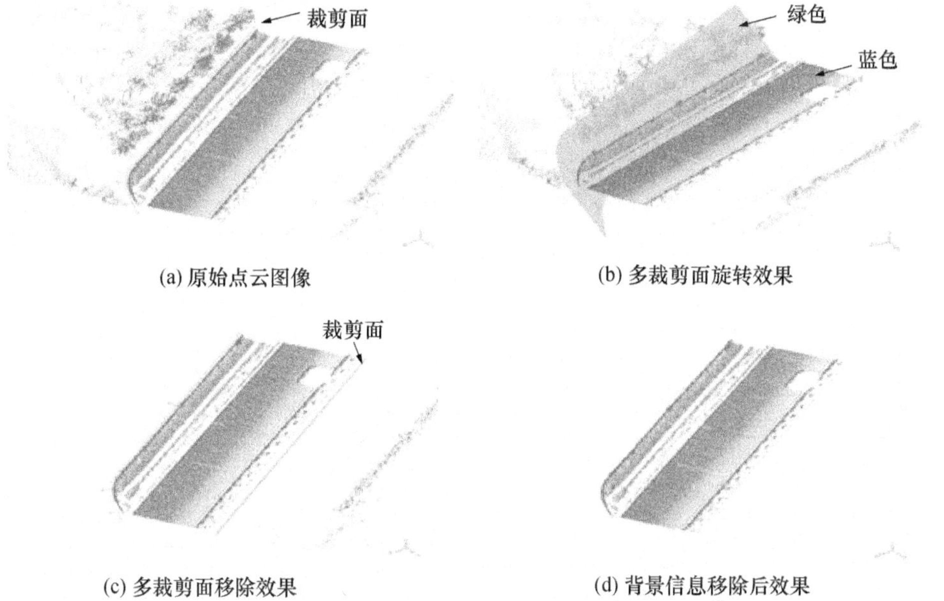

(a) 原始点云图像　(b) 多裁剪面旋转效果

(c) 多裁剪面移除效果　(d) 背景信息移除后效果

图 2.10　背景信息滤除

裁剪面两个简单的操作，便滤除了绝大部分背景信息，如图 2.10(d)所示，剩余的极少背景信息可以在后续的操作中自动完成。从该实例中可以看出，使用裁剪面进行交互操作适应了车载激光扫描前期数据预处理的要求，操作方便、快捷、直观，不会造成错分现象。裁剪面把空间分为两部分的思想在后面的处理中会得到进一步的应用。

2.6 本章小结

在本章中，先对车载激光扫描进行了介绍，包括激光扫描仪工作原理、车载激光扫描系统组成及其特点；接着进行了激光扫描仪的标定工作的讲解，包括标定的原理、方法以及精度评价；然后介绍了数据预处理方面的问题，包括数据文件的整合、扫描点空间坐标的计算、重叠数据的精简以及数据的分块处理方法；最后根据车载激光扫描数据的特点以及数据处理的要求，进行了背景分离工具的研究，包括分离工具的原理、方法以及效果分析。笔者开发的分离工具原理简单、操作灵活，经实践证明有很好的实用性，在后续的研究中发挥了重要作用。

第 3 章　车载 LiDAR 航迹解算精度提高方法研究

车载 LiDAR 技术是当今测绘领域最前沿科技之一，因其速度快、精度高、成本低、主动方式获取数据等特点，在公路、城市街道、堤岸等区域测量中具有明显优势。然而在隧道和高楼林立的城市环境中，车载 LiDAR 系统时常会因为 GPS 失锁导致系统测量精度下降，在很大程度上制约了车载 LiDAR 系统优势的发挥。如何有效提高车载 LiDAR 系统的导航精度则是迫切需要解决的问题。本章以 StreetMapper 360 系统为例，围绕车载 LiDAR 系统测量精度、不同环境中失锁情况、隧道和城市中精度提高等方面展开研究。

3.1　车载 LiDAR 测量主要误差分析

StreetMapper 360 是一款性能比较出众的车载 LiDAR 系统，北京德可达公司是国内较早使用该系统的公司，系统主要技术参数如表 3.1 所示。

表 3.1　StreetMapper 360 系统的主要技术参数

扫描仪	RIEGL VQ-250	IMU	IMU-IIe
脉冲频率	300 kHz	漂移	0.01°/h
扫描频率	300 kHz	频率	256 Hz
最大测程	300 m(80%反射率)	测姿精度	0.003°/0.007°
测距精度	10 mm	相机	Pike
扫描频率	100 线/秒	面阵大小	2048×2048
激光安全	1 级	像元大小	7.4 μm × 7.4 μm
GPS	NovAtel OEM-4	镜头焦距	20 mm
频率	2 Hz	GPS 时戳精度	100 ns
辅助设备	DIA	拍片速度	7.5 幅/秒

从车载 LiDAR 系统的组成和数据处理过程可以看出，系统测量误差主要来自以下几个方面：动态 GPS 测量误差、偏心分量测量误差、IMU 测量误差、激光扫描仪器测角和测距误差、测速仪测量误差。

3.1.1 差分 GPS 测量误差

式(3.1)为 GPS 测量的基本原理,其中 ρ_1、ρ_2、ρ_3 为接收机相位中心到三颗卫星的距离,(X^1, Y^1, Z^1)、(X^2, Y^2, Z^2) 和 (X^3, Y^3, Z^3) 分别为卫星在 WGS-84 坐标系中的坐标。根据空间后方距离交会原理式(3.1)即可得到测站在 WGS-84 坐标系中的坐标。

$$\left.\begin{aligned}\rho_1^2&=(X-X^1)^2+(Y-Y^1)^2+(Z-Z^1)^2\\\rho_2^2&=(X-X^2)^2+(Y-Y^2)^2+(Z-Z^2)^2\\\rho_3^2&=(X-X^3)^2+(Y-Y^3)^2+(Z-Z^3)^2\end{aligned}\right\}\tag{3.1}$$

根据 GPS 测量原理可知,GPS 测量误差主要包括与卫星有关的误差、与信号传播有关的误差和与接收机有关的误差。其中,与卫星有关的误差包括卫星星历误差、卫星钟钟误差和相对论效应;与信号传播有关的误差包括电离层延迟、对流层延迟和多路径误差;与接收机有关的误差主要是接收机的钟误差、接收机的位置误差和接收机测量噪声。

在 GPS 测量误差中,通过建立改正模型可以解决其中大部分误差,如卫星星历误差、卫星钟的钟误差和相对论效应的误差;使用求差法可以降低电离层延迟和对流层延迟的误差;选择高性能 GPS 接收机可以消除接收机的钟误差和接收机的测量噪声。

虽然通过建立改正模型、使用求差法和选择高性能 GPS 接收机等方法能够降低大部分测量误差对 GPS 定位的影响,但在实际测量中无法解决无 GPS 信号和 GPS 信号受多路径效应影响下定位误差。另外,GPS 测量频率要远低于扫描仪测点频率,DGPS 往往需要经过内插得出系统实时位置坐标,GPS 解算结果内插也存在误差。GPS 测量误差是 LiDAR 测量的主要误差来源。

3.1.2 偏心分量测量误差

偏心分量的测量主要有利用控制点反求偏心分量和利用全站仪直接测量两种方法。两种测量方法都存在误差,根据车载 LiDAR 测量的原理,点云中每个点在解算时都使用到偏心分量,因此偏心分量会影响到所有点坐标的解算。偏心分量测量精度一般可以达到毫米级,由其带来的误差也在毫米级,对系统精度的影响较小。

对于同一台仪器,偏心分量在采集数据过程(同一项目的不同时间,以及不同项目之间)中不会发生改变,因此偏心分量测量是十分重要的,一般商业设备的偏心分量在出厂时都已经准确测出。

3.1.3 IMU 测量误差

由表 3.1 中可以看出,StreetMapper 360 系统中 IMU 测姿精度为 0.003°(俯

仰角和侧滚角)和 0.007°(航偏角)。由 LiDAR 测量原理可知,IMU 测姿精度直接影响系统测量空间向量的方向,该方向直接影响系统测量精度。

IMU 测量的误差主要来自仪器测量误差和数据内插误差,根据 IMU 测量三方向的原理不同(测量航偏角和侧滚角是基于重力,航偏角则不是),航偏角的误差要大于其他两个方向。Lynx 系统采用加测 GPS 基线的方法来提高航偏角精度,但因为加测基线较短,对精度提高不明显。

3.1.4　激光扫描仪测量误差

根据二维激光扫描仪测量的原理,扫描仪主要测量扫描角度和扫描距离。不同扫描仪的测量精度不同,对于目前车载 LiDAR 系统常用的 RIEGL VQ-250 扫描仪,系统测量角的步进角度最小为 0.018°,测距精度在 10 mm。从扫描角度参数可知,扫描仪存在较大的误差,扫描仪精度有待于进一步提高。

除以上介绍的误差外,还有一些其他因素误差,如测速仪测量误差等,但影响车载 LiDAR 精度的主要因素是 DGPS 定位的误差、IMU 测量误差和扫描仪测量的误差。

3.2　试验分析车载 LiDAR 的测量精度

3.2.1　测区概况介绍

Swiss 公路位于瑞士境内,道路为山区道路,道路两旁有山,但海拔不是太高,道路中有隧道和立交桥,道路两旁没有高大树木,GPS 观测质量较高。控制点布设区域长 12 km。数据是在 2008 年 6 月 26 日获取的,为验证系统测量的精度,一共布设控制点 205 个,其中可用控制点 197 个。

控制点布设与测量方法:控制点布设在道路标志线角点上,相邻点间距约为 100 m;在隧道中没有控制点,在距隧道出入口短距离处布设有控制点;控制点的测量采用 GPS 和全站仪测量的测量方式,首先利用 GPS 布设控制网,然后利用全站仪测量控制点坐标。

3.2.2　比较方法

首先将测区的点云按照反射强度模式显示,在反射强度模式下可以清楚地看到标志线上的点,然后查看标志线上实际布设控制点位置角点的坐标,并与全站仪测得的坐标进行对比,得出坐标之间差值。通过比较得到每个控制点与车载 LiDAR测得该点之间的在三个方向上的误差,得到误差如表 3.2 所示。表 3.2 为所有误差统计中的部分数据,并对得到的三个方向误差进行分析。

表 3.2 点云精度控制点误差

编号	点云坐标/m			控制点坐标/m			误差/cm		
	X 坐标	Y 坐标	Z 坐标	x	y	z	Dx	Dy	Dz
RM094	684 410.470	210 787.114	539.564	684 410.464	210 787.096	539.560	−0.6	−1.8	−0.4
RM093	684 306.553	210 796.069	539.429	684 306.624	210 796.106	539.425	7.1	3.7	−0.4
RM205	684 397.307	210 796.187	539.227	684 397.184	210 796.196	539.228	−12.3	0.9	0.1
RM095	684 513.471	210 805.080	538.963	684 513.474	210 805.066	538.964	0.3	−1.4	0.1
RM206	684 308.122	210 805.343	539.057	684 307.974	210 805.326	539.063	−14.8	−1.7	0.6
RM204	684 500.614	210 811.149	538.729	684 500.534	210 811.166	538.720	−8	1.7	−0.9
RM092	684 208.145	210 831.395	538.598	684 208.154	210 831.416	538.589	0.9	2.1	−0.9
RM096	684 596.899	210 837.791	537.814	684 596.874	210 837.756	537.809	−2.5	−3.5	−0.5
RM207	684 209.901	210 841.056	538.202	684 209.824	210 841.086	538.206	−7.7	3	0.4
RM203	684 598.182	210 848.999	537.507	684 598.074	210 848.956	537.520	−10.8	−4.3	1.3
RM091	684 133.311	210 880.772	537.262	684 133.334	210 880.756	537.263	2.3	−1.6	0.1
RM097	684 690.660	210 887.697	535.688	684 690.574	210 887.665	535.686	−8.6	−3.2	−0.2
RM208	684 135.636	210 891.177	536.880	684 135.554	210 891.246	536.879	−8.2	6.9	−0.1
RM202	684 684.495	210 894.970	535.678	684 684.414	210 894.945	535.687	−8.1	−2.5	0.9
RM098	684 782.540	210 938.470	532.879	684 782.494	210 938.425	532.867	−4.6	−4.5	−1.2
RM090	684 059.321	210 955.054	535.024	684 059.384	210 955.016	535.016	6.3	−3.8	−0.8
RM099	684 836.820	210 964.280	530.947	684 836.814	210 964.305	530.913	−0.6	2.5	−3.4
RM209	684 063.399	210 966.940	534.659	684 063.334	210 967.036	534.658	−6.5	9.6	−0.1
RM100	684 908.053	210 992.283	528.126	684 908.014	210 992.265	528.105	−3.9	−1.8	−2.1
RM200	684 900.843	211 003.031	528.428	684 900.744	211 003.035	528.405	−9.9	0.4	−2.3
RM089	684 006.365	211 027.532	532.571	684 006.344	211 027.536	532.558	−2.1	0.4	−1.3
RM210	684 012.608	211 040.455	532.191	684 012.514	211 040.526	532.140	−9.4	7.1	−5.1
RM088	683 952.936	211 117.177	529.418	683 952.944	211 117.216	529.393	0.8	3.9	−2.5

3.2.3 试验结果与数据分析

将 197 个控制点在三个方向上的误差进行分析，得到三个方向的精度统计如表 3.3 所示。

表 3.3 Swiss 试验精度统计 单位：cm

类型	北方向误差	东方向误差	高程方向误差
最小值	−14.8	−16.6	−5.1

续表

类型	北方向误差	东方向误差	高程方向误差
最大值	15.7	17.4	4.6
平均	−1.7	2.7	−0.5
均方根	6.6	5.4	1.6
中误差	6.3	4.7	1.6

从表 3.3 中可以看出，高程方向精度要高于平面方向精度，高程方向误差绝对值最大值只有 5.1 cm，而平面方向误差绝对值最大值有 17.4 cm(东方向)。北方向测量中误差为 6.3 cm；东方向中误差为 4.7 cm；高程方向的中误差为 1.6 cm。将所有高程方向误差绘制成图得到图 3.1，其中横坐标为控制点编号，纵坐标为控制点高程误差，误差单位为 m。

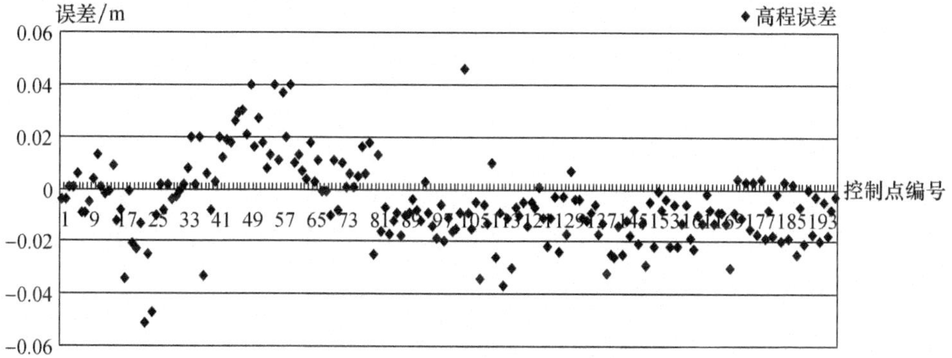

图 3.1　Swiss 试验高程误差分布

控制点平面误差绘制成图 3.2，其中横坐标为控制点编号，纵坐标为误差，单位为 m。

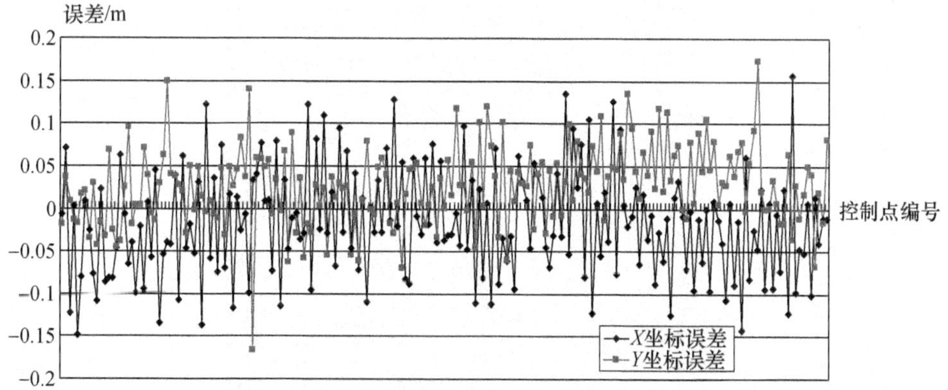

图 3.2　Swiss 试验平面误差分布

在高程方向，因为道路路面平坦，在小范围内高程变化不大，因此高程方向能反映实际测量精度。误差较小，说明利用 StreetMapper 360 车载系统在公路中测量高程的精度在 2 cm 内。

在平面方向，虽然车载 LiDAR 获取道路的点密度达到每平方米 150 点，但是在标志线的边界和角点上还是不能获取边界线点，利用邻近点的平面坐标来代替角点坐标有一定误差，因此会给测量结果带来误差。真实测量精度应该会高于试验精度，也说明车载 LiDAR 测量平面坐标精度要优于 5 cm。

3.2.4 试验结论

通过试验可以得出：利用 StreetMapper 360 系统在公路中获取数据时，高程精度可以达到 2 cm，平面精度可以达到 5 cm，能够满足道路维护测量，以及道路改扩建测量基础数据获取，可以用车载 LiDAR 来测量道路基础数据。

3.3 车载 LiDAR 在不同环境中失锁情况分析

系统测量误差主要取决于 DGPS 定位误差，在 GPS 信号较好环境中，系统能达到较高测量精度。为了验证系统在不同环境中测量失锁情况，笔者对 StreetMapper 360 系统在公路、某园区和某大城市中测量数据进行分析，得出系统在不同环境中的失锁情况分析。

3.3.1 系统在某园区中测量失锁情况分析

测区为某科技园区，在测区中数据采集行驶路线如图 3.3 所示。测区中建筑

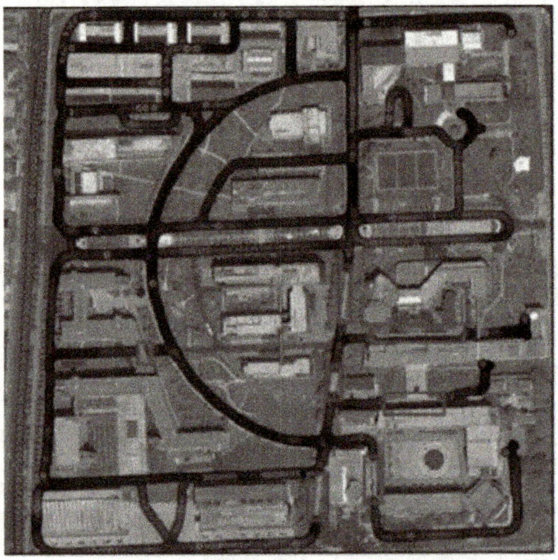

图 3.3 测区数据采集行驶路线

物一般为 5～7 层，其中测区南部建筑物比较密集，北部建筑物比较稀疏。道路两旁特别是测区南北主干道两旁有树龄超过 10 年的法国梧桐树，数据采集时间为 2010 年 4 月，树木已经开始发芽，对系统 GPS 信号接收有一定影响。

从图 3.3(图中小圆圈为 GPS 解算数据，被矩形框框住的线为 IMU 和 GPS 联合解算出的航迹数据)中可以看出，系统在测区内测量时，大部分时间内 DGPS 工作正常，只有少数时间 GPS 信号失锁。GPS 信号失锁情况主要包括：在两旁有茂密树木的地方如图 3.3 中南北大道测量时；系统在正上方有遮挡的区域，如图 3.3 中左侧通过建筑物时；在通过两栋建筑物之间的区域时，如图 3.3 中的右半部分；通过道路一侧有较高建筑物时，如测区右侧的区域。在通过上述区域时，因为 GPS 信号受到遮挡，DGPS 不能正常工作，系统只能通过内插或利用 IMU 来定位。

3.3.2　系统在某城区主干道上测量系统失锁情况分析

利用 StreetMapper 360 系统在某城市中测量，测量环境主要包括高层建筑物区域、两旁有茂密树木区域、有天桥区域，以及信号较好区域。其中还在某段道路上采集时遇到堵车情况，系统采集数据的环境包括了移动测量系统在城市中采集数据时可能遇到的常见环境。

为了分析系统在不同环境下失锁情况，笔者将差分 GPS 定位结果在谷歌地球中显示，利用谷歌地球中测量工具测量差分 GPS 失锁距离 L、天桥或立交桥对系统遮挡的距离 d(即天桥或立交桥宽度)；从 DGPS 解算结果中，取 DGPS 信号失锁前后速度的平均值为系统在天桥下行驶速度 V，根据公式 $t=(L-d)/V$，可以计算系统在失锁后重新定位需要的时间 t，利用上面方法得出系统在城区中统计数据如下。

试验中信号一共失锁 68 次，其中各种失锁原因及失锁次数统计如下：天桥 28 次、建筑物 7 次、地铁 3 次、树木 4 次、立交桥 10 次、涵洞 3 次、连续天桥和立交桥 1 次、树木和建筑物 5 次、天桥和建筑物 6 次、天桥和树木 1 次、三种原因共同影响 1 次。其中通过涵洞和从铁路下通过因为信号遮挡时间较长，故将其划入通过立交桥。将各种失锁原因整理统计后得出：在 68 次失锁中有 28 次因为天桥遮挡，16 次因立交桥的遮挡，另外与天桥有关有 8 次，三种情况一共占总数的 76.5%；建筑物遮挡 7 次，树木遮挡 4 次，与建筑物有关 13 次，与树木有关 11 次，与建筑物有关失锁占总失锁数的 19.1%，与树木有关的失锁占失锁数的 16.1%。从测区的整体情况来看，试验一共通过了 36 个天桥和 16 个立交桥，所有情况全部失锁；系统通过道路两旁均有建筑物，而建筑物引起的失锁仅有 13 次，只有在道路两旁均有高层建筑物时或者系统离建筑物较近时才会引起系统的失锁；系统通过道路两旁有高大树木的道路时，完全因为树木遮挡的失锁也仅有4次，与树木有关的失锁有11次。说明只有树木在设备的上方对设备遮挡严重的时候才会引起失锁。

从失锁情况来看，当车载LiDAR系统在城市中进行测量时，引起系统失锁最严重情况是立交桥和天桥，系统每次通过立交桥或天桥时一定会引起系统失锁；建筑物和植被对系统的影响只有在对GPS信号遮挡严重的情况才会引起系统失锁。通过建筑物和树木下时，只是部分失锁。对于树木遮挡失锁，大部分是因为GPS接收机上方有遮挡时候才出现失锁，建筑物引起的失锁是因为两旁都有高大建筑物或者是离高大建筑物距离较近时会出现失锁。系统失锁时刻、失锁距离、失锁时的速度以及失锁时间具体统计如表3.4所示。

表3.4 系统在城市中测量失锁统计

失锁时间/s	失锁原因	失锁距离/m	速度/(m/s)	天桥宽/m	距建筑物距离/m	重新定位时间/s
193 586.5	天桥	14.92	2.380	5.14	—	4.11
195 308.5	建筑物	21.11	5.745	—	32.61	3.67
195 424.0	建筑物	72.52	15.970	—	22.50	4.54
195 472.5	建筑物	55.64	11.840	—	43.76	4.70
195 612.0	立交桥	69.06	7.780	29.52	—	5.08
195 635.5	天桥	47.55	11.435	3.60	—	3.84
195 744.0	树木、建筑物	120.28	15.440	—	27.99	7.79
195 759.5	天桥	71.83	14.385	3.62	—	4.74
195 896.0	天桥	74.62	13.645	4.25	—	5.16
195 989.0	天桥	49.81	9.055	4.40	—	5.01
196 232.0	立交桥	94.13	11.295	36.05	—	5.14
196 262.0	天桥	72.36	13.855	4.20	—	4.92
196 275.5	天桥	65.09	13.755	4.46	—	4.41
196 295.0	天桥	75.56	12.835	4.38	—	5.55
196 345.0	天桥、树木、建筑物	288.89	16.39	3.20	—	17.43
196 380.0	立交桥	129.37	14.145	54.87	—	5.27
196 823.0	立交桥	21.78	7.750	4.72	—	2.20
196 902.0	建筑物	21.24	—	—	52	0.00
197 072.5	天桥	34.01	4.635	5.03	—	6.25
197 136.0	立交桥	74	12.165	12.28	—	5.07
197 222.5	天桥	86.87	17.385	4.08	—	4.76
197 230.5	天桥、立交桥	385.69	16.830	—	—	22.92

续表

失锁时间/s	失锁原因	失锁距离/m	速度/(m/s)	天桥宽/m	距建筑物距离/m	重新定位时间/s
197 393.5	天桥、建筑物	102.43	12.890	3.32	—	7.69
197 466.0	天桥、建筑物	99.04	15.110	4.48	—	6.26
197 572.5	天桥	73	12.115	3.32	—	5.75
197 701.5	天桥、建筑物	94.81	18.065	4.43	—	5.00
197 770.5	立交桥	85.93	10.260	28.09	—	5.64
197 798.0	天桥	40.11	8.675	4.86	—	4.06
197 870.0	建筑物	15.18	2.100	—	—	7.23
197 988.5	立交桥	77.49	14.540	4.45	—	5.02
198 000.0	建筑物	61.84	8.990	—	58.60	6.88
198 061.5	天桥、建筑物	101.04	8.990	4.61	58.42	10.73
198 218.5	天桥	17.30	2.580	4.42	—	4.99
198 663.0	天桥	50.61	10.055	4.19	—	4.62
198 691.0	天桥、建筑物	31.13	5.040	4.55	53.27	5.27
198 700.5	立交桥	59.73	6.370	—	45.11	9.38
198 784.0	立交桥	113.78	8.875	—	0	12.82
198 979.0	天桥	84.26	15.120	3.53	—	5.34
199 122.5	立交桥	131.94	16.660	48.72	—	5.00
199 148.5	天桥	45.84	8.065	4.12	—	5.17
199 225.5	树木、建筑物	318.9	11.875	—	35.05	26.85
199 333.5	立交桥	41.12	5.785	11.30	—	5.15
199 373.0	树木	113.15	13.480	—	—	8.39
199 511.5	树木	83.68	8.135	—	—	10.29
199 588.5	树木	141.5	11.245	—	—	12.58
199 686.5	立交桥	16.78	2.460	—	—	6.82
199 706.0	立交桥	47.04	5.570	—	—	8.45
199 847.0	立交桥	45.58	6.085	10.12	—	5.83
199 847.0	立交桥	48.02	9.310	4.23	—	4.70
199 872.0	天桥	130.17	17.660	48.76	—	4.61
199 888.0	树木、建筑物	88.22	9.410	—	—	9.38
199 966.5	天桥、树木	116.39	13.180	3.71	—	8.55
199 997.0	树木	40.13	6.370	—	—	6.30

续表

失锁时间/s	失锁原因	失锁距离/m	速度/(m/s)	天桥宽/m	距建筑物距离/m	重新定位时间/s
200 079.0	树木、建筑物	332.33	8.465	—	31.60	39.26
200 273.0	天桥	61.40	12.075	4.84	—	4.68
200 530.5	天桥	47.34	4.485	8.83	—	8.59
200 743.0	天桥	94.36	16.435	4.05	—	5.49
200 770.5	天桥	33.31	5.755	5.22	—	4.88
200 920.0	天桥	81.48	14.515	4.94	—	5.27
201 016.0	天桥	32.23	6.680	4.14	—	4.21
201 113.0	天桥	77.77	10.360	4.09	—	7.11
201 243.0	天桥	97.99	17.140	4.7	—	5.44
201 320.0	天桥	12.62	3.215	3.45	—	2.85
201 455.0	天桥	68.62	15.135	3.91	—	4.28
201 479.0	天桥	79.23	12.825	3.73	—	5.89
201 613.5	立交桥	54.74	8.060	16.46	—	4.75
201 651.0	树木、建筑物	289.84	12.360	—	32.45	23.45
202 201.5	建筑物	312.60	7.300	—	20.30	42.82

3.3.3 车载 LiDAR 系统在公路中测量失锁情况分析

笔者统计了使用 StreetMapper 360 系统过程中通过公路的失锁情况，发现系统在公路中进行测量时，在正常路面上很少发生信号失锁的情况，即使发生失锁也能快速重新定位。当系统通过隧道、涵洞和立交桥等环境时，系统会发生失锁。当系统在公路上失锁后能快速地进行重新定位。

3.3.4 StreetMapper 360 系统在城市中失锁后重新定位耗时分析

为了对系统在城市中测量时系统失锁后重新定位耗时进行分析，笔者对系统在城市中测量时重新定位需要的时间进行了统计。系统重新定位时间的计算主要通过将系统失锁的距离减去遮挡的距离，然后除以系统在失锁时间段的平均速度。解算得出系统失锁后重新定位的时间如图 3.4 所示。

从图 3.4 中可以看出，大部分情况系统失锁后重新定位需要 5 s 左右，并且重新定位耗时与系统通过失锁区域的速度无关。从统计图中可以看出，系统在 GPS 失锁后可以快速重新定位，从而使系统受隧道影响减小。因 StreetMapper 360 系统含有 DIA 设备(直接惯导辅助定位设备)，其他系统在失锁后重新定位的时间还有待于进一步验证。

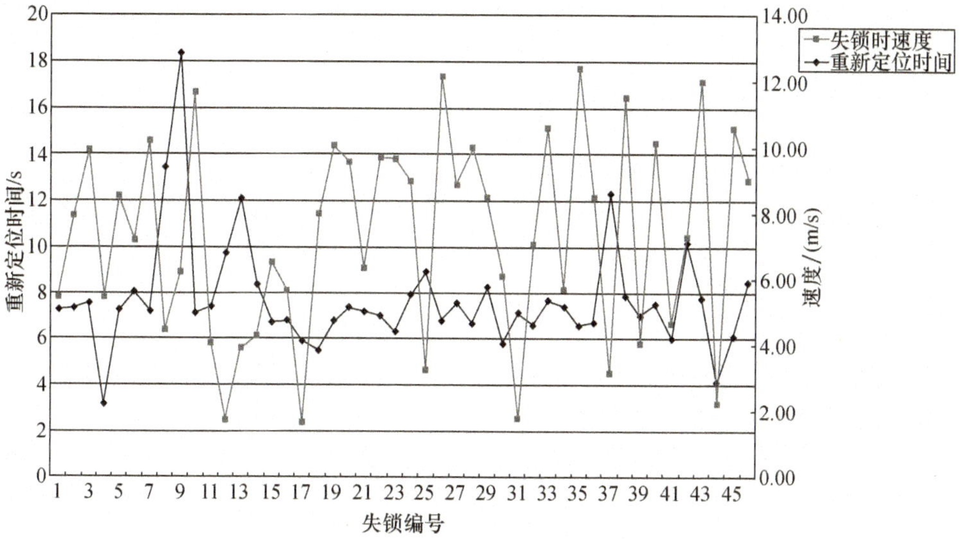

图3.4 系统重新定位需要时间统计

3.4 GPS失锁时系统在不同长度隧道中测量精度分析

根据StreetMapper 360系统在Swiss公路中的试验数据可知，系统在GPS信号较好地区中测量可以获取高精度数据。但当系统在隧道和城市中测量时，系统将面临没有GPS数据或GPS受多路径影响而精度下降的问题。因此，如果要利用车载LiDAR系统在城市中获取高精度数据，就必须要解决在无GPS信号或GPS失锁环境中定位精度低的问题。

车载LiDAR测量获得点云精度主要取决于航迹解算精度，而航迹解算精度主要取决于DGPS定位精度，因此系统在DGPS信号失锁时点云精度最低。目前，航迹解算一般要采用正反双向解算以提高解算精度，因此系统在失锁中精度变化为由小到大再到小的一个过程，在失锁中间时刻误差绝对值达到最大值。

从3.3节可以得出，当系统在隧道中测量时，系统会因为GPS信号遮挡，使得测量精度较低，但此时无法获取系统真实航迹，因此无法评定系统航迹解算的误差。为了验证系统在GPS信号失锁时的精度，笔者利用StreetMapper 360系统在公路上的测量数据模拟系统通过隧道的情况，分析系统在不同失锁时间下航迹解算精度。

3.4.1 试验数据的选择

试验数据选择在公路上采集得到的数据。该数据连续性较好，基本没有信号失锁，一直能持续观测到卫星，观测卫星的数量保持在 6 颗左右，数据采集速度在 40 km/h 左右。

3.4.2 模拟试验数据处理过程

模拟系统通过隧道环境的步骤如下：

(1)选择系统在公路上测量的数据，按照正常处理方法处理 DGPS 数据并与 IMU 联合解算得到航迹。此解算结果作为系统测量真值，用来衡量在不同“失锁”时间时航迹解算的精度。

(2)处理数据时，选择 GPS 观测条件比较好的区域作为试验区域(GPS 观测条件比较好，最好能保持观测卫星在 8 颗以上，使数据正常处理得到的数据绝对误差更小，保证试验更接近实际情况)。

(3)在用 GrafNav 软件处理 DGPS 时使用“Omit Satellite ”选项，删掉观测数据中一段时间的 GPS 数据，用来模拟系统通过不同长度隧道的情况，并利用 GrafNav 软件解算 DGPS 数据。

(4)将第三步解算得到的数据代入 AeroOffice 软件中，处理并输出航迹文件。

(5)将得到的航迹文件与正常解算得到的航迹文件进行比较，分析不同失锁时间的解算误差。

3.4.3 试验间隔时间的确定

对于 StreetMapper 360 系统，正常的数据采集速度可以达到 60 km/h。当系统采集数据过程中通过隧道时，会加速通过隧道，争取用最短时间通过隧道，从而使 GPS 信号遮挡对数据解算影响降到最低。一般系统通过隧道时速度可以达到 90～120 km/h；常见隧道与涵洞长度一般会在 3 km 内，因此系统一般会在 2 min 左右通过隧道。为了得到系统在不同失锁时间中的测量误差，分别选择失锁时间从1 min至 10 min、时间间隔为 1 min 的数据模拟系统通过 1.5 km 至 15 km 隧道时情况。为了清晰表示系统在不同失锁时间中的表现，选择失锁时间 1 min 至 10 min、时间间隔为 2 min 的数据误差，如图 3.5 至图 3.7 所示。

将去除部分 GPS 数据后解算得到的航迹数据与正常解算得到的数据对比，得出系统在不同失锁时间中解算数据的误差。该误差即为系统在不同长度隧道中测量得到的误差，也是系统在不同失锁时间中利用 IMU 单独定位的误差。将系统在不同失锁时间(主要从 1 min 至 10 min)中测量的误差绘制成图，图 3.5 至图3.7 分别为高程、北方向、东方向误差图。

首先利用间隔时间 1 min，比较间隔时间为 1 min、2 min、3 min、4 min、5 min、6 min、7 min、8 min 时间段的情况，用失锁 10 min 作为条件最差情况进行对比。通过对不同去除时间段 GPS 数据解算后获得误差数据分析如下。

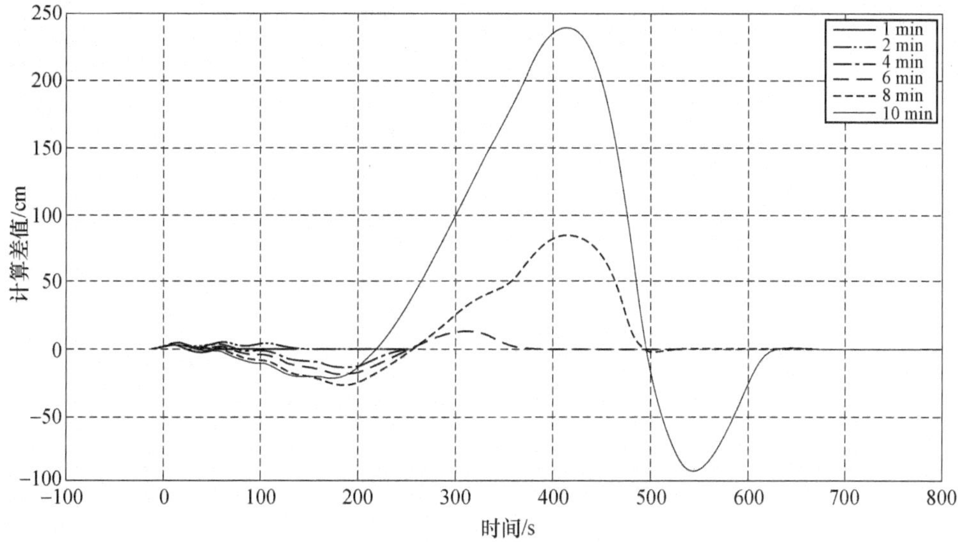

图 3.5　不同失锁时间高程误差比较

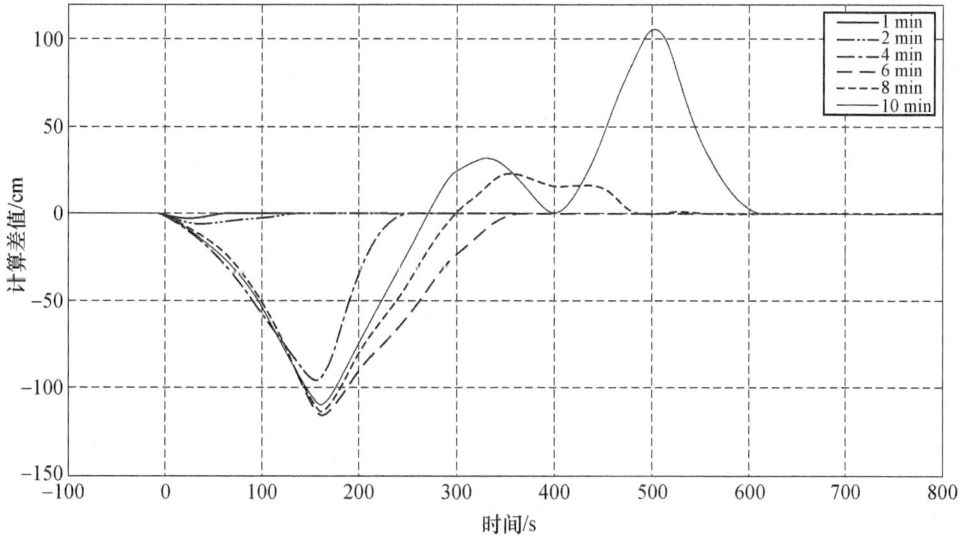

图 3.6　不同失锁时间北方向误差比较

表 3.5 中列出了失锁时间间隔为 1 min 的不同失锁时间利用 IMU 辅助定位解算航迹最大误差情况，具体误差分布情况参看误差图（图 3.5 至图 3.7）。从表 3.5 中可以看出：失锁时间为 1 min 时，因为失锁带来的定位误差在 5 cm 内，其中北方向和高程方向误差均在 3 cm 内；当失锁时间增加到 2 min 时，北方向和高程方向误差绝对值最大分别为8 cm 和 5 cm，但是东方向的误差最大值已经达到了 22 cm；失锁时间为 3 min 时，北方向和高程方向的误差最大值只有9 cm和 10 cm，此时东方向的误差最大值已经达到了 81 cm；

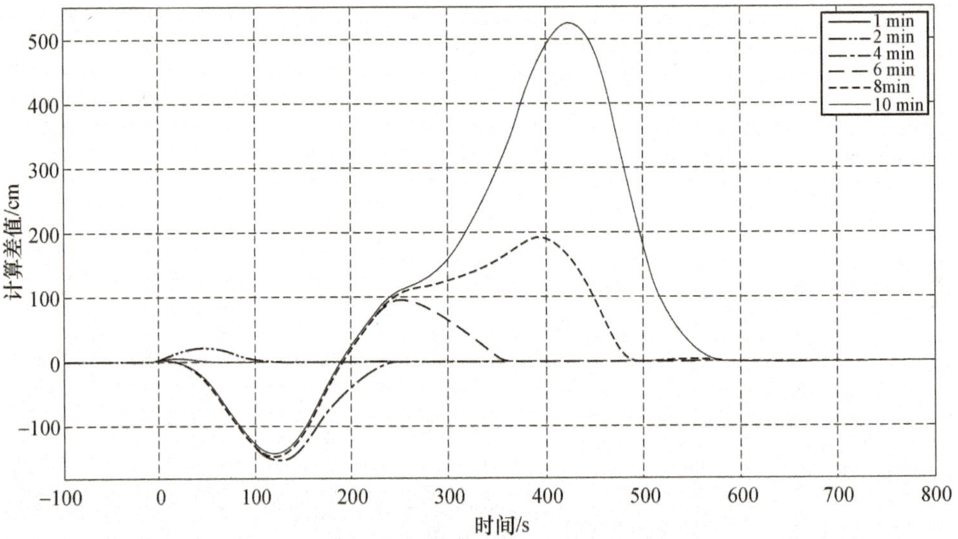

图 3.7 不同失锁时间东方向误差比较

失锁时间为 4 min 时，高程方向误差最小，最大值仅为15 cm，但是北方向和东方向误差却达到了 94 cm 和 150 cm；失锁时间为 5 min 时，三个方向的误差与失锁 4 min 误差差别较小，在高程方向误差最大值为 25 cm，在北方向和高方向的最大误差为 115 cm 和 145 cm；失锁时间为 6 min 时，三个方向上的误差和失锁 5 min 的误差基本相同，最大值变化在 7 cm 内；失锁 8 min 时，东方向误差最大已经达到 190 cm，北方向基本还是保持在 120 cm，但是高程方向变化较大，达到了 80 cm；失锁时间为 10 min 时，东方向和高程方向精度失控，分别达到了 520 cm 和240 cm，北方向的最大误差还是在 120 cm。

表 3.5 不同失锁时间各方向最大误差

失锁时间/min	误差绝对值最大值		
	北方向/cm	东方向/cm	高程方向/cm
1	3	5	3
2	8	22	5
3	9	81	10
4	94	150	15
5	115	145	25
6	120	152	25
7	115	150	25
8	120	190	80
10	120	520	240

3.4.4 试验结果分析

从表 3.5 中失锁时间与误差最大值情况可以看出以下几个特点：

(1)失锁时间为 3 min 以内时，北方向和高程方向精度较高，均在 10 cm 以内，但东方向精度从 5 cm 到 22 cm 再到 81 cm，变化较大。

(2)失锁时间为 3 min 到 4 min 时，平面精度(北方向和东方向)精度急剧下降。其中北方向精度由 9 cm 降至 94 cm；东方向由 81 cm 降至 150 cm，高程方向仅由 10 cm 降至 15 cm。

(3)失锁时间为 4 min 到 5 min 时，北方向最大值由 94 cm 增至 115 cm，高程方向的最大值由 15 cm 增至 25 cm。

(4)失锁时间由 5 min 至 7 min 时，各方向精度变化不是太明显，北方向和东方向误差值变化在 10 cm 内，高程方向最大值保持不变。

(5)失锁时间从 7 min 增加到 8 min 时，东方向最大误差由 150 cm 增加到 190 cm，高程的误差最大值由 25 cm 增加到 80 cm，北方向基本保持不变。

(6)当失锁时间从 8 min 增加到 10 min 时，北方向的最大误差基本保持不变，但东方向和高程方向的最大值变化较大，分别由 190 cm 增至 520 cm 和由 80 cm 增至 240 cm。

为了得到单方向误差在 1 m 内时系统失锁最大时间，首先从表 3.5 中可以看出，系统各方向误差都在 100 cm 内的失锁时间应该位于 4 min 内。为了查找系统单方向误差最大在1 m的失锁时间，利用二分法，将 3 min 至 4 min 的失锁时间逐步二分，缩小失锁时间，得到图 3.8、图 3.9 和图 3.10。从这三幅图中可以看出：在三个方向中，东方向的误差最大，东方向在失锁 187 s 左右时误差达到 1 m；高程方

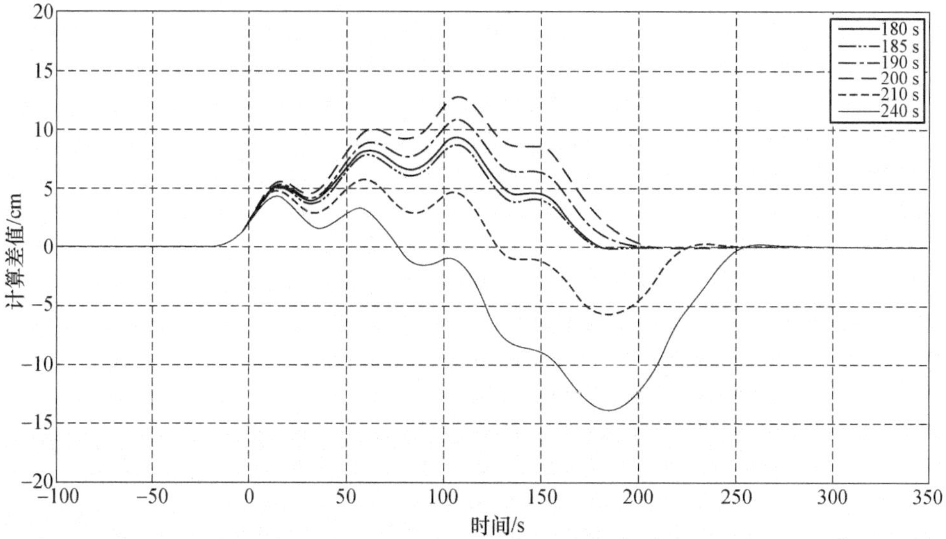

图 3.8　失锁 3 min 至 4 min 的高程方向误差

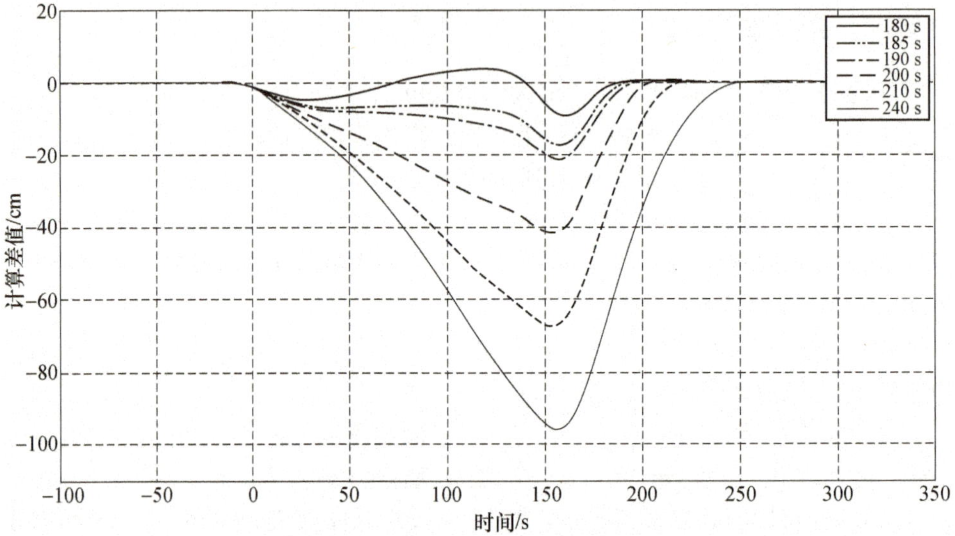

图 3.9　失锁 3 min 至 4 min 的北方向误差

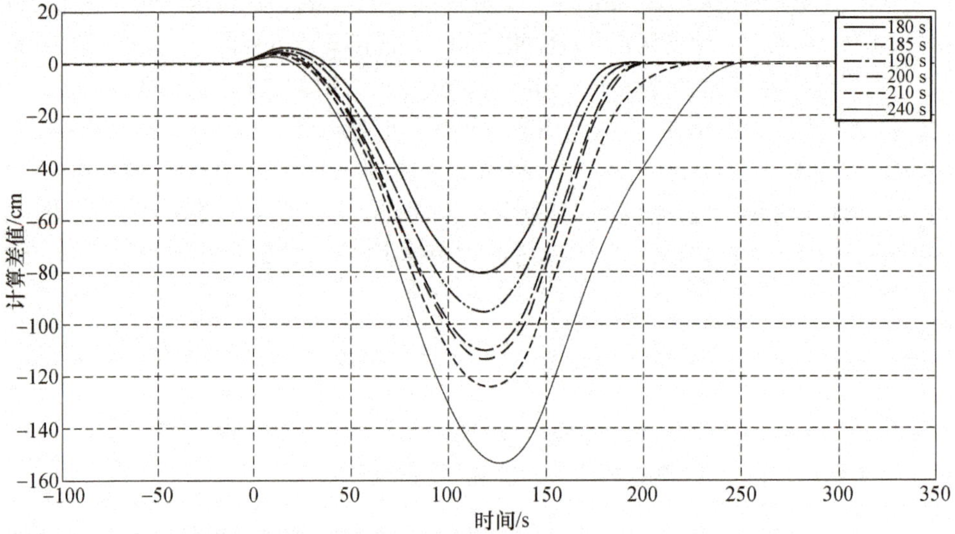

图 3.10　失锁 3 min 至 4 min 的东方向误差

向的误差较小，在 4 min 的失锁时间下的误差仅有 15 cm；北方向的误差处于东方向和高程方向之间，在失锁 4 min 时的误差在 1 m 以内。

3.5　利用航迹控制点提高系统在隧道中航迹解算精度

从 3.4 节的分析中可以看出，系统在失锁时间增加的情况下，在各方向上的精度急速下降，这是因为IMU的测角误差累积和卡尔曼滤波无法在长时间无记录环境中进行预测。从卡尔曼滤波原理中可以知道，如果在长时间没有数据时，能够加入数据对无数据时间段的预测精度进行控制，可以很好地提高预测精度，因此提出在失锁时间段中加入航迹控制点提高系统航迹解算精度。

3.5.1 利用航迹控制点对航迹解算进行控制步骤

因为扫描仪在隧道中进行扫描时，激光点具有不确定性，因此提前布设控制点很难保证扫描仪能够准确测到控制点。但是在扫描获取的点云数据中可以准确获取一些特征点，利用特征点时间信息得到测量该点时的扫描仪、IMU数据，利用这些数据可以反求测量该点时航迹控制点的坐标。利用航迹控制点对航迹解算进行控制，主要包括控制点选取、航迹控制点求解、航迹解算控制。

1. 控制点选取与测量

首先按照数据处理的步骤，利用正常解算得到的航迹解算点云数据；其次以反射强度模式显示点云，在点云中查找特征明显的点作为特征点。特征点的表现如下：

(1)位于两种反射强度值差别较大的分界线上，分界线为规则形状。

(2)能够准确找出，包括在点云中和现实环境中均能准确找出。

(3)准确位于不同材质分界线的角点。

特征点一般选择在地面标志线角点、墙面不同材质交点或特殊形状角点等一些较易识别的部位，如图3.11中选择的点。这些特征点的测量可以使用免棱镜全站仪(如Leica的TS02)测量。具体测量可以利用GPS在隧道入口处测量控制点，然后利用全站仪将控制点导入隧道中，最后利用全站仪测得特征点的坐标。

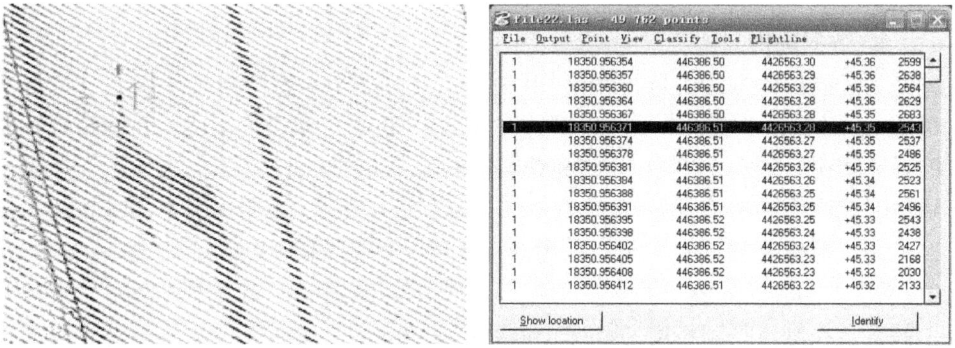

图3.11 特征点选择与特征点信息查看

2. 航迹控制点求解

如图3.11(右图中从左至右的字段分别为类别、时间、北坐标、东坐标、高程和反射强度)所示，找到特征点之后可以查看特征点时间信息。根据特征点时间，在航迹文件中找到测量该点时设备的姿态(如果没有对应时刻，可以根据一定的差值方法内插出该时刻的姿态)，同时在扫描仪原始记录中查找扫描角度和扫描距离。

$$\begin{bmatrix} X_{LS} \\ Y_{LS} \\ Z_{LS} \end{bmatrix} = \begin{bmatrix} X_g \\ Y_g \\ Z_g \end{bmatrix} - \boldsymbol{R} \cdot \begin{bmatrix} u \\ v \\ w \end{bmatrix} \tag{3.2}$$

$$\begin{bmatrix} X_{GPS} \\ Y_{GPS} \\ Z_{GPS} \end{bmatrix} = \begin{bmatrix} X_{LS} \\ Y_{LS} \\ Z_{LS} \end{bmatrix} - \boldsymbol{R} \cdot \begin{bmatrix} x_{GL} \\ y_{GL} \\ z_{GL} \end{bmatrix} \tag{3.3}$$

$$\boldsymbol{R} = \boldsymbol{R}(\varphi) \cdot \boldsymbol{R}(\omega) \cdot \boldsymbol{R}(\kappa) = \begin{bmatrix} a_1 & a_2 & a_3 \\ b_1 & b_2 & b_3 \\ c_1 & c_2 & c_3 \end{bmatrix} =$$

$$\begin{bmatrix} \cos\varphi\cos\kappa - \sin\varphi\sin\omega\sin\kappa & -\cos\varphi\sin\kappa - \sin\varphi\sin\omega\cos\kappa & -\sin\varphi\cos\omega \\ \cos\omega\sin\kappa & \cos\omega\cos\kappa & -\sin\omega \\ -\sin\varphi\cos\kappa + \cos\varphi\sin\omega\sin\kappa & -\sin\varphi\sin\kappa + \cos\varphi\sin\omega\cos\kappa & \cos\varphi\cos\omega \end{bmatrix} \tag{3.4}$$

3. 航迹控制点解算

根据地面特征点坐标(X_g,Y_g,Z_g)、特征点在扫描仪坐标系中的坐标(u,v,w)、扫描特征点时系统的姿态角(φ,ω,κ)和 GPS 相位中心至扫描仪扫描中心的偏心分量(x_{GL},y_{GL},z_{GL})，按照式(3.2)、式(3.3)和式(3.4)即可求解出航迹控制点的坐标(X_{GPS},Y_{GPS},Z_{GPS})。利用航迹控制点对航迹解算进行控制，重新解算系统扫描的航迹，即可得到精度控制后的航迹，然后利用该航迹解算点云数据。

3.5.2 试验分析及总结

1. 数据选择

为了验证该方法的可行性，利用 StreetMapper 360 系统模拟系统通过隧道的情况，分别在隧道中加入不等数量的控制点，分析不等数量控制点对航迹结算精度的提高情况。现实世界中，公路和铁路中的隧道一般在 1～2 km，因为系统在通过隧道时速度没有定值，但一般都在 90～120 km/h，因此，采用每隔不同时间加入航迹控制点对航迹解算的影响。采用 3 min 时间间隔(即模拟系统失锁 3 min 的情况，系统 3 min 通过隧道的长度在 4.5～6 km)，比较在3 min失锁时间中分别加入不同数量控制点得到精度的情况。得到在 3 min 中失锁时间中加入不同数量的控制点后系统在北、东、高程方向的误差分布，如图 3.8、图 3.9和图 3.10 所示。

2. 数据分析

从加入不同数量的控制点后的各方向误差图可以得到以下几点结论：

(1)利用航迹控制点可以有效提高航迹的精度。当添加控制点后，系统精度明显提高。从图 3.12 至图 3.14 中可以看出：在高程方向，当在 3 min 失锁的环境中

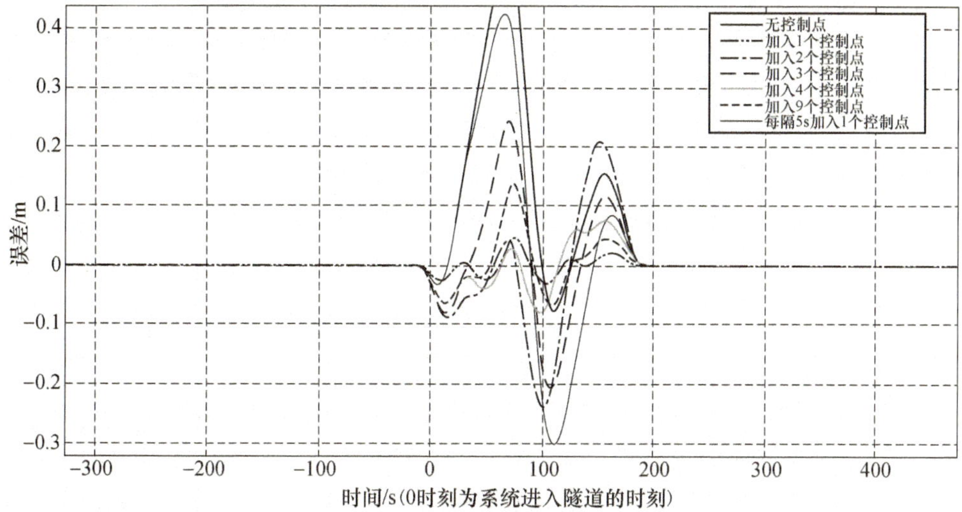

图 3.12 加入不同数量控制点后东方向误差

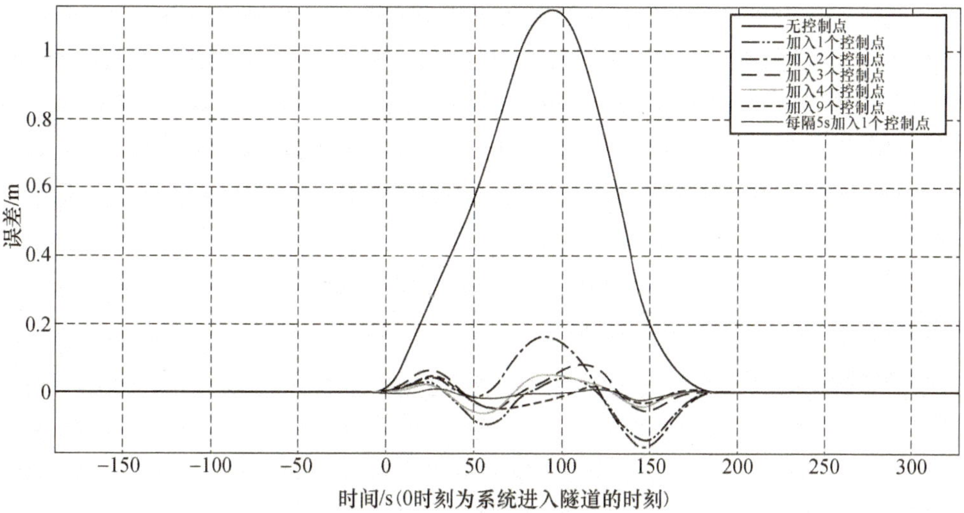

图 3.13 加入不同数量控制点后北方向误差

添加 1 个控制点时,系统高程方向的误差由原来的最大值在 1.2 m 左右迅速提高到 0.2 m 以内,东方向由加入控制点前的 0.6 m 提高至 0.4 m 左右,北方向由加入控制点前的 0.7 m 提高至 0.15 m 左右。从加入控制点后情况看,北方向和高程方向在加入 1 个控制点后,该方向上精度都提高了 1 倍,但是在东方向可能因为受 IMU 影响较大,加入控制点后系统的精度提高没有其他两个方向提高明显,只从 0.6 m 提高至 0.4 m,但当加入 2 个控制点后,精度可以达到 0.25 m 以内。

(2)随着控制点数量的增加,航迹受 GPS 信号失锁的影响越来越小。从北、东、高

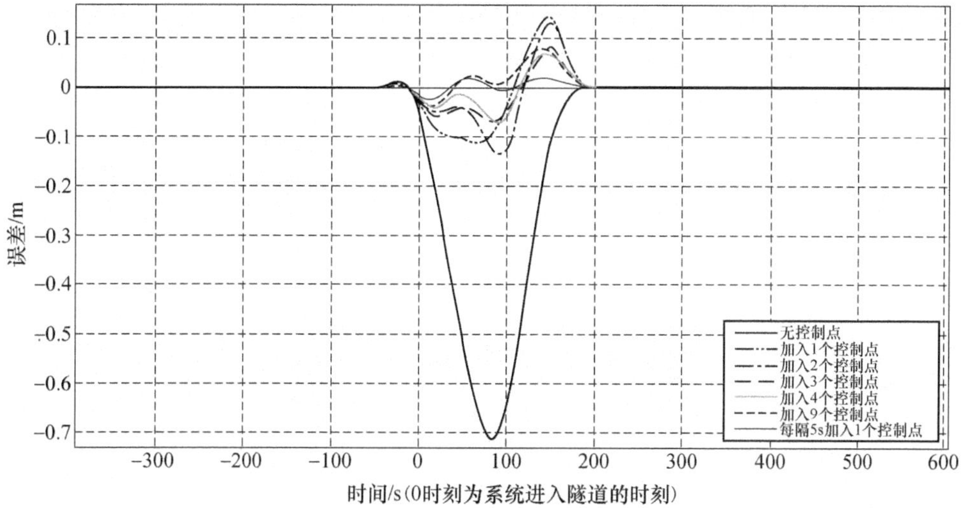

图 3.14　加入不同数量控制点后高程方向误差

程方向加入不同控制点数量后航迹的精度情况可以看出，随着控制点数量的增加，航迹解算误差越来越小；并且随着控制点数量的增加，加入同等数量的控制点对系统精度提高越来越小。如在失锁 3 min 的时间中，加入 4 个和 9 个控制点后，虽然在局部精度不同，但整体上加入 9 个控制点比加入 4 个控制点的精度提高不是很明显。

(3)当每隔 5 s 加入一个控制点时(相邻控制点之间的距离大概是 150 m)，航迹能够达到较高的精度。从图 3.12 至图 3.14 中可以看出，当每隔 5 s 加入 1 个控制点时，系统在高程方向的误差最大在 3 cm 内，在北方向的误差最大值在 5 cm 左右，东方向的最大误差在 5 cm 左右。因此在失锁 3 min 的情况下，系统利用航迹控制点(150 m 的间隔)进行精度控制后，系统能够将信号失锁对航迹解算的影响降低至高程影响 2 cm、平面影响 5 cm 以内。

从模拟试验中得到的结果可以看出，在失锁时间中加入航迹控制点可以有效地解决系统失锁时精度低的问题。但由于试验条件有限，在试验中只是进行了模拟试验，与实际情况存在一定差异(如 IMU 测姿态角的精度变化)。因这些条件限制，实际工程中要达到系统试验精度需要更多航迹控制点。

3.6　系统在复杂环境中航迹异常判断

车载 LiDAR 在开阔地形(如在高速公路上或在堤坝上)中测量时，DGPS 受周围地物影响较小，定位精度较高，能够很好地对 IMU 系统进行校正，得到高精度航迹数据。当系统在复杂环境中进行测量时，系统容易受到 GPS 信号多路径效应的影响，导致系统航迹解算精度降低，致使解算得到点云的误差较大甚至是出现错

误。当系统短时间失锁时，不利用 GPS 数据进行航迹解算也能得到较高精度航迹（如失锁时间在 1 min 时，北、东、高程三个方向的误差分别为 3 cm、5 cm、3 cm）。因此，如果在复杂环境中定位发生多路径效应时间段，删除该时间段 GPS 数据，仅仅利用 IMU 数据进行解算，同样能得到较高精度航迹，能够有效解决 GPS 多路径效应给系统带来的误差。

3.6.1 受多路径影响区域定位原理

根据 GPS 测量原理，如果 GPS 信号发生异常（受到多路径效应，或者是整周模糊度解算错误），首先会影响到高程数据，因此，利用高程变化率能有效地定位系统受多路径影响区域。

车载 LiDAR 的测量平台是汽车，数据采集是在公路上采集，根据国家道路建设规范，道路的坡度不能过大，且一般道路坡度具有连续性。利用航迹坡度变化和坡度阈值进行判定，找出 GPS 受到多路径效应影响的时间段，然后将受到多路径效应影响的时间段 GPS 数据删除，只利用 IMU 数据进行解算。按照国家规定，如表 3.6 所示，设计时速为 80 km/h 的公路的最大纵坡（路面上升的高度/路面平面延伸的长度）为 5%，如果按照数据采集的正常速度 60 km/h，当设备爬坡时高程增长的速度为 60/3.6 • 0.05＝0.83 m/s。当设备在公路上采集数据时候，DGPS 解算得到的高程增长的速度应该小于 0.83 m/s。按照式(3.5)即可得到每时刻 DGPS 系统解算的高程变化率，如果高程变化率大于 0.5 m/s，则系统解算可能会出现问题，如果解算高程变化的速度大于 1 m/s，那么系统解算得到的数据肯定会出现问题。

表 3.6　道路最大纵坡国家规定

设计速度/(km/h)	120	100	80	60	40	30	20
最大纵坡/%	3	4	5	6	7	8	9

$$v_n=\frac{Z_{n+1}-Z_n}{T_{n+1}-T_n} \tag{3.5}$$

式中：v_n 为高程变化率；$Z_{n+1}-Z_n$ 为 n 到 $n+1$ 时间段内高程变化量；$T_{n+1}-T_n$ 为时间间隔。

3.6.2 试验分析

按照 3.6.1 小节中介绍的原理，将 StreetMapper 360系统在某城市测量解算得到 DGPS 数据按照高程变化率的计算公式计算，得到结果如图 3.15 所示。从图 3.15中可以看出：在 4 个小时的采集时间中，系统高程变化率变化基本正常，说明系统采集数据比较正常。因为系统是在城市的主干道上测量，道路上车辆比较多，道路两旁的建筑物也比较多，因此一般 GPS 接收机在这种环境中受到的多路径效应影响较严

重,高程变化也应该比较大。说明 StreetMapper 360 系统中使用的 DGPS 接收机在一定程度上能抑制 GPS 信号传播的多路径效应。

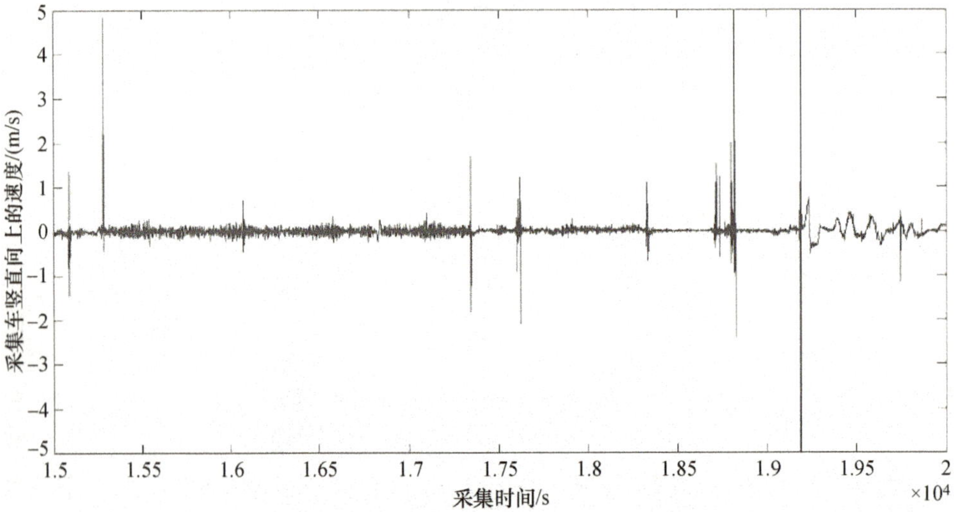

图 3.15 在某城市采集数据航迹高程变化率情况

在图 3.15 中,有少数区域中高程变化速度的绝对值大于 1 m/s,系统在这些地方受到其他因素干扰,导致 DGPS 解算异常。笔者选择采集时间 19 200 s 附近高程异常比较严重区域数据查看环境及潜在影响因素,该时间段区域的 GPS 解算结果和环境图片如图 3.16 和图 3.17 所示。

```
371758.50,6,1,40.169536683,116.322612814,43.955,2.016,4.828,-2.201,0.076,0.066,0.102,0.656,0.644,0.853
371759.00,6,2,40.169536444,116.322633519,43.843,-1.016,3.332,1.657,0.076,0.066,0.102,0.699,0.690,0.879
371759.50,5,1,40.169534906,116.322651453,44.021,-0.181,2.416,-1.036,0.078,0.066,0.108,0.721,0.740,0.904
371760.00,6,3,40.169534761,116.322665939,43.931,0.166,1.833,0.407,0.078,0.066,0.108,0.720,0.713,0.899
371766.50,5,6,40.169466835,116.322608313,51.079,0.590,0.391,0.762,2.220,1.761,6.829,0.579,0.502,1.169
371767.00,5,6,40.169467037,116.322608726,51.040,-0.045,0.190,0.505,2.219,1.762,6.833,0.572,0.500,1.046
371767.50,5,6,40.169467040,116.322609070,51.013,-0.244,-0.001,-1.291,2.227,1.774,6.836,0.570,0.499,1.014
371768.00,5,6,40.169466825,116.322609387,51.211,0.437,0.324,0.136,2.242,1.795,6.842,0.565,0.498,0.998
371768.50,7,6,40.169487226,116.322608572,41.749,0.140,-0.505,-0.305,2.207,1.808,6.587,0.514,0.475,0.949
371769.00,5,6,40.169472203,116.322605323,47.790,0.299,-0.238,-0.457,2.310,1.842,6.870,0.567,0.498,1.030
371769.50,5,6,40.169474841,116.322606572,46.495,-0.627,0.729,-1.117,2.359,1.893,6.901,0.578,0.501,1.130
371770.00,5,6,40.169498460,116.322616428,38.043,-0.210,1.027,0.572,2.438,2.004,6.908,0.601,0.546,1.191
371778.50,5,1,40.169529172,116.323263692,44.168,0.791,8.288,-0.285,0.036,0.054,0.082,0.602,0.756,0.938
371779.00,5,2,40.169529217,116.323319290,44.188,-0.120,10.289,0.736,0.035,0.053,0.081,0.615,0.814,1.280
371779.50,5,1,40.169528703,116.323378053,44.220,-0.601,10.468,0.288,0.035,0.053,0.081,0.593,0.733,1.003
371780.00,7,1,40.169527435,116.323440833,44.251,-0.156,10.790,-0.947,0.028,0.035,0.072,0.510,0.479,0.915
371780.50,7,3,40.169526409,116.323506836,44.267,-0.448,11.408,-0.369,0.026,0.030,0.070,0.508,0.472,0.893
```

图 3.16 高程变化率异常时 DGPS 解算结果

从 DGPS 解算记录中可以看出,DGPS 在 371 759.5 s 至 371 770 s 时间段坐标解算误差较大,高程的解算误差较大(可以认为是解算错误),见表 3.7。从记录中可以看出,系统在 3717 70 s 至 371 778.5 s 时间段中失锁,结合采集时的情况及现场图片可以得出,系统在该时间段通过收费站,收费站外表面材质是反光材料,造成多路径

图 3.17　高程变化率异常的实地情况

效应比较明显，又因为通过收费站时 GPS 信号失锁，造成系统在进入和出收费站时 GPS 解算较差，发生解算错误。

表 3.7　高程变化率异常时的情况

时间/s	高程变化率/(m/s)	周围环境
363 770	2.5	立交桥上
363 840	2.2	立交桥上
364 015	2	周围有高层外围是玻璃的建筑
366 002	2.7	隧道，周围有湖
367 267	2.5	进收费站
367 206	3.7	公路上，车多
368 664	−4	收费站
369 317.5	−4.2	路两旁有茂密的树木
369 540	4.8	失锁、水域
373 339	2.8	出收费站
371 768	11	出收费站
371 535	5	失锁后，周围有建筑物

从 GPS 解算的时间上来看，该点应该在系统进入收费站前。但在图 3.17 实际情况中该点坐标位置在出收费站的外侧，而且距离实际行驶路线较远。利用谷歌地球测量工具量得解算坐标点与实际行驶车道间距离为 12.73 m，其中谷歌地球中的坐标位置可能有误差，但是比较其他地方航迹和路面的匹配情况，此点偏离实际位置大概在 5 m 左右，会严重影响点云数据解算。

试验说明,对 DGPS 航迹解算得到高程数据,通过对高程变化速率比较,可以定位 DGPS 解算异常的时间段。这些数据异常大部分是由多路径效应引起的,结合系统在无 GPS 数据情况下解算精度及坚持时间,利用高程变化率可以有效地定位多路径效应影响的区域(时间段)。

3.7 本章小结

本章主要介绍了车载 LiDAR 测量精度和系统在城市中测量时失锁情况,分析了车载 LiDAR 系统测量误差来源及在公路中测量的精度,通过试验得出系统在城市环境中测量时 GPS 信号失锁情况和不同环境中系统失锁情况。利用 StreetMapper 360 系统在公路中测量数据模拟车载 LiDAR 系统通过不同长度隧道的情况,提出并验证系统通过隧道时利用航迹控制点提高系统测量精度。根据系统在城市中测量时受多路径效应影响的规律和在城市中失锁情况,提出利用高程变化率对失锁时间段进行定位,在失锁区域利用 IMU 定位代替 POS 定位,从而减小多路径效应对航迹解算的影响。

第 4 章　车载 LiDAR 点云中行道树信息提取

精确的城市制图在城市管理中得到越来越多的应用，而道路环境在城市中占据着重要地位，因此对道路及其沿线环境的信息获取就显得尤为重要。车载LiDAR系统在采集数据过程中无选择地记录了扫描仪所能探测到的所有地物的空间三维信息，相对于其他数据采集方式其对城市道路环境中各种地物信息的采集具有很大优势。由于城市环境的复杂性，道路两旁不仅有建筑物、行道树、路灯、电线杆等一些基础设施，还有流动性很大的行人、车辆等，所以如何从复杂的点云数据中有效地分离出行道树点云就变得尤为重要。本书运用一种基于改进的区域增长算法实现了对行道树点云的分割：先将原始点云投影到水平面并进行格网划分，以单个格网为数据处理单元去除地面点；再基于处理数据对格网进行点云探测并编号，赋予同一属性值利用八邻域搜索对地物点聚类；然后以聚类后单个点云块为处理单元，利用各类地物特征，如高度、投影点密度、投影面积及形状等，逐步排除其他地物点，并最终实现对行道树信息的提取。

树木作为地球上最普遍存在的景物之一，在进行场景模拟时是一种重要的城市地物，由于其形状结构的多样性和复杂性，构建现实世界中真实树木的三维模型一直是一个具有挑战性的研究难题。而且在实际环境中很多树木是相连的，当采用第 3 章中所采用算法对地物进行聚类时，相连在一起的行道树或者与行道树距离非常近的路灯都会被聚类为一个地物块，这样在提取行道树时，相连的树或者与其相近的路灯等其他杆状地物都会被以整体的形式提取出来。而一般在对树木进行属性提取并应用在地理信息模拟系统中时，都需要获取单株树木的各项属性信息，因此为满足各种需要必须对相连的行道树或与行道树相连的其他杆状地物进行分割。

4.1　不同扫描方式下地物特征分析

4.1.1　三种常见系统扫描方式介绍

车载 LiDAR 系统在道路环境中获取行道树点云时会因车载系统的不同而具有不同的扫描方式，不同扫描方式的系统所获取的行道树点云具有不同的特点，分别介绍如下。

(1)垂直扫描。国内主要以南京师范大学虚拟地理环境教育部重点实验室与武汉长恒科技有限责任公司联合开发的车载三维数据采集系统(通常也称作车载激光扫描系统)为代表,如图 4.1(a)所示。当扫描仪垂直于系统行驶方向时,最显著的特征就是点云的扫描线也是垂直于系统行驶方向。而点云密度也取决于扫描仪的性能,但是由于扫描方式的原因,系统在获取行道树点云时只能获取朝向道路一侧(即 1/2)的数据,扫描原理如图 4.1(b)所示。

(a) 系统图

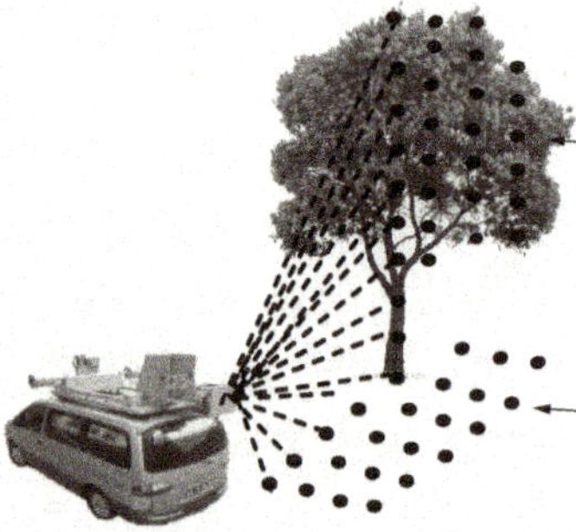

(b) 系统扫描原理

图 4.1 车载三维数据采集系统

(2)单激光扫描仪倾斜扫描。国内主要以北京四维远见信息技术有限公司和首都师范大学联合自主研制的车载激光扫描系统为代表,如图 4.2(a)所示。当激光扫描仪与系统前进方向保持一定角度(非 90°)时,系统扫描原理如 4.2(b)所示,获得行道树点云的扫描线与系统行驶方向具有一定角度。由于激光扫描仪倾斜角度的原因,系统先后多次对同一棵行道树进行扫描,最终获取$(180+2\alpha)/360$(α 为激光扫描仪与系统行驶方向的夹角)的数据,这对于行道树参数提取及后期各种应用具有重要作用。

(a) 系统侧视图

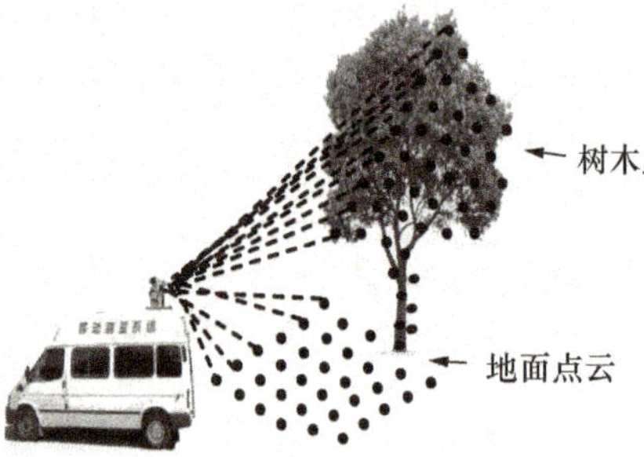

(b) 系统扫描原理

图 4.2 车载激光扫描系统

(3)双激光扫描仪倾斜扫描。主要代表是奥地利 RIEGL 公司所研发的 VMX 系列车载 LiDAR 系统,如图 4.3(a)所示。当激光扫描仪与系统前进方向保持一定角度(非 90°)且安装 2 台激光扫描仪时,扫描原理如图 4.3(b)所示。如果激光扫描仪型号相同,则比较单激光扫描仪,双激光扫描仪倾斜扫描时点云密度会成倍增加,同样它也会获取某棵树大概$(180+2\alpha)/360$(α 为激光扫描仪与系统行驶方向的夹角)的数据,且点云质量会更好。

(a) 系统图　　(b) 系统扫描原理

图 4.3　车载激光扫描系统

4.1.2　地物特征分析

每种类型的车载 LiDAR 系统在正常行驶过程中,都会无选择记录道路及其两侧所有能探测的地物信息,主要包括地面、建筑物、树木、电线杆、路灯、花坛、行人及汽车等。由于各种地物具有不同的几何形态,因此用以上三种不同类型系统获得的车载点云,对行道树与道路环境中常见的其他地物的空间表达特征进行了分析(常见地物投影特征示意图如图 4.4 所示),分别如下:

(1)地面信息。分布于整个扫描场景;在局部范围内基本表现为平面,在整个场景中则存在起伏变化;在局部范围内,地面点在高程上通常是最小。

(2)建筑物。分布于道路两侧且垂直于地面;高程一般要高于各类地物;在 XOY 平面上投影密度较大,投影形状为狭长形。

(3)花坛。分布于道路两侧,高程相对于建筑物及杆状物较低;投影面积较大,呈方形或椭圆形。

(4)车辆、行人。分布于路面或路边,随意性较大,高程低于建筑物及杆状物,但高于地面及花坛;投影面积较小。

(5)树木。分布于道路及建筑物之间;高程一般低于建筑物、路灯及电线杆,高于其他地物;投影面积较建筑物小但大于路灯及电线杆。

(6)路灯。分布于路边;高程(5～6 m)一般仅次于建筑物而高于其他地物;投影面积较小。

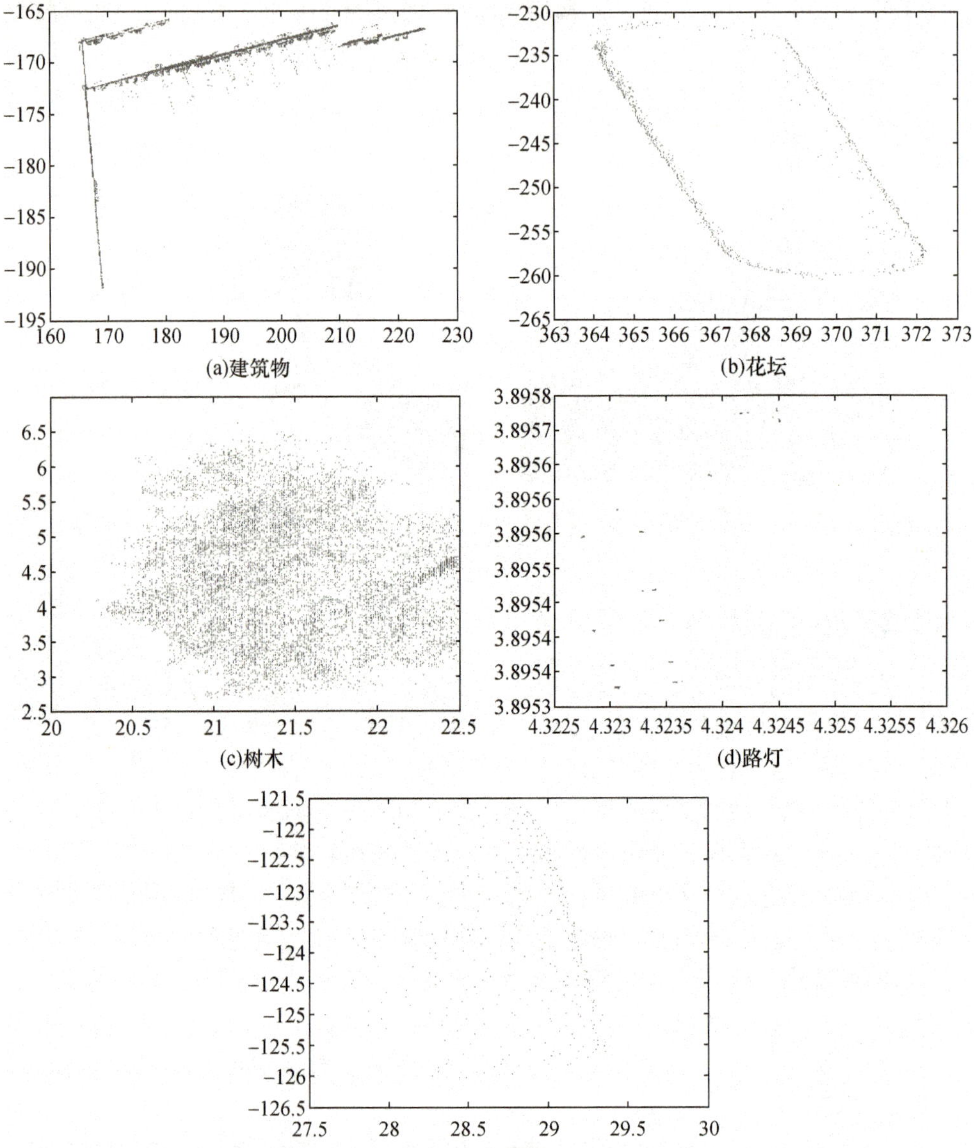

(a)建筑物　(b)花坛　(c)树木　(d)路灯　(e)汽车

图 4.4　常见地物投影特征示意

4.2　行道树点云分割

城市道路环境中采集的点云信息种类繁多，如图 4.5 所示，主要包括行道树、建筑物、路面、行人及车辆等。

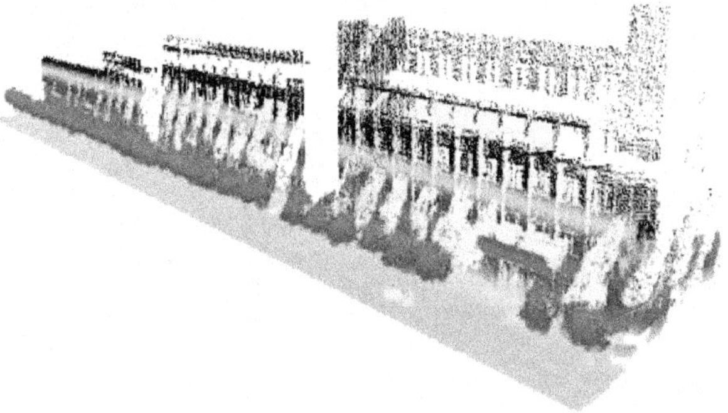

图4.5　城市道路环境中点云

车载LiDAR点云中数据的分类是近年来业界研究人员所关注的热点，研究人员对此也做出了相应的研究。喻亮(2011)主要将点云分类为地面、建筑物、交通标示牌、行道树及花坛等。Abuhadrous等(2004a)将道路环境中的地物主要分为三类：建筑物立面、路面以及树木。史文中等(2005)根据投影点密度的方法将城市地物分为建筑物、地面以及树木、路灯等独立的地物。李永强(2007)依据不同的点云数据处理方式，将地物分为三类：独立点状地物、线状地物以及面状地物。其中独立点状地物分类主要是指仅仅需要将地物底部位置信息进行确定，而对于几何形状信息不需要精确提取的地物，例如道路两旁的路灯、垃圾桶等；面状地物主要是指表面平滑且具有一定空间面积的地物，例如建筑物立面、广告牌等。沈永林(2009)的研究中将城市地物主要分为带状地物和独立地物两大类。其中带状地物主要是指点云中呈现带状分布形态的地物，例如建筑物立面呈现出垂直方向的带状分布，道路主要是沿着水平方向带状分布，呈带状分布的地物在载体行进的方向上呈现出一定的延展性，地物轮廓同时呈现出一定的规律性；而树木、路灯、广告牌等一般属于独立地物，是因为这些地物在空间的垂直和水平方向上没有明显的特征，呈现出自由分布的状态。

本章研究对象主要是行道树，由于其空间结构形态的多样性及在车载LiDAR点云中的空间结构复杂性等因素，传统单点数据获取手段已无法满足。近年来广泛应用的车载LiDAR技术相对于传统测绘手段，可以大面积、高效率地获取较高密度的点云数据，在车辆正常行进过程中能快速获取道路及两侧地物详尽的三维空间信息(吴芬芳 等，2007)，在后期信息提取及建模方面具有明显优势。但是车载LiDAR系统获取的点云数据量较大且具有空间离散性，直接对其进行后处理具有一定的复杂性，因此本章分四步实现行道树提取：基于原始点云数据进行滤波，将地面点滤除；并对地物点聚类；单独处理每个聚类块，利用地物属性识别并分割出杆状物(书中所指杆状地物主要指行道树、路灯及电线杆)；针对分割出的杆状地物，利用地物空间结构特征及在车载LiDAR点云中的表达特征识别并分割出行道树。具体流程如图 4.6 所示。

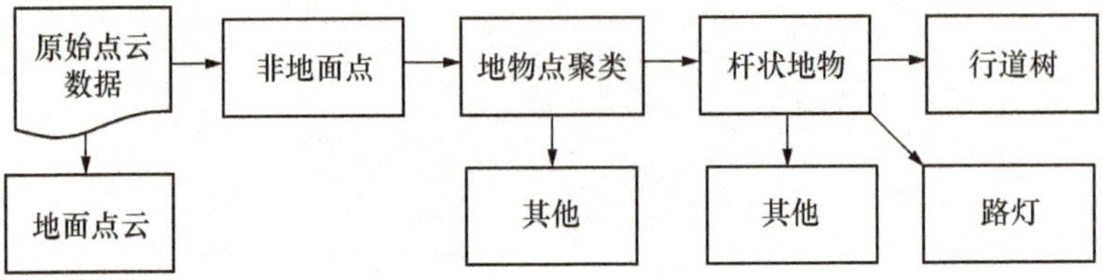

图 4.6 行道树点云分割流程

4.2.1 地面点滤除

由于车载激光扫描系统是在车辆行驶过程中由三维激光扫描仪动态获取周围360°地物空间三维信息，因此采集点云数据量比较大。其中包含了大量的地面点数据，这些数据均匀分布在整个扫描场景，但是我们感兴趣的信息往往是地面以上的地物点而非地面点，这样地面点就会对地物点分析造成障碍，大大降低了数据处理的效率，因此在对感兴趣信息提取时常常首先将地面点与地物点分离，即滤波。目前国内外研究专家对车载激光扫描数据滤波也做出了很多相关研究。李永强等(2011)基于陡坡密集点云提出了一种双重滤波方法，该方法首先对原始点云数据进行投影面变换，然后采用变窗口均值限差法滤除明显的非地形点，从而完成点云粗滤波；再通过局部区域增长法找出大部分地形点，并以地形关键点为参考，采用局部最小二乘曲面拟合法对待分类数据点进行检核，分离出非地形点，进而完成点云精滤波。吴芬芳等(2007)基于车载激光扫描点云提出一种数据分类方法，该方法首先将车载 LiDAR 点云投影到二维的水平规则格网中，根据点云空间分布特征及地物自身几何特征采用投影前点云高度的最大值来判定数据点类别，并从中分离出了地面点。田茂义等(2013)设计了一种基于分层格网的滤波方法，基于高程将点云进行分层，并依据格网内的点云高差及分层特点分离出地面点和非地面点，从而达到地面点和非地面点的分离。

地面点是车载 LiDAR 点云的重要组成部分，一方面地面点的比重很大，通常要占到总点数的 50%甚至更大，另一方面地面点是其他各类地物相互联系的纽带，去除地面点有利于对其他地物进行分别处理，采用分块滤除的方法来去除地面点，数据处理流程如图 4.7 所示，具体如下所述。

(1)规则格网划分。对原始点云进行 XOY 平面投影并建立规则格网(格网大小视情况而定，地面起伏较大地区格网设置较小，地面平坦地区格网设置较大)，根据测量范围分别找到测区 x、y 方向的最小最大值 x_{min}、x_{max}、y_{min}、y_{max}，确定测区的范围[x_{min}、x_{max}]、[y_{min}，y_{max}]，然后设置一定的间隔 x_{intvl}、y_{intvl}，基于点云的水平坐标进行规则格网分块，分成 $m\times n$ 个规则格网，每个格网以坐标(Coi，Coj)标记位置，且 Coi、Coj 分别为位于区间[1，m]、[1，n]的整数，其中 m、n 的值如式(4.1)即

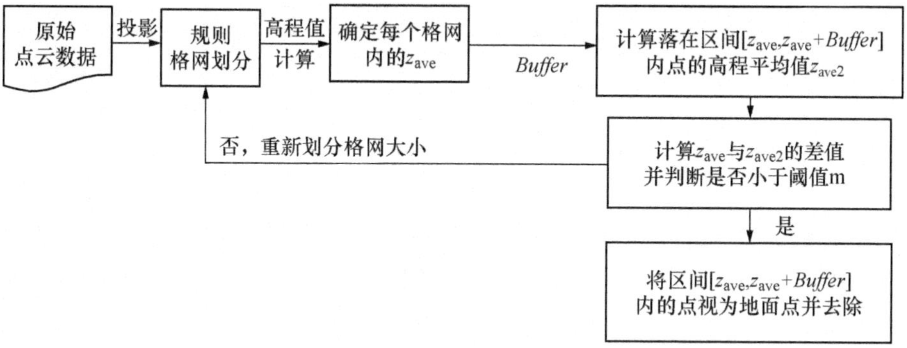

图 4.7　数据处理流程

$$\left.\begin{aligned} m &= \text{int}\left(\frac{x_{\max}-x_{\min}}{x_{\text{intvl}}}\right)+1 \\ n &= \text{int}\left(\frac{y_{\max}-y_{\min}}{y_{\text{intvl}}}\right)+1 \end{aligned}\right\} \tag{4.1}$$

(2)高程值计算。以单个格网为数据处理单元，按高程值对格网内的数据点进行排序，从最低点开始，找出占总点数 25%的最低点，计算这些点的平均高程值 z_{ave}，然后设置一个高度缓冲区 $Buffer$，重新计算落在区间[z_{ave}，$z_{ave}+Buffer$]内的点的高程平均值 z_{ave2}。

(3)地面点去除。计算 z_{ave} 和 z_{ave2} 的差值，并取合适阈值 k，若差值小于 k，则说明地面比较平坦，将落在区间[z_{ave}，$z_{ave}+Buffer$]内的点视为地面点，予以去除。

(4)迭代优化。若差值大于 k，则说明地面有一定起伏，将该格网划分为更小的格网，重复步骤(1)～(3)，直至完成格网内地面点滤除。

其中每个待定点的类代码为：

```
typedef class Point3D
{
public:
    Point3D(): x(0) , y(0) , z(0) ,feature(0)
{ }
    ~Point3D()
{ }
public:
    float x; // 点云 x 的坐标
    float y; // 点云 y 的坐标
    float z; // 点云 z 的坐标
```

```
    int feature; // 点的属性
}Point3d;
```

4.2.2 地物点聚类

地面点去除后，各类地物因失去纽带而成为互不相连的独立点云块，每个独立点云块代表一个或几个(相连树)独立地物，这些点云块成为分类提取的基础，需要采取措施将每个点云块分别聚合为独立的聚类单元。本章结合已有算法及研究对各个地物块在二维平面上进行聚类，原理如下。

(1)基于去除地面点处理结果，根据测区实际情况重新确定当前测区的范围，采用格网划分办法，将去除地面点后的点再次进行格网化索引(为了有效分割不同点云块，格网值设置要小一些)。统计并判断落在每个格网内的点数目，选取合理阈值 K，如果格网内点数目大于所给阈值 K，则将该格网记为非空点云并编号保存，否则舍弃。对非空格网进行重新编号、存储并赋予同一初始属性值 *feature*。

(2)以单个格网为数据处理单元，随机选取聚类初始中心格网，并赋格网内点云新属性值为 K_1，对中心格网进行八邻域探测，对周围八邻域中编号的格网赋予与中心格网具有相同的属性值。

(3)按照编号逐个处理格网单元，选取下一聚类中心格网并判断其属性值是否为初始 *feature*。若不为初始 *feature* 则跳过选取下一个格网；若为初始 *feature* 则赋予该格网新属性值 K_2，同样对该格网进行八邻域探测，并判断邻域属性值。若属性值为初始 *feature* 则直接赋予与中心格网具有相同的属性值 K_2；若不为初始 *feature*(表示已处理)则赋予其新的属性值 K_2，同时将具有与该格网原属性值相同的格网都赋予新属性值 K_2。

(4)重复步骤(3)直到该循环内找不到聚类中心格网，表示处理完一个点云块并，对其进行编号标记。

(5)进入下一循环，重复步骤(2)～(4)直到所有编号格网处理完毕。

以 4×4 格网为例简述算法操作示意图如图 4.8 所示。图 4.8(a)所示为初始属性值，0 为初始属性值；从第一列选择第一个非空格网为中心格网，标示属性为“1”，如图 4.8(b)所示；对中心格网进行八邻域搜索，相邻非空格网赋属性“1”，如图 4.8(c)所示；沿第一列查找下一个非空格网，将其属性标示为“2”，作为新的中心格网，如图 4.8(d)所示；采用八邻域搜索属性为“0”的格网，属性标示为“2”，同时邻域中如果有属性为“1”的格网，则所有属性为“1”的格网标示为“2”，如图 4.8(e)所示；第一、二列已经没有属性为“0”的格网，从第三行找到第一个属性为“0”的格网，标示为“3”，作为新的格网中心，如图 4.8(f)所示。重复上述过程，分别得到

图 4.8(g)、图 4.8(h)、图 4.8(i)，从而完成了一个点云块的聚类，该聚类单元作为独立数据处理单元。

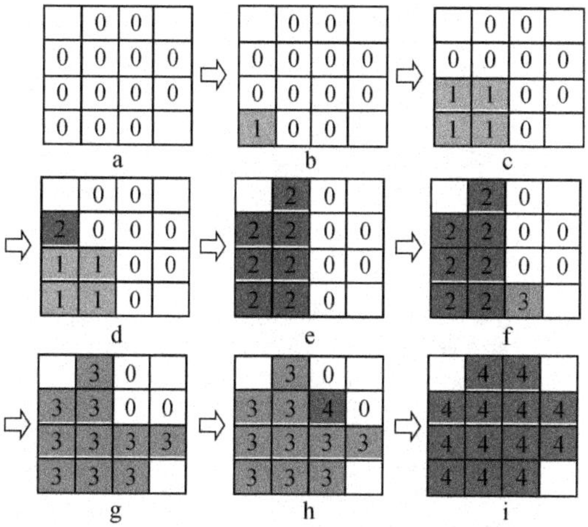

图 4.8　算法操作示意

算法具体操作流程如图 4.9 所示，其中定义格网位置类代码为：

```
typedef class Position
{
public:
    Position();
    ~Position();
public:
    int c_xPstn;// 格网位置
    int c_yPstn;// 格网位置
    float x_size;// x 方向格网大小
    float y_size;// y 方向格网大小
    int m_Width;// 格网的宽度
    int m_Height;// 格网的高度
    int feature;
}Position3D;
```

4.2.3　行道树提取

1. 地物分离策略

根据 4.1.2 小节对车载 LiDAR 点云中各类常见地物的表达形态的分析，本章

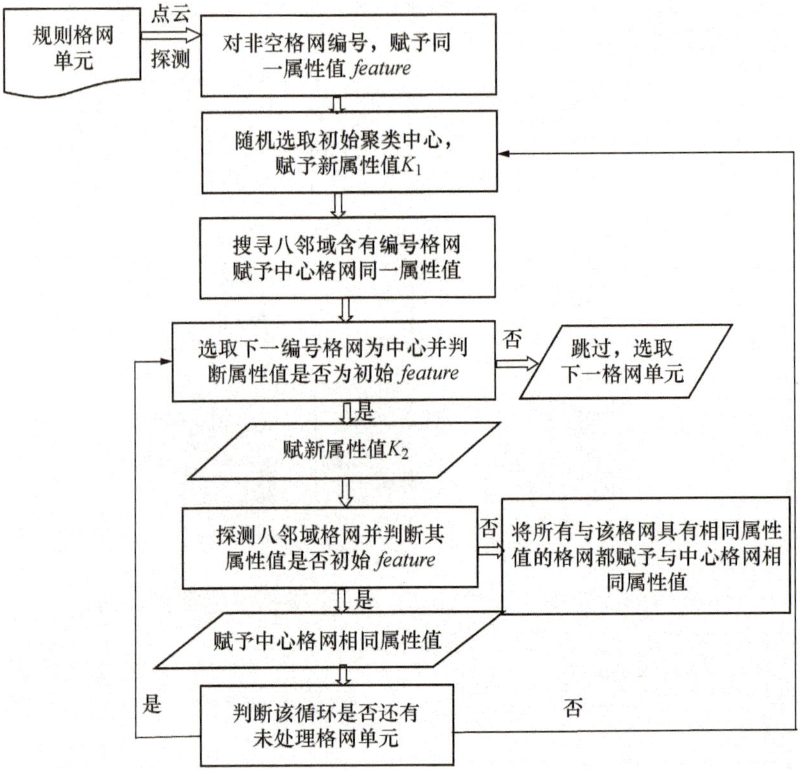

图 4.9　算法操作流程

采取逐步排除的方法，将不同地物分步骤分离出去，从而实现杆状地物的有效保留并逐个提取出来。分离策略包括高差、形态、投影、面积四个方面：

(1)高差。车辆、行人、花坛、灌木等地物在高度上都相对较低，与树、路灯、建筑物等地物相比，在高度上有较大差距，分别计算每个聚类单元内点云的最大高差值，根据高差排除低矮地物。

(2)形态。树木在 *XOY* 平面上的投影形状近似圆形，建筑物由于只有墙面进行投影，投影形状多为长条形，可计算每个聚类单元的投影跨度(见本小节第二部分介绍)，根据投影跨度来初步区别树和疑似建筑物(多个相连树也可能划分为疑似建筑物)。

(3)投影。杆状地物在 *XOY* 平面上有一定的投影面积，但自地面向上一段距离(例如 1.5～2.0m)为杆状，在 *XOY* 平面上的投影为点状(若为独立点状地物，则为一个点，若为相连树，则在地面上有若干点状投影)，与整体点云投影面积差异较大；建筑物由于墙面有整体一致性，在 *XOY* 平面上的投影，自地面向上一段距离点云在 *XOY* 平面上的投影面与整体点云投影积差异不大。可以根据投影差异的比较，将建筑物与相连点状地物分离开。

(4)面积。一般情况下,树木在 XOY 平面上的投影都在数平方米以上,路灯在 XOY 平面上的投影不大于 1 m^2,投影面积是树木和路灯最主要的区别,利用投影面积达到树木和路灯的最终分离。

2. 杆状地物分离步骤

根据以上地物分离策略,将每个聚类单元作为独立数据处理单位,依次完成如下处理步骤:

(1)面积计算。计算每个聚类单元的投影面积,该面积为点云所占平面格网数目,存储为 $S_i(i=1、\cdots、n)$。

(2)噪声滤除。设定面积阈值 K_S,当某个聚类单元面积 S_i 小于 K_S时,统计该聚类单元的点个数,当点个数小于设定阈值 N 时,则认为该聚类单元为噪声,予以滤除。

(3)跨度计算。计算每个聚类单元的投影跨度,即投影格网在 X 和 Y 方向的跨度。方法如下:对每个聚类单元,分别计算在 X、Y 方向格网编号的最小、最大值,X 方向的最大值和最小值的差为 X 方向投影跨度,Y 方向的最大值和最小值的差为 Y 方向投影跨度,取两者最大值。记为 $SP_i(i=1、\cdots、n)$。

(4)高差计算。统计每个聚类单元内点云高程最小值 $H_{\min}$ 和最大值 $H_{\max}$,计算出最大高差 $H_i(H_i=H_{\max}-H_{\min,i=1、\cdots、n})$。

(5)地物筛选。根据计算的最大高差进行筛选,选择合理的高差阈值 H。若高差小于阈值 H,则认为是低矮地物,滤除该聚类单元;若高差大于高差阈值 H,则将该聚类单元看作待分类聚类单元予以保留,此时主要为建筑物和杆状地物。

(6)杆状地物筛选。对步骤(5)中的待分类聚类单元,设定跨度阈值 K_P。当某个聚类单元的最大跨度小于 K_P时,则认为该聚类单元为杆状地物;若大于 K_P 时,则认为该聚类单元为疑似建筑物。

(7)优化处理。对疑似建筑物聚类单元,选择最低点以上一定高度(例如 1.5 m)内的点,将这些点在水平面内投影,若投影点与该聚类单元投影面积差异不大,则标记为建筑物,若投影面积差异很大,则标记为相连树。

(8)行道树精分离。将步骤(6)中的杆状地物聚类单元划分为更小的格网进行二次聚类,以便将与行道树相邻的其他杆状地物聚类成不同的地物单元,将聚类单元在水平面内投影,并计算投影面积。若投影面积大于给定阈值(例如 1 m^2),则认为是树木;若小于阈值,则认为是路灯。

(9)高程还原。去除地面点(4.2.1 小节)时会去除行道树的部分树干,因此要对提取出的行道树点云,根据 4.2.1 小节数据处理流程的步骤(2)中所选取的 $Buffer$ 值对误分为地面点的树干进行高程还原。

4.2.4 试验分析

为验证算法有效性，本章利用 SSW 车载系统（首都师范大学与北京四维远见信息技术有限公司联合研制的车载激光扫描系统）在某高校采集数据为试验对象，图 4.10 为试验区原始点云数据及对应的影像图，试验区内主要包含建筑物、道路、树木、路灯、行人、车辆、植被等。受车载 LiDAR 系统获取数据方式的限制，距离车载激光扫描仪获取中心较远处，数据点密度小，不足以获得有效的提取效果，因此仅对道路两侧一定宽度范围内的数据点进行处理，如图 4.10 中框选区域。

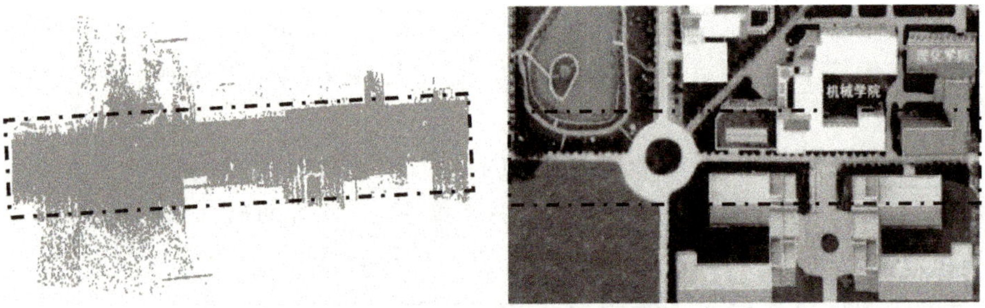

图 4.10　试验区原始点云及对应影像

依据书中算法，对试验区内点状地物进行提取，结果如图 4.11 所示。其中图 4.11(a)所示为滤除的地面点；图 4.11(b)所示为非地面点，即地面点滤除效果图，地面点基本被滤除，点云呈孤立的块状形态；图 4.11(c)为地物点云聚类二维效果，各个块状点云被聚类为不同单元，色调的变化代表不同的聚类单元；图 4.11(d)为地物点云聚类三维效果；图 4.11(e)为去噪后地物单元的二维效果；图 4.11(f)为去噪后地物单元的三维效果；图 4.11(g)为低矮地物滤除后，1.3 m 以下点云平面投影效果，可以看出，建筑物投影面积几乎没有变化，杆状地物投影面积显著减小；图 4.11(h)为建筑物滤除后，杆状地物提取效果，图中①～⑤为路灯所在位置，其他均为树；图 4.11(i)为树木提取效果；图 4.11(j)为路灯提取效果。

(a) 地面点　　　(b) 非地面点

图 4.11　行道树提取过程

(c) 地物点云聚类二维效果

(d) 地物点云聚类三维效果

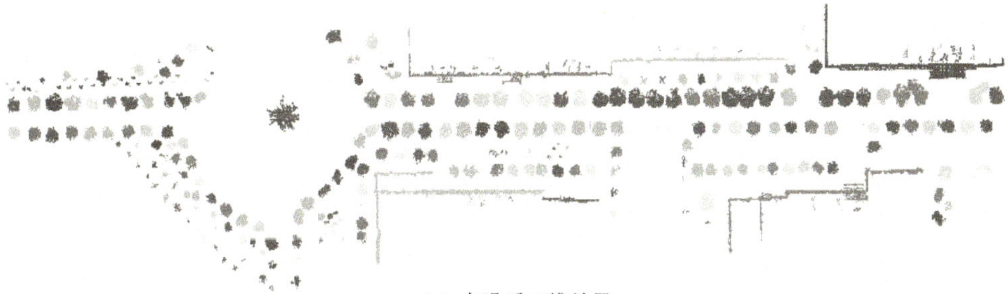

(e) 去噪后二维效果

(f) 去噪后二维效果

图 4.11(续) 行道树提取过程

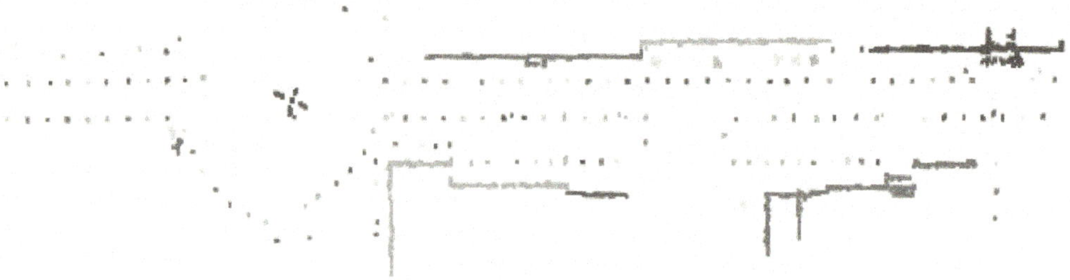

(g) 建筑物和杆状地物1.3m以下点云投影效果

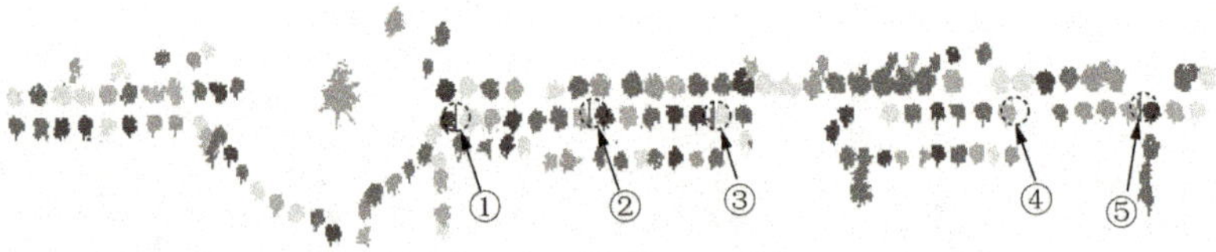

(h) 杆状地物提取效果

(i) 树木提取效果

(j) 路灯提取效果

图 4.11(续) 行道树提取过程

表 4.1 杆状地物个数对比

类型	杆状地物	树木	路灯
人工判读/个	174	169	5
算法提取/个	151	146	4
差值/个	23	23	1
探测率/%	86.78	86.39	80

为定量分析试验结果,采用人工判读和算法提取对比的方法,结果如表 4.1 所示。从结果中可以看出,书中算法自动提取道路环境中杆状地物探测率为 86.78%,其中在对杆状物进行细分类时,树木探测率为 86.39%,路灯探测率为 80%。得到上述结果分析原因如下:道路内侧的两排行道树植株较大且比较茂盛,提取效果比较好,距离道路远且植株较小的树木受内侧行道树遮挡及扫描点

相对稀疏等因素影响，提取效果略差。该试验区内共包含5个路灯，其中标号为④的路灯穿插在树木中央，且高度与树木基本一致，导致该路灯没有被提取出来。

4.3 相连杆状地物数目及位置确定

相连杆状地物(行道树与路灯)可以分为两类：树木与树木之间的相连及树木与路灯之间的相连。对于任何相连杆状地物的分割，首先都是要确定某点云中杆状地物的分布情况，即是独立的杆状地物还是相连的。若为独立杆状地物，则不再分割；若为相连杆状地物，就要判断出相连的杆状地物数目。本章是基于第3章中提取的行道树点云数据块处理的，所以判断相连杆状地物数目时也是按照点云块为数据处理单元的。相连杆状地物遵守以下两条准则：第一，杆状地物的主干之间存在一定距离，且距离在1 m以上；第二，杆状地物主干直径小于1 m，且树木1.5 m以下全为树干点云。以上述两条准则为基础来确定每个点云块中杆状地物的数目，具体原理如下：

(1)首先选择点云块中高程低于1.5 m的点云并将其投影到二维平面上，对点云进行规则格网(格网大小为1×1)划分并进行编号处理。

(2)按照编号对格网进行逐个探测。若格网中没有点云，则标记并不再处理；若格网中有点云，则探测其周围八邻域中未处理的格网(因为处理格网时是按照编号进行的，所以该格网邻域中未处理的格网只有四个邻域的，格网邻域定义如图4.12所示，其中格网1、2、3和4为未处理)。根据上述两条准则可知，这四个邻域中所有包含点云的格网与当前格网正是某杆状地物所处位置，并且其点云只分布在这几个格网，赋予同一属性值并编号为杆状地物1，然后利用坐标平均值法计算出该杆状地物主干底部中心点坐标，对于杆状地物1底部中心点坐标$O_1(X_1, Y_1)$其计算公式如式(4.2)及式(4.3)所示，对处理过的格网标记已处理，后续不再处理，直到该点云块中所有格网被遍历完。

$$X_1=\frac{\sum_{i=1}^{n}x_i}{n} \tag{4.2}$$

$$Y_1=\frac{\sum_{i=1}^{n}y_i}{n} \tag{4.3}$$

式中，x_i、y_i分别为落在标记格网内点云在二维平面上的坐标值，n表示点云数目。

(3)然后进入下一个点云块，并重复步骤(2)直至处理完所有点云。图4.13为获取的某一点云块中相连杆状地物数目的示意图。

2	3	4
已处理	当前格网	1
已处理	已处理	已处理

图 4.12　格网邻域定义

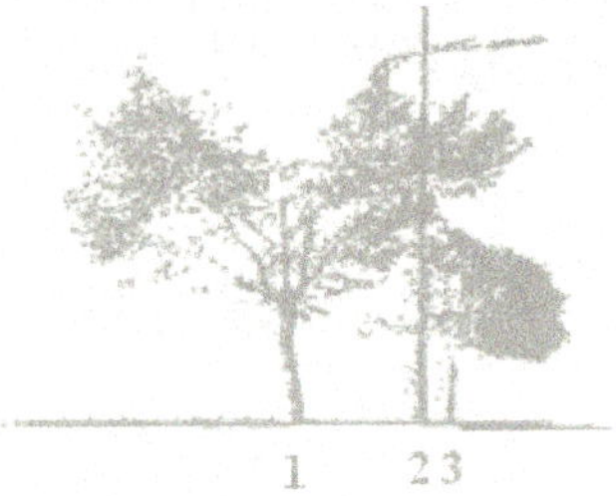

图 4.13　相连杆状地物数目确定示意

4.4　行道树与路灯的分割

本书在第 3 章对区域增长算法进行了改进，进而提取出了车载 LiDAR 点云中的行道树信息。该方法虽然对行道树信息的提取能够达到很好的效果，但是当遇到个别穿插在行道树树冠中的路灯时会将其误分为行道树，这样不仅会降低行道树提取效率，而且也会影响后期行道树属性提取。因此需要将此类路灯点云从行道树点云数据中去除，在很多研究中针对此类情况只能通过设定阈值以人机交互的方式对其进行分类，虽然也能在一定程度上取得效果，但是普适性受限，所以本书提出了一种基于 ICP 算法及路灯参考样本相结合的路灯点云分割方法。

4.4.1　基本原理

本书采用 ICP 算法与参考样本相结合的方法将穿插在行道树树冠中的路灯点云分割出来，基本原理为：首先，选取一个与试验区域相同型号且相对标准的路灯样本，获取样本的属性并保存，主要指高度，直径，线性、非线性部分高度，样本顶部维度及底部中心点；其次，加载待处理点云，获取相连杆状地物数目及每个杆状地物底部中心点位置并标记；再次，平移参考样本至样本底部中心与某一待处理杆状地物底部中心点重合，探测该杆状地物是否为路灯，若不是，则处理下一杆状地物，若是，则旋转样本至与杆状地物重合，然后计算一定区域内点云与样本点的水平距离，并将距离样本点为 3～5 cm 的点标记为路灯点云；最后，按照上述步骤依次处理完所有待处理点云，最后将标记的路灯点云去除，则保留点云即为行道树信息。操作流程如图 4.14 所示。

4.4.2　理论基础

(1)三维格网建立。车载点云数据具有空间分布离散性，为使点云数据结构化，引入空间三维格网的概念对原始点云分层建立规则空间三维格网。各层对应

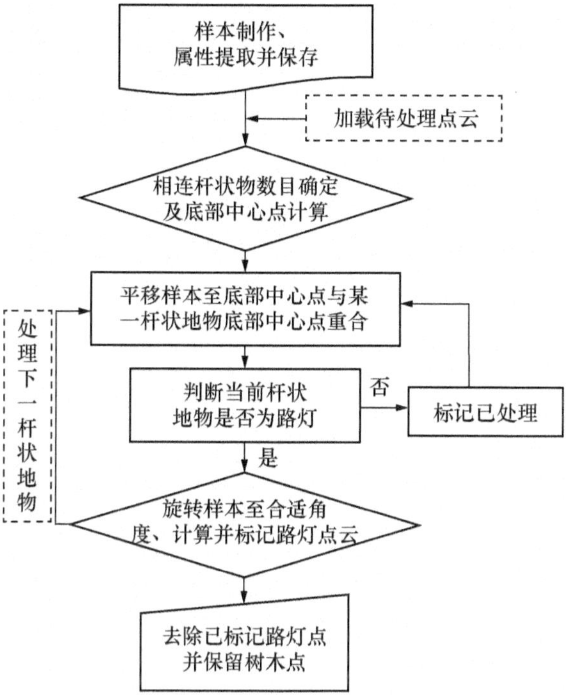

图 4.14　操作流程

的格网具有相同的行列号，其大小根据样本宽度确定。将原始点云视为一个巨大三维格网，获取其三维方向上的极值 $X_{\max}$、$X_{\min}$、$Y_{\max}$、$Y_{\min}$、$Z_{\max}$、$Z_{\min}$，根据格网的大小将 X、Y、Z 轴分别分为 n_x、n_y、n_z 个区间，如式(4.4)所示，因此这一个巨大的格网被分为 $2^{(n_x\ \ n_y\ \ n_z)}$ 个子格网，且有各自编号；遍历每个数据点，计算其所在格网编号并存储。已知一个点的坐标为(X,Y,Z)，则其所属的格网的计算如式(4.5)所示。

$$\left.\begin{aligned} n_x &= \frac{X_{\max}-X_{\min}}{m\_gridsize} \\ n_y &= \frac{Y_{\max}-Y_{\min}}{m\_gridsize} \\ n_z &= \frac{Z_{\max}-Z_{\min}}{m\_gridsize} \end{aligned}\right\} \tag{4.4}$$

$$\left.\begin{aligned} i &= \frac{X-X_{\min}}{m\_gridsize} \\ j &= \frac{Y-Y_{\min}}{m\_gridsize} \\ z &= \frac{Z-Z_{\min}}{m\_gridsize} \end{aligned}\right\} \tag{4.5}$$

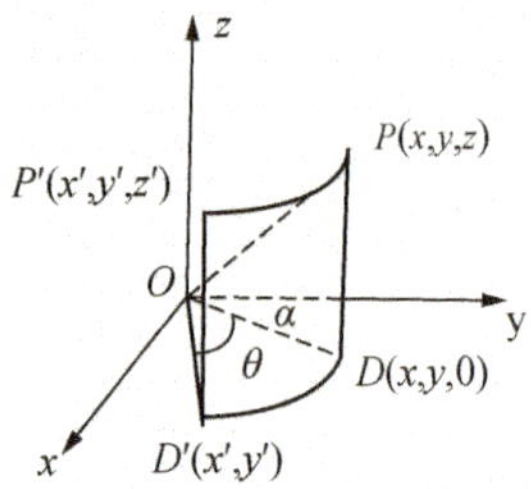

图 4.15 坐标变换示意

(2)坐标变换。设点 $P(x,y,z)$ 是空间上的任意一点，在平面 XOY 上的投影为 $D(x,y,0)$，连接线段 DP，Rt△ODP 直角边 DP 围绕 OZ 轴由 DP 的位置旋转到 $D'P'$ 的位置时，点 $P'(x',y',z')$ 称为点 $P(x,y,z)$ 的对应点，如图4.15所示。

如果 OD 在平面 Oxy 上的旋转角为 θ，那么 $D'(x',y')$ 和 $P'(x',y',z')$ 的坐标可由式(4.6)计算，即

$$\left.\begin{aligned} x' &= x\cos\theta - y\sin\theta \\ y' &= y\cos\theta - x\sin\theta \\ z' &= z \end{aligned}\right\} \tag{4.6}$$

4.4.3 分离步骤

(1)样本制作及属性提取。选取一个与试验区域相同型号且相对标准的路灯样本，加载到试验软件平台，根据实际情况选取合适格网大小对样本点云进行三维格网建立，获取样本的属性并保存，主要指高度，直径，线性、非线性部分高度，样本顶部维度及底部中心点。

(2)确定待处理点云中杆状地物数目并平移样本。加载待处理点云，按照 4.3 节所述方法探测出待处理点云中相连杆状地物数目，获取每个杆状地物底部中心点位置并保存，如图 4.16 所示为待处理点云，其中包含树木和路灯。

(3)平移样本并与杆状地物匹配。平移参考样本至样本底部中心与某一待处理杆状地物底部中心点重合，如图 4.17 及图 4.18 所示，并判断当前处理杆状地物是否为路灯，具体判断方法为：以当前重合的中心点为圆心，以 0.5 m 为半径画圆，探测圆内点云的分布，按照树木和路灯空间分布特征可知，若点云离散分布在整个圆内，则该杆状地物为树木，重新平移样本至与下一个杆状地物中心点重合，若集中分布在圆心周围局部，则该杆状地物为路灯。

图 4.16 待处理点云

图 4.17 样本与树木匹配

(a) (b)

图 4.18 样本与路灯匹配

(4)旋转样本并标记路灯点。按照一定度数(本书采用 10°)旋转样本,每旋转一次样本就按照 ICP 算法计算样本与待处理点云的重合度并保存,选择重合度最大时的角度,如图 4.18(b)所示。遍历步骤(3)中圆内所有点与样本点之间的距离,将距离样本3～5 cm的点标记为路灯点,如图 4.19 所示。

图 4.19 路灯点云标记结果

继续平移样本至下一杆状地物,重复步骤(3)和步骤(4)直至处理完所有待处理杆状地物,最后将标记的路灯点云去除,则保留点云即为行道树信息,如图 4.20 所示。

(a) 路灯 (b) 树木

图 4.20 最终分割效果

4.5 相连行道树树冠点云分割

为更好地满足数字城市中关于树木的表达,就必须对树木的各项参数进行获取。但是树木与环境中其他地物不同,其空间结构比较复杂,树木应大致分为树干和树冠两个部分,而树冠在空间中体现为点云的团状聚类,相邻的树木可能出现树冠相连的现象,在对树木进行建模时就无法获取相连树的部分参数,从而不利于数字城市的建立,因此需要对相连树树冠点云的归属情况进行确定。本书根据已有研究及改进讲述三种树冠点云分割方法。

4.5.1 基于距离的树冠点云分割

在现有的研究中也有对相连树树冠分割的研究,如吴宾(2013,2014)及 Monnier 等(2012)在研究中也提到了对相连树树冠点云的分割,但是吴宾是在三维空间中进行的,而 Monnier 等是在二维平面上分割的。本章基于 Monnier 等研究对相连树的树冠点云进行了分割,基本原理如下:

首先,确定待处理点云中相连树的棵数、每棵树树干位置及中心点坐标 O_j($j=1、2、3、\cdots、n$);其次,遍历所有待处理点云并计算各点与所有树干之间的水平距离;最后,判断点云的归属情况,例如某点 P_i,该点与各树干之间的水平距离为 D_{ij}($j=1、2、3、\cdots、n$),比较所有距离值的大小并取最小值,则该点属于距离最近的树木。并选取一段只有树冠相连的行道树点云作为试验数据,如图 4.21 所示,分割结果如图 4.22 所示。

图 4.21 试验数据

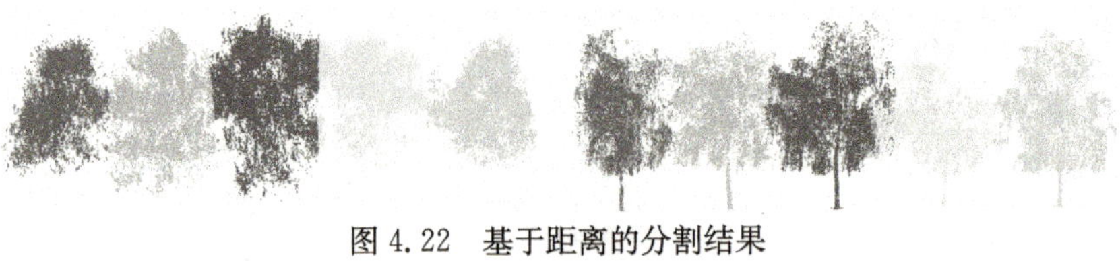

图 4.22 基于距离的分割结果

虽然该方法在某种程度上(相邻树木大小一致且生长相对规则的行道树)能够将相连树树冠进行分割,但是当遇到相邻两棵树木大小不一致时,其分割效果将与实际情况存在较大偏差。

4.5.2 基于特定模型的树冠点云分割

由于树木空间结构的复杂性,其各项参数之间的关系也相对复杂,并且根据已有研究可知不同树木种类之间这种参数关系也不相同，因此在对树冠点云进行分割时，如果简单地依据距离因素，在很多情况下将与实际情况不相符合。本小节根据扩展阅读资料《北京市13个常见树种胸径估测研究》所研究的结果中柳树胸径、树高及冠幅之间的特定模型，运用一种基于加权的柳树树冠点云分割方法。基本原理为：首先，获取待处理点云中相连树的棵数、树干位置及其中心点坐标；其次，根据最小二乘拟合原理获取每棵树木的胸径，根据点云高程差获取树高，根据研究中的模型计算出相应树木的冠幅大小，并根据计算出的冠幅值拟合出树冠的中心点；最后，依据冠幅对树冠的点云赋予一定权值，进而对其进行有效分割，操作流程如图4.23所示。

1. 相连树棵数及位置确定

对相连树树冠点云分割首先就是要确定某点云数据中树木的分布情况，即是独立的单棵树还是相连树。若为独立树，则不再分割；若为相连树，就要判断出树木相连的棵数。在确定相连树棵数及位置时采取4.3节所述方法即可。

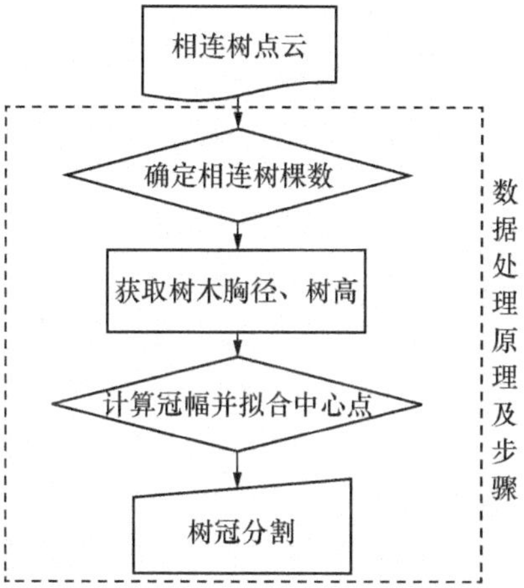

图4.23　树冠点云分割流程

2. 树木胸径及树高获取

根据点云块中获取的树木棵数依次获取树木的胸径大小，具体原理如下：

(1)按照4.3节中的两条准则可知，每棵树中低于1.5 m的点云应属于树干，但是由于现实环境中树木生长时很少垂直于地面，若直接对树干点云投影并拟合以获取胸径，则会使得获取的胸径值大于胸径实际值，而林业上测量树木胸径时一般是量测树木1.3 m高度处，因此截取每棵树木高程在1.2～1.4 m的点云，并对其进行二维平面投影。

(2)树干点云高差值较小时，对点云投影可近似为圆形，所以根据投影结果依次对每棵树的树干点云采用最小二乘拟合，根据拟合的结果获取每棵树的胸径大小，记为 $D_i(i=1、2、3、\cdots、n)$，其中 n 为树木的棵数。

树高获取。对于单棵树，截取水平距离树木中心点位置1 m以内的点云，通过点云高程最大值与最小值求差得出树高 $H_i(i=1、2、3、\cdots、n)$。

3. 冠幅计算及中心点拟合

(1)冠幅计算。在确定点云归属情况时主要以树冠冠幅大小作为主要评价指标，按照已有研究柳树树冠冠幅 C 与树木胸径大小 D 存在着如式(4.7)的关系

$$D=34.789C^{0.184}+0.372H^{1.047}-32.523 \tag{4.7}$$

根据已有参数 $D_i(i=1、2、3、\cdots、n)$ 和 $H_i(i=1、2、3、\cdots、n)$ 按照上述公式计算

出树冠冠幅大小 C_i(1、2、3、…、n)。

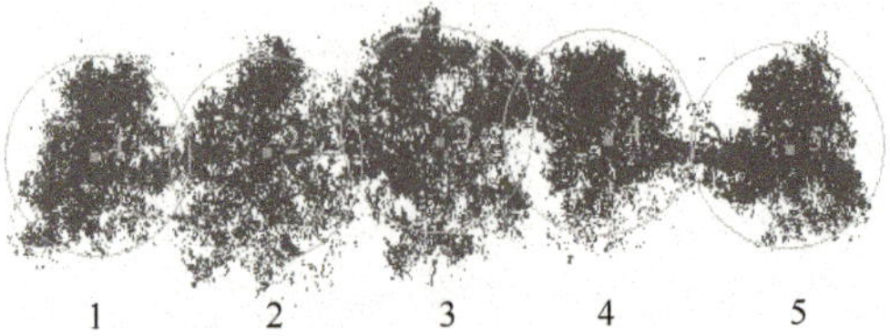

图 4.24 冠幅中心点拟合示意

(2)冠幅中心点拟合。按照上述步骤中所计算的冠幅值 C_i($i=1$、2、3、…、n),并根据点云分布位置拟合出冠幅中心点位置及坐标,在图中表示为圆心,如图4.24所示。

4. 树冠分割

将需要处理的点云进行二维平面投影,并对相连的树依次两两处理,如图4.25所示。其中 C_1、C_2(是按照上述模型计算得出)分别为树 1 和树 2 的冠幅大小,O_1、O_2分别为树 1 和树 2 的树冠中心点位置,是根据模型计算出的冠幅大小拟合出的树冠中心点位置(因为树木很多情况下都不是竖直生长的,所以不能直接用树干中心点位置对树冠分割)。d_1、d_2分别为当前处理点云距离 O_1、O_2 的水平距离,例如待处理点 $P(x,y)$,树 1 冠幅中心点 $O_1(x_1,y_1)$,树 2 冠幅中心点 $O_2(x_2,y_2)$,则 d_1、d_2的计算公式分别如式(4.8)和式(4.9)所示。d 为树 1 和树 2 树冠相互交叉的距离,所以 $0\leqslant d<C_1+C_2$,如图 4.25 两棵相连树中表示。为防止其他树木点云误分到当前研究对象上,那么在当前研究范围内必然存在临界点,且这些参数之间存在着如式(4.10)、式(4.11)和式(4.12)所示的关系时,点云属于树 1。

$$d_1=\sqrt{(x-x_1)^2+(y-y_1)^2} \tag{4.8}$$

$$d_2=\sqrt{(x-x_2)^2+(y-y_2)^2} \tag{4.9}$$

$$\frac{\frac{1}{2}C_1}{C_1+\frac{1}{2}C_2-d}\leqslant\frac{d_1}{d_2}<\frac{C_1}{C_2} \tag{4.10}$$

$$\frac{C_1}{2C_1+C_2}\leqslant\frac{\frac{1}{2}C_1}{C_1+\frac{1}{2}C_2-d} \tag{4.11}$$

$$\frac{C_1}{2C_1+C_2}\leqslant\frac{d_1}{d_2}<\frac{C_1}{C_2} \tag{4.12}$$

当$\frac{d_1}{d_2}=\frac{C_1}{C_2}$时,点云可以属于 O_1也可以属于 O_2。如果相连的树只有两棵,那么按照上述原理直接进行即可,每两棵相连树的分割界限即是若干$\frac{d_1}{d_2}=\frac{C_1}{C_2}$的点组成的一条弧线，且经验证该弧线弧度较小且凸向树冠较大的一侧，如图 4.26 所示。但是通常情况下，相连的行道树都是由若干棵相连在一起的，在对此类点云进行分割时需按照第 1 步确定的相连树位置及编号依次两两处理即可，利用上述方法对图 4.21 中所示点云进行分割，结果如图 4.27 所示。

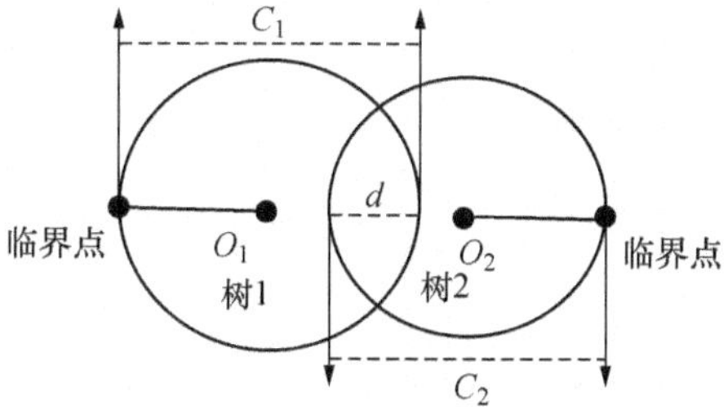

图 4.25　相连树冠模型

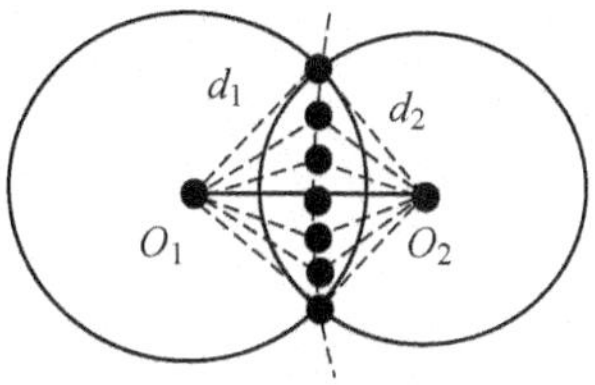

图 4.26　树冠分割示意

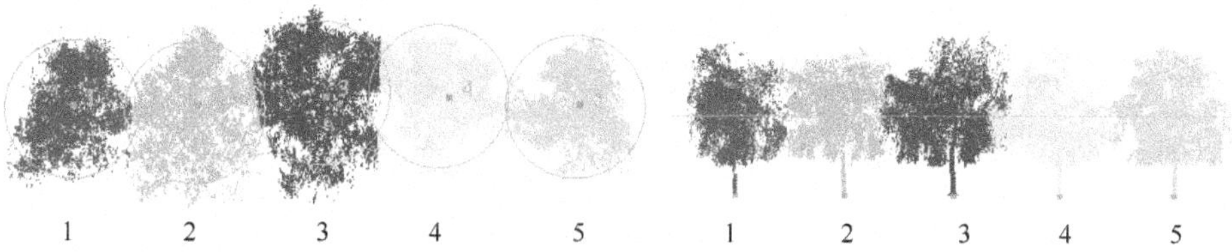

(a) 二维示意　(b) 三维示意

图 4.27　分割结果

将树冠冠幅作为一种依据给点云赋予一定权值，从而确定树冠点云的归属情况，从理论上来说其结果相对于基于距离的分割要更为接近事实。但是城市道路环境中行道树的种类很多，有的甚至是不同种类的树木交叉种植，对于这种情况该分割方法实现起来有一定难度。

4.5.3　基于拟合冠幅的树冠点云分割

由于城市道路环境中行道树的种类并不限于柳树，而且种类繁多，如果对于不同树种运用不同的模型，那么就要对不同树种进行人工调查并根据经验总结出相关模型。但是树木的生长趋势会随着环境的改变而改变，所以不同地域同种类树木各项参数之间的模型不一定通用，对此借助于 4.5.1 小节中基于距离的树冠点云分割方法提出一种基于拟合冠幅及加权的树冠点云分割方法。基本原理为：首先，根据 4.5.1 小节中所述方法对树冠点云进行分割；其次，根据分割后的每棵树的点云进行冠幅拟合，并根据拟合结果计算出拟合树冠的中心点坐标；最后，按照 4.5.2 小节拟合冠幅的大小对点云赋予一定权值，并对树冠点云重新分割。利用上述方法对图 4.21 中所示点云进行试验，其过程如图 4.28 所示。

为了能够增强说服力，本书还选用非柳树且相邻树不是同种类树木的相连树点云(图 4.29)对该方法进行试验，其分割过程如图 4.30 所示。

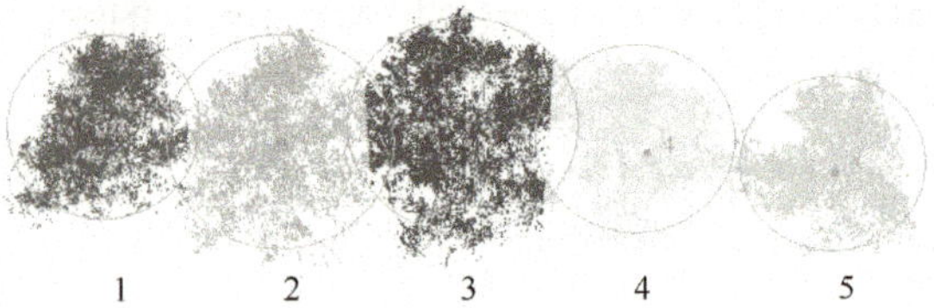

（a）按照距离冠幅拟合结果

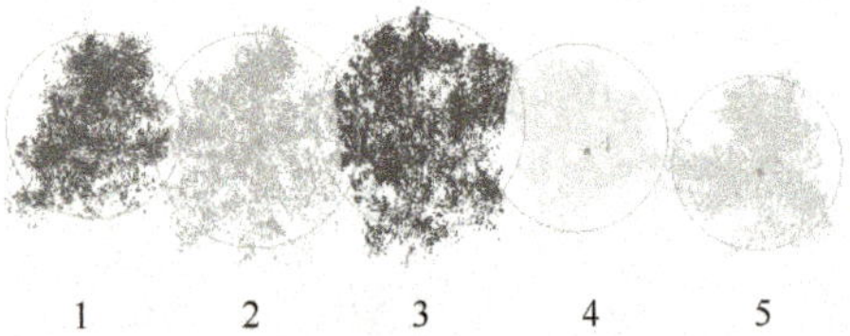

（b）二维示意图

（c）三维示意图

图 4.28 按照拟合冠幅分割过程

图 4.29 试验数据

（a）按照距离冠幅拟合结果正视和俯视示意图

（b）本节方法分割结果正视和俯视示意图

图 4.30 分割过程

本节所述方法目的在于找出一种适用于不限制树种的树冠点云分割方法，因此在基于距离分割方法的基础上进行了改进，对冠幅点云又重新进行了拟合（如果拟合一次得不到满意效果，还可以通过变换冠幅大小而进行迭代拟合）。并且结合了 4.5.2 小节中的基于冠幅及权值的树冠点云分割方法，相对于 4.3.1 小节中分割方法加入了一种权值，从图 4.30(a)及图 4.30(b)中虚框中点云可以看出该方法相对于 4.5.1 小节中的方法有了改进，同时相对于 4.5.2 小节中分割方法其对象也不再仅限于柳树，有了更强的普适性。

本书在对相连树的树冠点云进行分割时是在二维平面上进行的，并且在聚类时仅仅加入了距离概念。对于行道树而言，一般大小都差不多，而且树木之间的间距相差不大，所以经过试验分析，本章采用的方法对于行道树来说也可以实现不错的效果。而实际上，两棵相连树树冠点云的归属还与树木自身大小相关，即可能还与树木的直径和树高等属性参数相关。至于它们之间究竟存在什么样的函数关系，留作今后的研究重点。

4.6　行道树属性参数提取

经过上述原理及方法，任何指定的单株树点云都可以被提取出来。行道树点云提取的目的就是为了描述其在地理空间中的特征，以便于在“数字城市”建设过程中行道树在道路环境中的表达。而任何地物在地理环境中的描述都是需要一定规则为其构建模型，然后放置到特定环境中，因此，要构建行道树模型就必须对行道树的属性参数进行自动提取，主要包括树干底部中心点、树高、树干高、树冠高、树胸径及冠幅，各参数对应树木示意图如图 4.31 所示。

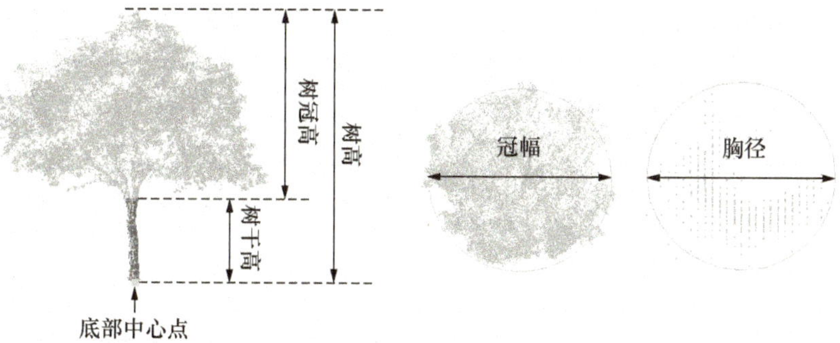

图 4.31　树木属性示意

4.6.1　树干底部中心点提取

在 4.3 节中讲到杆状地物的位置确定，该方法即可应用到行道树的底部中心点位置提取，如图 4.32 所示，确定某棵树的底部中心点。

4.6.2　树高提取

对于某待测树木，其高度为该树木点云中高程最大值与最小值的差值，即

$$H = H_{\max} - H_{\min} \tag{4.13}$$

式中，H 为树高，$H_{\max}$为该棵树木点云中高程最大值，$H_{\min}$该棵树木点云中高程最小值。树高获取如图 4.33 所示。

图 4.32　树干底部中心点探测

图 4.33 树高探测

4.6.3　树干高提取

树干高，即树木开始发叉长出树枝到树干底部的长度。对于某待测树木树干高度（以 H_t表示）本书用以下方法获取：

首先从树干底部开始，将树木点云分为 n 层，层高设置为 h（本书中选取 5 cm），逐层以该层内点云为对象进行胸径（以 DBH 表示）拟合，依次存储为 DBH_1、DBH_2、…、DBH_n；然后依次计算第 n 层与第 $n-1$ 层之间的胸径值比，根据以下条件选择合适阈值 K（本书中 $K=1.2$）并最终判断树干高度。

图 4.34　树干高探测结果

若$\frac{DBH_n}{DBH_{n-1}} < K$，表示第 n 和 $n-1$ 层都为树干点云，则继续计算；

若$\frac{DBH_n}{DBH_{n-1}} \geq K$，表示第 n 层为非树干数据，树干高度即为 $H_t = h \cdot (n-1)$。其结果如图 4.34 所示。

4.6.4 树冠高提取

某待测树木树冠高度(H_c)为树高(H)与树干高(H_t)之间的差值,即

$$H_c = H - H_t \tag{4.14}$$

4.6.5 胸径提取

对于某待测树木的胸径(以 D 表示)计算,可参照 4.5.2 小节中所述方法。

4.6.6 冠幅提取

对于某待测树木冠幅(以 C 表示)计算,可参照 4.5.3 小节所述方法。

4.6.7 试验分析

为验证上述提取行道树属性参数方法的可行性,采用激光扫描系统对某试验区域,在无风天气时进行数据采集,采用本章中所述相关方法对行道树点云进行分类提取(只保留行道树点云)。从中选取 20 棵扫描数据较为完整且树冠之间不相互交错的树,为减少上述行道树点云中存在的噪声点对程序的影响,以人机交互的方法将其进行去除,以本节所述方法对试验区域内树木进行属性参数提取,结果如表 4.2 和表 4.3 所示。并在同一天内以 RIEGL VZ-1000 型三维激光扫描仪对上述 20 棵行道树进行多角度扫描,以获得该试验区与实际相对接近的行道树点云,其中试验区域及扫描站布设如图 4.35 所示,对该数据应用成熟软件以人机交互的方式获取各试验对象的位置、树高、胸径及冠幅,以这些值作为树木的实际参数值(以下简称为人机交互值),结果如表 4.2 及表 4.3 所示。在表 4.3 中 A 表示本节所述方法提取的参数值,B 为成熟软件中人机交互所提取的参数值,C 为二者之间的差值。

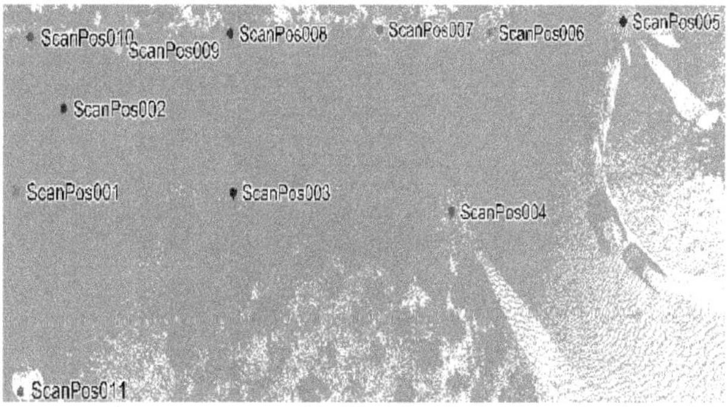

图 4.35　扫描站布设

表 4.2 两种方法对树木位置提取结果及对比

编号	本节方法所提树木位置/m		人机交互所测树木位置/m		差值/m	
	X	Y	X	Y	X	Y
1	5.747	−45.514	5.674	−45.518	0.073	0.004
2	3.830	−40.438	3.840	−40.486	−0.010	0.048
3	1.961	−35.436	2.003	−35.435	−0.042	−0.001
4	0.447	−31.168	0.419	−31.143	0.028	−0.025
5	−1.283	−26.368	−1.309	−26.503	0.026	0.135
6	−2.801	−22.071	−2.833	−22.118	0.032	0.047
7	−4.707	−17.049	−4.762	−17.092	0.055	0.043
8	−6.487	−12.312	−6.474	−12.397	−0.013	0.085
9	−8.178	−7.695	−8.107	−7.780	−0.061	0.085
10	−9.659	−3.358	−9.709	−3.404	0.050	0.046
11	16.651	−44.014	16.676	−44.007	−0.025	−0.007
12	14.908	−39.832	14.897	−39.747	0.011	−0.085
13	12.969	−35.054	13.008	−35.054	−0.039	−0.000
14	11.612	−30.301	11.614	−30.325	−0.002	0.014
15	9.861	−25.844	9.882	−25.915	−0.021	0.071
16	8.030	−21.036	8.027	−21.035	0.003	−0.001
17	6.429	−16.077	6.398	−16.051	0.031	−0.026
18	4.680	−11.277	4.715	−11.341	−0.035	0.064
19	3.656	−6.570	3.643	−6.688	0.013	0.118
20	2.467	−2.878	2.512	−2.982	−0.045	0.104

表 4.3 两种方法对树木属性提取结果及对比

编号	树高/m			树干高/m			树冠高/m		
	A	B	C	A	B	C	A	B	C
1	5.960	6.040	−0.070	2.000	2.053	−0.053	3.960	3.987	−0.027
2	6.490	6.500	−0.010	2.050	2.041	0.009	4.440	4.459	−0.019
3	6.960	6.860	0.070	1.900	2.070	−0.170	5.060	4.790	0.270
4	6.570	6.660	−0.090	2.050	2.007	0.043	4.520	4.653	−0.133
5	6.600	6.670	−0.070	2.200	1.978	0.222	4.400	4.692	−0.292
6	5.830	5.860	−0.030	1.850	1.858	−0.008	3.980	4.002	−0.022
7	6.320	6.430	−0.050	1.650	1.656	−0006	4.67	4.774	−0.104

续表

编号	树高/m			树干高/m			树冠高/m		
	A	*B*	*C*	*A*	*B*	*C*	*A*	*B*	*C*
8	6.790	6.800	−0.020	1.450	1.458	−0.008	5.340	5.342	−0.002
9	5.760	5.740	0.020	1.900	1.921	−0.021	3.860	3.819	0.041
10	5.710	5.670	0.040	1.800	1.780	0.020	3.910	3.890	0.020
11	5.430	5.400	0.030	1.700	1.667	0.003	3.730	3.733	−0.003
12	5.280	5.350	−0.070	1.750	1.827	−0.077	3.530	3.523	0.007
13	6.230	6.100	0.130	1.850	1.892	−0.042	4.380	4.208	0.172
14	6.100	6.210	−0.110	1.550	1.570	−0.020	4.550	4.640	−0.090
15	5.610	5.612	−0.002	1.900	1.907	−0.007	3.710	3.705	0.005
16	5.670	5.773	−0.103	1.250	1.251	−0.001	4.420	4.522	−0.102
17	6.110	6.110	0.000	1.300	1.331	−0.031	4.810	4.779	0.031
18	5.520	5.663	−0.123	1.650	1.494	0.156	3.870	4.169	−0.299
19	5.510	5.680	−0.160	2.050	2.061	−0.011	3.460	3.619	−0149
20	6.380	6.390	−0.010	2.050	2.063	−0.013	4.330	4.327	0.003

编号	胸径/m			冠幅/m		
	A	*B*	*C*	*A*	*B*	*C*
1	0.138	0.142	−0.004	4.455	4.621	−0.166
2	0.160	0.159	0.001	4.459	4.727	−0.268
3	0.178	0.162	0.016	5.190	5.241	−0.051
4	0.175	0.180	−0.005	5.038	5.279	−0.241
5	0.199	0.207	−0.008	4.175	4.336	−0.261
6	0.143	0.143	0.000	4.016	3.879	0.137
7	0.180	0.186	−0.006	4.652	4.972	−0.320
8	0.189	0.184	0.005	4.962	4.737	−0.235
9	0.143	0.137	0.006	4.469	4.666	−0.197
10	0.157	0.166	−0.009	4.656	4.567	0.089
11	0.119	0.133	−0.014	3.374	3.328	0.046
12	0.143	0.150	−0.007	3.574	3.465	0.109
13	0.142	0.155	−0.013	3.343	3.379	−0.036
14	0.161	0.154	0.007	3.758	3.900	−0.142
15	0.142	0.157	−0.015	3.546	3.608	−0.062
16	0.182	0.186	−0.004	3.578	3.430	0.148

续表

编号	胸径/m			冠幅/m		
	A	*B*	*C*	*A*	*B*	*C*
17	0.194	0.209	−0.015	3.789	3.756	0.033
18	0.142	0.158	−0.016	3.556	3.696	−0.140
19	0.147	0.161	−0.014	4.152	4.212	−0.060
20	0.151	0.159	−0.008	3.614	3.708	−0.094

在表 4.2 中人机交互测量树木底部中心点时，是在每棵树底部周围均匀选取 15 个点并计算其坐标平均值，并以此值作为树木的真实位置坐标值。从对比结果中可知：本节所述方法对树木提取的底部中心点坐标与实际树木底部坐标差值除个别情况外都能达到厘米级，对于这些有可能是因为车载系统在获取数据时只在道路中央行驶一次，对每棵树树干只扫描了一侧，所以在本章所述方法计算树干底部中心点平面坐标时会与实际有所差异；对于个别差值能达到分米级的，分析其原因，可能是因为扫描仪在扫描数据时树干底部被遮挡或者是人机交互选取点时有所偏差。

表 4.3 中主要是两种方法对树高、树干高、树冠高、胸径及冠幅的对比结果分析，为对本节所述方法进行定量分析，以本节所述方法提取的树木属性参数值为自变量 x，人机交互所测属性值作为因变量 y，分别对其进行一元线性回归拟合，结果如图 4.36 所示。

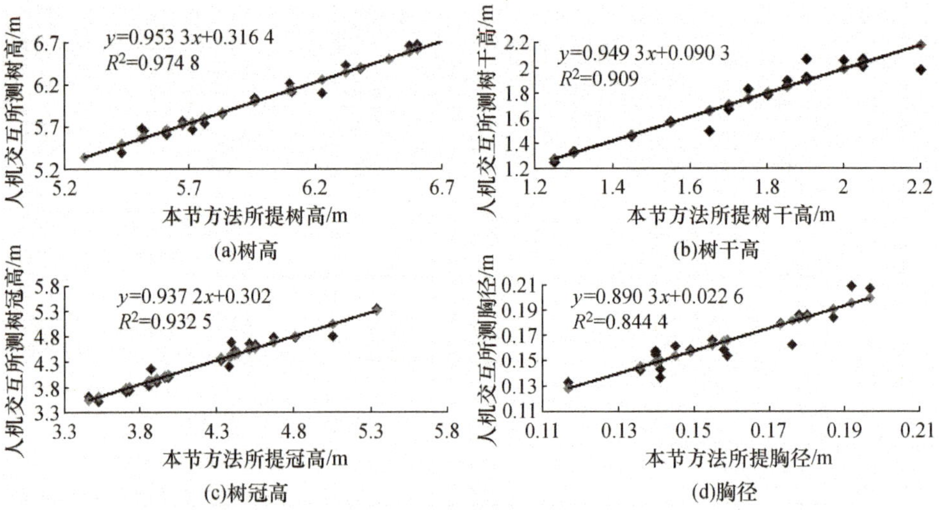

图 4.36　相关分析结果

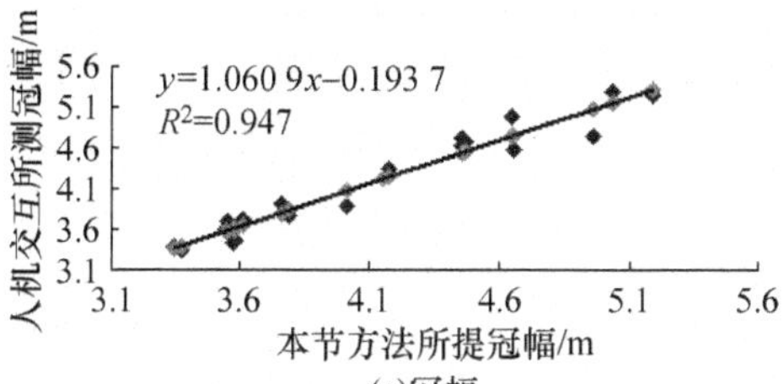

(e)冠幅

图 4.36(续)　相关分析结果

从图 4.36 中可以看出，本节所述方法提取的树木属性值与人机交互值进行线性回归拟合时，相关因子分别为 0.974 8、0.909、0.932 5、0.844 4 及 0.947，由此可知书中所述方法提取的树木树高、树干高、树冠高、胸径及冠幅值与实际差值在可接受范围内，具有一定适用性。但是由于本书选取的试验对象比较有限，所以还需要进一步选取更多的、不同环境中的树木进行验证。

4.7　行道树动态变化信息提取

4.7.1　生长趋势信息提取

本小节对树木生长趋势的分析主要是判断其是否为正常生长，若正常生长，则判断其生长量及修剪量，其具体方法如下。

(1)数据准备。选取同一棵数不同时期(同相同季节)所采集的两期数据。

(2)加载数据。首先将前期数据加载到试验平台并赋予其属性值 0(图 4.37 中虚线区域)，然后加载后期数据到同一平台并赋点云以新属性 1(图 4.37)，接着通过旋转和平移(见 4.4.3 小节)将二者的底部中心点相重合并使具有最大的重合度。

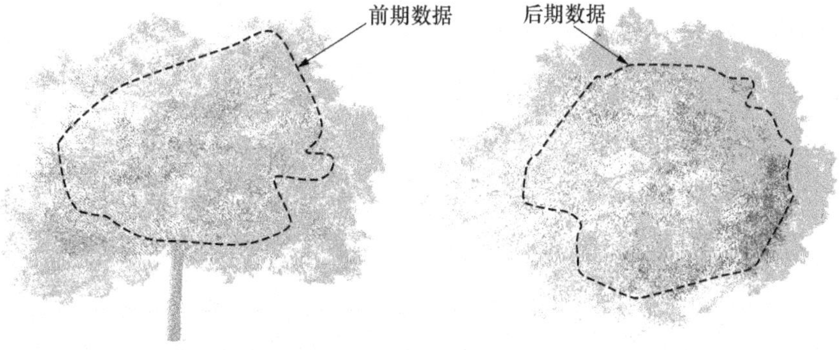

(a) 三维示意图　(b) 二维示意图

图 4.37　数据加载结果

(3)体元化。选择合适尺寸 K(本书中选择 $K=0.05$ m)对其进行三维规则格网建立,即体元化,具体见 4.4.2 小节第 1 部分中所述。并对体元从外围进行剥离,逐层处理体元,具体方法为:探测该层体元中所有行的最外围体元(只按行或者按列处理),若体元内不包含点云,则下一循环按行向里推进一个体元;若体元内包含点云,则保留该体元,并且在下一处理循环中继续停留在该体元,直到当前处理循环中所有体元内都包含点云,则该层体元探测完毕;继续下一层,直到所有体元处理完。体元剥离过程如图 4.38 所示,其中填充区域代表当前处理体元,数字表示该格网内的点云个数,无数字代表该体元内无点云。

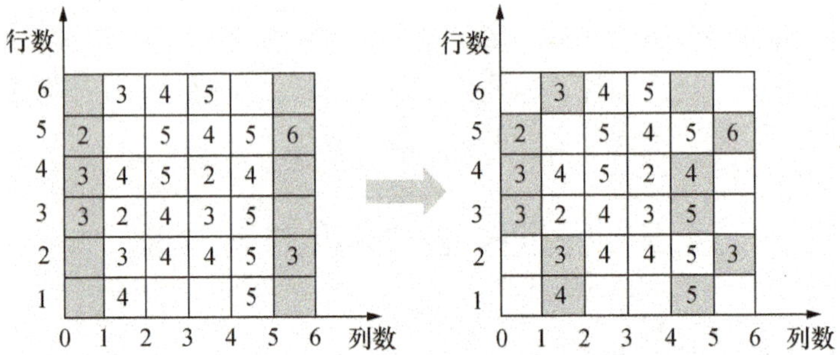

图 4.38　体元剥离过程

图 4.39　体元处理结果

(4)树木增长体元探测。以单个体元为数据处理单元并逐个探测:若某体元中只包含属性值为 1 的点云,则赋予新属性值 2(图 4.39 虚线外点云)并标记该体元,表示已处理;若某体元中同时包含属性值为 0 和属性值为 1 的点云,则只标记已处理并继续探测下一体元,直到处理完所有体元,处理结果剖面图如图 4.39 所示。

(5)树木生长量统计。统计所有属性值为 2 的体元数 N_1,根据体元尺寸 K,计算出属性值为 2 的点云所占体积 V_1,计算公式见式(4.15),统计及计算结果见表 4.4。

$$V_1=N_1\cdot K^3 \tag{4.15}$$

表 4.4　计算结果

N_1/n	V_1/m^3
431 799	53.974 9

其中属性值为 2 的体元中点云表示前期数据中缺少的点云,如图 4.37 中虚线

外点云，通过分析，该部分点云表示树木生长的体积，所以 V_1 为树木由于自然生长所增加的体积。当 V_1 较小时说明该树木生长量极少，根据实际情况分析，应该是生长状况相对较差。

但上述变化也可能是因为仪器型号不同，导致数据获取方式不同(由于条件限制，本书采用的是不同型号的仪器采集的数据，但在实际应用中为避免造成此类误差，可选用同一型号仪器进行数据采集)，该方法在一定程度上可以为城市规划、管理及园林设计等起辅助作用。

4.7.2　动态变化信息提取

监测某一区域树木及周围的变化情况，主要指树木的位置、数量及其周围地物的变化，即：将近期采集数据与前期数据进行对比分析，从而判定是否有树木被去除或者新栽，有利于相关管理部门及时掌握信息，从而进行高效管理。具体方法如下。

(1)选取同一地段的两期试验数据(该区域东西长 47 m，南北宽 15 m)，利用前面所述方法将两期试验数据中杆状地物(树木及路灯)提取出来，并通过坐标转换将两期数据转换到统一坐标系下，如图 4.40 所示。由图可知，该段区域内的杆状地物在前后采集数据期间有所变动，且变化主要表现在路南侧。

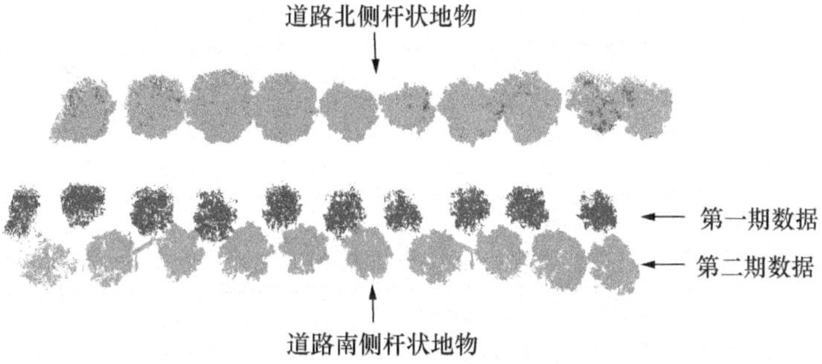

图 4.40　两期数据杆状地物提取结果

(2)为进一步判断道路南侧杆状地物的具体变化，利用 4.6.1 小节中所述方法对道路南侧杆状地物底部中心点平面位置进行探测，结果如表 4.5 所示。其中编号仅代表每期数据杆状地物的个数，前后两期数据编号相同的并不代表是同一杆状地物。从结果中发现，第一期数据所包含杆状地物数为 10，而同一区域内第二期数据中所包含杆状地物数为 12。

表 4.5 两期数据杆状地物底部重心点平面坐标对比

编号	第一期数据/m		第二期数据/m	
	X	*Y*	*X*	*Y*
1	−20.816 000	−0.436 000	−21.483 521	2.852 665
2	−15.803 458	−0.953 461	−17.639 347	2.447 109
3	−5.664 117	−1.683 529	−12.864 377	1.513 333
4	−0.815 000	−2.052 000	−10.324 786	0.888 776
5	−0.797 500	−2.017 500	−7.867 367	1.191 621
6	4.211 052	−2.465 789	−2.639 656	0.662 078
7	9.147 273	−2.894 546	2.519 695	0.398 304
8	14.040 000	−3.098 889	7.235 847	0.176 308
9	19.181 499	−3.846 000	12.093 364	−0.421 455
10	24.242 500	−4.085 500	14.628 202	−1.079 075
11	—	—	17.179 316	−0.560 678
12	—	—	21.788 157	−0.625 185

(3)以第一期道路南侧杆状地物数据为基准对第二期数据进行检测，具体方法为：分别以第一期数据中杆状地物的平面坐标为中心并对其进行缓冲区分析，缓冲半径设为 0.4 m(因为杆状地物之间距离总会大于 1 m)，即若某缓冲区内还包含第二期数据中杆状地物，则表明在前后两期数据采集期间该杆状地物位置并没有变化，若该缓冲区内不包含其他杆状地物，则表明该杆状地物在第二期数据采集时已因某种原因被移除。

(4)以第二期道路南侧杆状地物数据为基准对第一期数据进行检测，具体方法为：分别以第二期数据中杆状地物的平面坐标为中心并对其进行缓冲区分析，缓冲半径设为 0.4 m，即若某缓冲区内还包含第一期数据中杆状地物，则表明在前后两期数据采集期间该杆状地物位置并没有变化，若该缓冲区内不包含其他杆状地物，则表明该杆状地物是在两期数据采集期间新增加的。

(5)按照编号利用 4.2.3 小节中杆状地物分离策略中地物投影面积大小，对两期数据中道路南侧的杆状地物进一步识别，并从结果中可知第二期数据中编号为 4 和 10 的杆状地物为新增的路灯，其他杆状地物均为树木，而第一期数据中杆状地物全为树木。

4.8 本章小结

车载激光扫描系统动态采集了道路环境中复杂的空间三维信息，与其他数据获取方式相比在数据获取(如效率、精细程度等)方面具有明显优势。本章采用算法、聚类分析和特征提取相结合的方法，对行道树进行了提取，并用试验对书中算法有效性进行了验证；介绍了相连杆状地物树木的方法，在此基础上利用 ICP 算法及参考样本相结合的方法去除了与行道树相连的路灯点云；接着介绍了相连行道树树冠点云的分割方法，即基于距离的树冠点云分割、基于特定模型及加权的树冠点云分割与基于拟合树冠及加权的树冠点云分割，并对上述方法进行了讨论；然后结合前书对行道树的各项属性参数进行了自动提取，为后期行道树建模及其他应用提供了较为可靠的基础数据；最后对树木的生长趋势及动态变化做出了分析，为城市规划及管理提供了新方法。

第 5 章　车载 LiDAR 点云中带状地物表面模型构建方法

要描述地理环境中各种地物，需要按照一定的规则对这些地物构建不同类型的模型，然后放置到特定的环境中进行表达。表面模型作为一种常用的地物信息表达方式，得到了广泛的研究和应用。在本章中先介绍三维表面模型的相关研究，包括规则格网模型、不规则三角网（triangulated irregular network，TIN）模型以及与本研究密切相关的公路表面模型和城市表面模型的相关研究，然后重点阐述车载 LiDAR 点云中带状地物表面模型的构建方法及其层次细节模型（level of detail，LOD）技术处理，最后对该研究进行总结。

5.1　三维表面模型相关研究

5.1.1　规则格网模型

规则格网（regular grid）通常是正方形，也可以是三角形、矩形等规则格网。规则格网将区域空间切分为规则的单元，每单元对应一个数值。在计算机实现中规则格网是一个二维数值，数组的每个元素对应一个属性值（通常为高程值）。规则格网的矩阵，可以很容易地用计算机进行处理，特别是在栅格数据结构的地理信息系统中得到普遍应用。它可以很容易地计算出等高线、坡度坡向、山坡阴影等，所以成为 DEM 最广泛使用的格式，目前许多国家提供的 DEM 数据都是以规则格网的数据矩阵形式提供的。

规则格网表达地物表面的缺点是不能准确表示地物表面的结构和细节，为避免这些问题，可以采用附加特征数据的方法来描述地物表面结构特征；规则格网的另一缺点是数据量过大，给数据管理带来不便，通常需要进行压缩存储，如使用无损的游程编码法和有损的小波变换法。

5.1.2　不规则三角网模型

TIN 模型是根据区域有限点集将区域划分为相连的三角面格网，区域中任意点落在三角面的顶点、边上或三角形内。TIN 的数据存储方式比规则格网复杂，它不仅要存储每个点的高程，还要存储其平面坐标、节点连接的拓扑关系、三角形及邻接三角形等关系。如图5.1为一种简单的记录方式：每个顶点包括三个坐标值，每个三角形记录其顶点和相邻三角形。通常情况下其记录方式为：每一个三角形、边和节点都对应一个记录；三角形的记录包括指向它三个边的记录的指针；边的记录有四个指针字段，包括两个指向相邻三角形记录的指针和它的两个顶点的记录的指针；顶点的记录包括三个坐标轴的字段，分别存储 X、Y、Z 坐标。TIN 表示的地物表面由连续的三角面组成，三角面的形状和大小取决于采样点的位置和密度。TIN 能随地物表面形态的变化的复杂性而改变采样点的密度和决定采样点的位置，它能有效避免平坦表面的数据冗余，又能把地物表面的几何特征表现出来。

1	X	Y	Z
2	X	Y	Z
3	X	Y	Z
4	X	Y	Z
5	X	Y	Z
6	X	Y	Z
7	X	Y	Z
8	X	Y	Z

(a)点文件

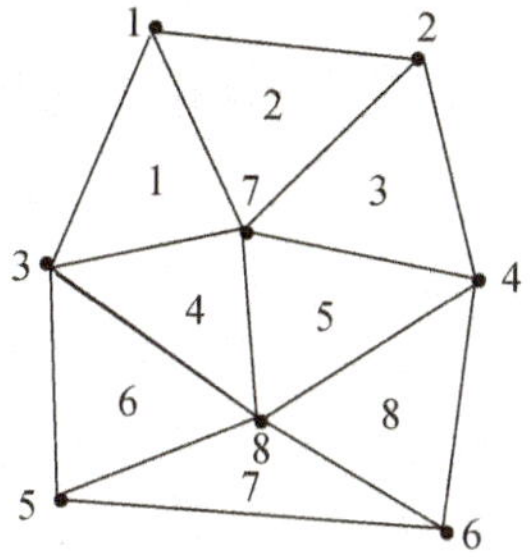

(b)三角网

	顶点			邻接三角形		
1	1	3	7	×	4	2
2	1	2	7	×	3	1
3	2	4	7	×	5	2
4	3	7	8	1	5	6
5	4	7	8	3	4	8
6	3	5	8	×	7	4
7	5	6	8	×	8	6
8	4	6	8	×	7	5

(c)三角形文件

图5.1　一种简单的三角网存储方式

在规则格网、TIN以及两者的相互转换方面已经有了相当多的研究(蔡兴泉等，2005；吴焕萍 等，2004；朱庆 等，2007b；盛业华 等，2007；吴飞 等，2005；朱理等，2006)。由于车载LiDAR系统的主要作业对象为公路环境和城市环境，对提取的信息构建表面模型也主要为公路表面模型和城市表面模型，下面将对这两方面的研究状况进行分析。

5.1.3　公路表面模型相关研究

近几年来，随着各类公路信息系统以及虚拟公路建设的快速发展，使得公路场景真实度要求更高，细节表达的要求更突出，表面模型是公路场景建设的主体和基础，研究也不断得到深入。刘学军等(2000)研究了公路对数字地面模型的要求及算法，提出了数字地面模型的整体建立方案，并解决了其中的关键技术，即以Windows文件映射技术管理数据，以栅格为基础的空间数据索引系统，基于逐点插入算法的快速构网技术，所建立的数字地面模型具有对数据量不限、执行效率高、查询速度快、连续无缝等特点；黄雄等(2006)提出一种基于TIN的地面模型和道路设计模型叠加算法，基本原理是把参考模型的边界多边形当作约束边界线插入操作模型，在保持参考模型拓扑关系不变的条件下对其进行局部优化，然后删除位于参考模型边界线内的点和三角形；左小清等(2004)以公路设计数据为基础，讨论了地形、公路及其构筑物的三维模型构造方法，以TIN来表达地形，路面及其构筑物以三角网表示，道路附属设施以特定的模型表示，并针对公路呈线性分布的特点，采用动态分段技术来组织管理路面三角形数据及道路属性数据，并在三维环境下，对经典的二维线性参照系统进行扩展，使之能满足公路附属设施三维模型的定位及其位置查询；朱庆等(2006)系统研究了三维GIS与公路CAD的集成方法，针对公路CAD中的路线三维模型与构造物实体模型，分析了三维GIS与公路CAD中数据的集成，进而研究了公路三维GIS一体化数据组织管理，并从三维模型的简化入手，研究了海量数据情况下，公路三维GIS的实时动态可视化技术，并在此基础上提出了公路三维GIS的体系结构模型；赵建军等(2005)研究了一种用数字地面模型和公路设计数据实现实时三维动画的方法，首先利于德洛内三角化方法构造数字地面模型，然后将公路设计数据与数字地面模型进行叠加，为解决叠加过程中的相容性问题，提出了先将地界约束边界线插入德洛内三角形格网，然后重新三角化的方法，并用多分辨率显示和格网数据结构相结合的方法加速渲染速度；Tang等(2005)进行了基于横断面的三维公路模型研究；李清泉等(2014)分析讨论了GIS-T线性数据模型，对当前有代表性的集中模型进行分析比较和评估，指出当前GIS-T线性数据模型普遍存在的问题，提出基于三维的GIS-T时空数据模型是未来的发展趋势。

5.1.4 城市表面模型相关研究

三维城市、虚拟城市建设是当前的一个研究热点，由于城市环境非常复杂，研究的侧重点也各不相同，研究工作者从不同的层面对城市模型的建设进行了研究。Brenner等(2001)整合了二维平面信息和三维数字表面模型，进行虚拟城市建设研究；高云琼等(2002)采取了CAD数据→GIS矢量数据→GIS栅格数据→三维影像的城市三维模型集成方法；孙敏等(2000)分析了城市三维实体的几何特征及三维城市模型系统要求，提出用外表面表示实体，以便用TIN对面状和体状实体进行统一表达，在此基础上就可采用单纯形作为三维实体的基本要素，从而归纳导出了基于表面剖分的三维城市空间数据模型；龚俊等(2003)分析了CAD与GIS在三维数据模型方面的异同点，提出了在数字城市GIS中有效集成应用CAD模型数据的解决方案，在数据表示、数据结构和数据转换等方面进行了深入剖析；还有学者提出从航空摄影测量、机载LiDAR数据中获得建筑物的外框架轮廓模型则是城市环境中建筑物表面模型获取的最常用方式(zhang et al，2003；Beck，2003；Früeh et al，2004a；Ewald et al，2005)；朱庆(2007a)在三维城市模型不同应用的分类和综合分析基础上，从概念层次提出了一种统一矢量数据与栅格数据、连续表面和离散实体的二维表达与三维表达的三维城市模型，并给出三维城市模型的概念模型，如图 5.2 所示。

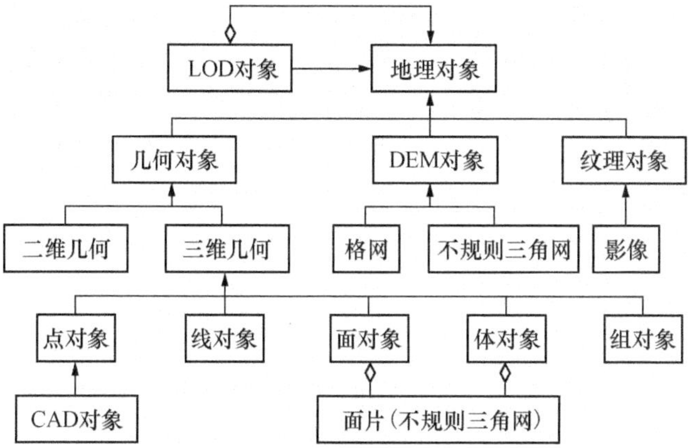

注：“◊”型箭头为编程符号

图 5.2　三维城市模型的概念模型

5.2　车载 LiDAR 点云中带状地物表面模型构建方法

车载 LiDAR 系统对城市街道、公路、隧道、堤坝等进行数据采集，其自身的特点决定了所数据采集和建模的对象必须是一个狭长的条带区域，这些带状地物的一个共同的特点是它们具有与走向一致的结构特征。由于激光扫描仪采集每条扫描线数据所用时间极短，因此每条扫描线数据点都近似于落在一个扫描平面内，每条扫描线都相当于带状地物的一个横断面，相邻两条扫描线所在平面也近似平行，中间所夹区域为一个狭长的条带，把相邻两条扫描线上的点构建为三角网就能准确反映这个条带区域的形态特点，整个带状地物就是由许多这样的狭长条带构成的，把这些条带状的三角网连接起来就能准确描述整个带状地物的形态结构。因此，表面重建过程就是对相邻两条扫描线数据进行构网并不断重复的过程。

5.2.1　扫描线数据排序

每条扫描线数据经过背景滤除、数据简化等处理后，在空间形态上表现为一定的有序性，但存储这些数据的数组中的序号并不与空间排列完全对应，如图 5.3(a)所示，O 为激光扫描仪中心，由于每条扫描线都是从下向上以 0.5°的角度间隔扫描数据，因此，在扫描线数组中，P_0 为先扫描到的数据点，排在数组的前面，但并非真实的边界点，而实际的边界点 P_e 却排在了数组的中间，如果按照数据扫描的顺序进行排列，就会得到如图中箭头所指的错误排列顺序。采用距离排序法对每条扫描线数据进行排序(盖绍彦 等，2003；潘洋宇 等，2005)：首先建立一个顺序表，把

起算点 P_0 及其下一个数据点 P_1 加入表中，然后从第三个数据点开始，计算每个数据点到表首尾两个数据点间的距离 $d_{首}$ 和 $d_{尾}$。若 $d_{首}>d_{尾}$，则把该点加入数据表末尾；若 $d_{首}<d_{尾}$；则把该点加入到数据表的开始作为新的起始数据。完成上述排序后，计算表中起始数据和末尾数据到前一条扫描线起始数据的距离 d_1 和 d_2，若 $d_1>d_2$，则倒置数据表中所有数据的顺序，图 5.3(b)所示为经过排序后正确的点集顺序。

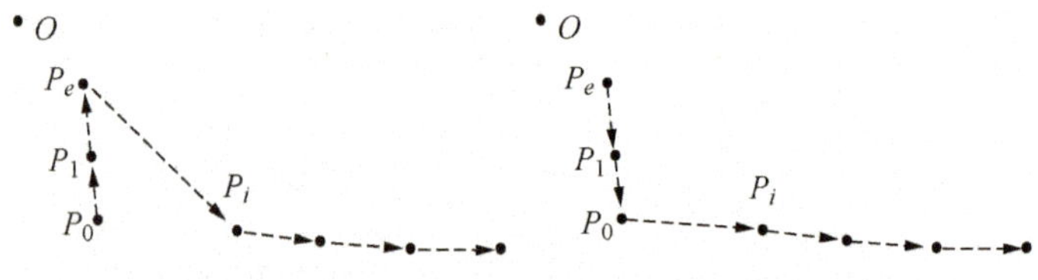

(a)错误的点集顺序 (b)排序后正确的点集顺序

图 5.3 扫描线数据排序

对于车载 LiDAR 数据而言，距离排序法能够快速完成数据的排序工作。虽然首尾判断有一定的局限性，但在实际应用中，很少出现错误的排序，并且这些错误可以通过对点的交互处理进行动态调整。

5.2.2 数据结构定义

要构建表面三角网模型，就需要根据构建的三角网的特点定义合理的数据结构。本书定义了四种类型的数据结构，即空间点 DPoint、格网点 MeshP、格网边 MeshE 和格网三角形 MeshT。数据结构定义如下：

```
struct DPoint//空间点
{double x;//x 坐标
double y;//y 坐标
double z;//z 坐标};

struct MeshP//格网点
{DPoint p;//点的坐标
int no;//点在扫描线中的编号
char type;//点的类型};
struct MeshE//格网边
{MeshP *p1;//端点 1
MeshP *p2;//端点 2
```

```
char type;//边的类型};

struct MeshT//格网三角形
{MeshP *p1;//顶点1
MeshP *p2;//顶点2
MeshP *p3;//顶点3
char type;//三角形的类型};
```

空间点DPoint指每条扫描线上有效信息点的空间坐标，由外部导入数据转换得到。

格网点MeshP指在格网构建过程中实际操作的空间点，包括对应的空间点坐标p、该点在其所在扫描线中的编号no以及该点的类型type。编号no是从1开始计数的，数组是从0开始计数的，也就是说，格网点$P(i,j)$的标号为$j+1$；类型type用不同的值代表该点不同的状态信息，在构网过程中，格网点只与前后相邻两扫描线上的数据点以及自身所在扫描线上的相邻点发生关系，可以用0代表该点与前后两条扫描线上的数据点都没有关系，1代表只与前一条扫描线上的数据点有关系，2代表只与后一条扫描线上的数据点有关系，3代表与前后两条扫描线上的数据点都有关系。

格网边MeshE包含两个格网点指针和一个类型变量。格网边的构建有两种情况：①格网边的两个端点为同一扫描线上两个相邻点；②两个端点分别为相邻两条扫描线中的两点。格网边中两个指针的指向是有顺序的：情况①中$p1$指向编号小的那个点，$p2$指向编号大的那个点；情况②中$p1$指向前面那条扫描线上的点，$p2$指向后面那条扫描线上的点。格网边的类型type用来表示边的存在状态，1代表是实际存在的边，0代表该边是一个“虚边”，也就是说，虽然在构建格网的过程中被建立，并存在边的数组中，但它并不参与实际的运算，仅在存放边的数组中占据了一个位置，这样做的目的是为了保持格网构建以及拓扑关系建立的完整性和简单性。一般情况下，边的虚实是以边的长度为判断依据的，若边长大于给定阈值，则该边即为“虚边”。同一条扫描线上数据点经过前期处理后，保持相对均匀的密度，不会出现“虚边”，两扫描线的起始位置间距也比较小，只有当两扫描线数据有较大差别时（例如一条扫描线为建筑物的边缘，相邻扫描线为建筑物旁边的地面），才会出现“虚边”。虽然“虚边”占据一定的存储空间，但由于实际操作中“虚边”的数量有限，对整体影响不大。

格网三角形MeshT包含三个格网点指针和一个类型变量。格网三角形的构建也有两种情况：①三个顶点中有一个顶点落在前边扫描线上，两个顶点落在后边扫描线上；②两个顶点落在前边扫描线上，一个顶点落在后边扫描线上。格网三角形的三个指针的指向也是有顺序的：情况①中 $p1$ 指向前边扫描线上的点，$p2$ 指向后面扫描线上编号小的那个点，$p3$ 指向后面扫描线上编号大的那个点；情况②中 $p1$ 指向前边扫描线上编号小的那个点，$p2$ 指向前边扫描线上编号大的那个点，$p3$ 指向后边扫描线上的那个点。同格网边中的 type 类似，格网三角形中的 type 也是用来表示格网三角形的存在状态。1 代表实际存在的三角形，0 代表该三角形是一个“虚三角形”，它不参与实际的运算，也只是占据一个位置以保持拓扑关系的简单性。“虚三角形”的判断也是以边长（即两顶点间的距离）为依据的，若三条边中有一条边长超过了给定的阈值，则该三角网即为“虚三角形”。“虚三角形”的数量也很有限，对存储空间的影响不大。

5.2.3 表面三角网的构建

构建三角网前，定义了三个二维动态数组：

```
std::vector<std::vector<*MeshP>>mesh_p;
std::vector<std::vector<MeshE>>mesh_e;
std::vector<std::vector<MeshT>>mesh_t;
```

mesh_p、mesh_e、mesh_t 分别用来存储格网点、格网边和格网三角形数据。

另外，还定义了几个临时一维动态数组：

```
std::vector<MeshE>start_e,mid_e,end_e;
std::vector<MeshT>begin_t,end_t;
```

设 $L(i)$ 为第 i 条扫描线数据，start_e 用来存储第 $L(0)$ 上相邻数据点间的连线；mid_e 用来存储 $L(i)$ 上的数据点与 $L(i+1)$ 上的数据点间的连线；end_e 用来存储 $L(i+1)$ 上相邻数据点间的连线；begin_t 用来存储 $L(i)$ 中相邻两点与 $L(i+1)$ 中一点构成的三角形；end_t 用来存储 $L(i+1)$ 中相邻两点与 $L(i)$ 中一点构成的三角形。

经排序后的各条扫描线数据存放在二维动态数组 mesh_p 中，且按顺序存放。设两相邻扫描线 $L(i)$ 和 $L(i+1)$ 分别有 m 和 n 个数据点，如图 5.4(a)所示。表面三角网的构建过程如下：

(1) 依次连接第一条扫描线 $L(0)$ 上相邻两个格网点，把连接成的格网边存入数组 start_e 中并加入二维动态数组 mesh_e 中，如图 5.4(b)所示。

(2) 对于 $L(i)$ 上相邻的两个数据点 $P(i,j)$、$P(i,j+1)$，在 $L(i+1)$ 上找一点 $P(i+1,k)$，使角 $P(i,j)P(i+1,k)P(i,j+1)$ 最大，则三点就构成了格网三角形，把该格网三角形存入数组 begin_t 中，同时记下 $P(i+1,k)$ 的序号 k，为避免三角形的重叠，在后面的查找中，必须在序号为 k 及其后面的点中查找。检查当前序号 k 是否和前一次操作的序号相同，若不相同，则把 $P(i,j)$、$P(i,j+1)$ 与 $P(i+1,k)$ 连接成的格网边存入 mid_e 中，若相同，则仅把 $P(i,j+1)$ 与 $P(i+1,k)$ 连接成的格网边存入 mid_e 中。完成 $L(i)$ 上 m 个点 $m-1$ 次操作后，把 begin_t 中的 $m-1$ 个三角形加入数组 mesh_t 中，如图 5.4(c)所示。

(3) 检查 $L(i)$ 上的首点是否分别和 $L(i+1)$ 上的首点相连，若没有连线，则连接成格网边并插入数组 mid_e 中的开始位置；检查 $L(i)$ 上的尾点是否和 $L(i+1)$ 上的尾点相连，若没有连线，则连接成格网边并加入数组 mid_e 的末尾，如图 5.4(d)所示。

(4) 对于 $L(i)$ 上的每个点 $P(i,j)$，在 mid_e 中搜索与其相连的格网边，若边的个数为 2，则检查他们另一端点的序号 k 和 t，若 $t<k$，则交换 k 和 t，若 $t-k>1$，则说明在这两个格网点中间还有未参与构网的格网点，把这些格网点与 $P(i,j)$ 连线，按顺序插入 mid_e 中，并把 mid_e 加入数组 mesh_e 中，如图 5.4(e)所示。

(5) 依次连接 $L(i+1)$ 上相邻的两个数据点 $P(i+1,k)$、$P(i+1,k+1)$，成 $n-1$ 条格网边，存入数组 end_e 中，并把 end_e 加入数组 mesh_e 中。同时，在 mid_e 中分别查找与 $P(i+1,k)$ 和 $P(i+1,k+1)$ 相连的格网边，找出这些边中在 $L(i)$ 上的一个公共顶点 $P(i,j)$，则点 $P(i+1,k)$、$P(i+1,k+1)$、$P(i,j)$ 构成一个格网三角形。共构成 $n-1$ 个格网三角形，把这些格网三角形按顺序存入数组 end_t 中，并把数组 end_t 加入二维数组 mesh_e 中，如图 5.4(f)所示。

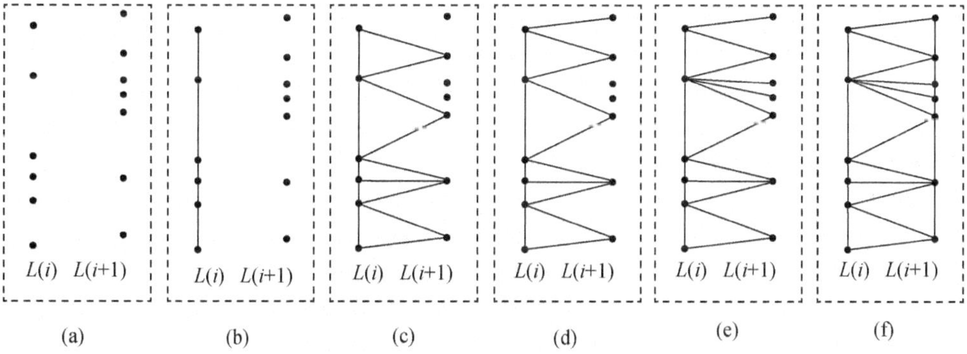

图 5.4　表面三角网的构建过程

(6) 重复步骤(2)至步骤(5)，直到所有扫描线数据都参与了计算。

上述各步骤中，需要及时判断和调整格网点、格网边以及格网三角形的状态值。

5.2.4　拓扑关系的建立

拓扑是一组规则和关系的集合，是地理实体行为和属性的实现，是 GIS 中的一个语义场景，进一步来讲，拓扑是指规则和关系的集合再加上一系列的工具和技术，旨在揭示地理空间世界中的地理几何关系。在 GIS 技术中，我们可以将拓扑理解为一种描述地理空间关系的模型，一种维护地理空间实体间空间几何关系的机制。而拓扑关系是指地理空间实体间的一种关系，这种关系不会因为地理空间实体的地理空间变换而改变，例如点在面内。在 GIS 中，拓扑的主要功能就是用于保证数据质量，同时也为模拟地理空间现象提供一个模型框架，在这个框架中，地理实体被赋予了行为、有效性规则、属性域以及默认值。利用这些特征，我们能够通过计算机描述的空间实体真实地模拟现实的地理空间。

1. 两扫描线中间格网边的数目

设两相邻扫描线 $L(i)$ 和 $L(i+1)$ 分别有 m 和 n 个格网点，则依据上述格网构建原则，分别生成 $m-1$ 和 $n-1$ 个格网三角形，$L(i)$ 上两相邻点共构成 $m-1$ 条格网边，$L(i+1)$ 上两相邻点共构建 $n-1$ 条格网边，而由 $L(i)$ 上一点和 $L(i+1)$ 上一点构建的落在 $L(i)$ 和 $L(i+1)$ 上的格网边的数目也是确定的，推导方法如下：每个格网三角形包含三条格网边，则所有格网三角形包含的格网边总数为 $S_{总}=3\times(m-1+n-1)$；由于这些三角形是两两相接的，因此格网边重复的次数为 $S_{重}=(m-1+n-1)-1$，这些重复边在格网构建时已经被排除；有 $m-1$ 条格网边由 $L(i)$ 上的相邻格网点构成，$n-1$ 条格网边由 $L(i+1)$ 上的相邻格网点构成，这些格网边的数目为 $S_{外}=m-1+n-1$。这样，落在两条扫描线中间的格网边的数目为 $S_{中}=S_{总}-S_{重}-S_{外}$，经计算得 $S_{中}=m+n-1$。根据上面的结论，对于一个落在两扫描线中间的格网边，若两端点对应的格网点的编号为 k 和 t，则该格网边对应于其所在的一维数组中的第 $k+t-1$ 项，也就是说，该格网边的“编号”为 $k+t-1$，边的“编号”虽然没有用具体的变量表示，但在数组中格网边是按顺序存放的，“编号”是隐含存在的，并且从 1 开始计数。由于数组是从 0 开始计数的，因此该格网边对应于 mesh_e[2 * i+1][$k+t-2$]项。图 5.5 所示为连接两相邻扫描线的边中的“编号”与顶点编号的关系。

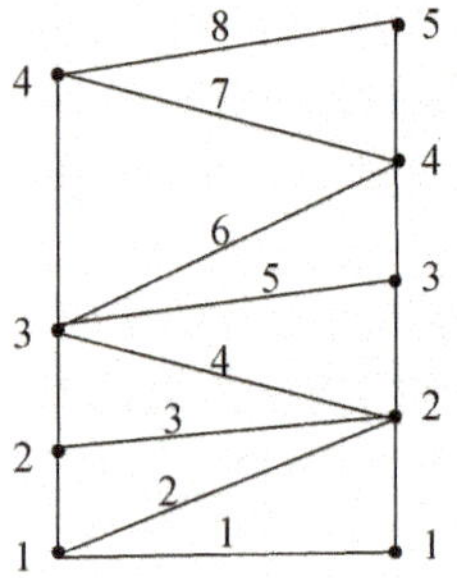

编号	顶点1	顶点2
1	1	1
2	1	2
3	2	2
4	3	2
5	3	3
6	3	4
7	4	4
8	4	5

图 5.5 连接两相邻扫描线的边在数组中的“编号”与顶点编号的关系

2. 构建拓扑关系

格网点、格网边以及格网三角形间的拓扑关系如下：

(1) 二维数组 mesh_p 中每个一维项对应一条扫描线数据，在这个一维项中，按照数据点排序的顺序存放，空间点与二维数组中的数据一一对应，如图 5.6 所示。

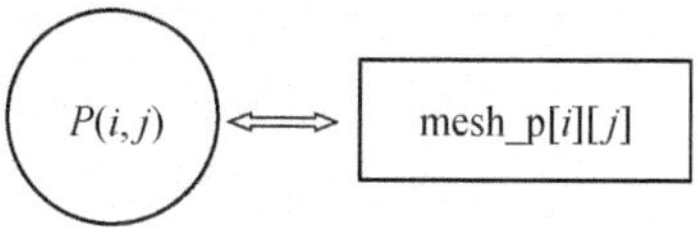

图 5.6　格网点与数组的对应关系

(2) $L(i)$中所有相邻点连接的格网边对应 mesh_e 中的 $2*i$ 项，如图 5.7(a)所示，每条格网边的 $p1$ 指向编号较小的格网点，$p2$ 指向编号较大的格网点，格网边与 $L(i)$中的格网点对按顺序一一对应；$L(i)$中的格网点与 $L(i+1)$中的格网点连接的格网边对应 mesh_e 中的 $2*i+1$ 项，如图5.7(b)所示，格网点 $P(i,j)$和 $P(i+1,k)$对应点的编号分别为 $j+1$ 和 $k+1$，因此对应的格网边在数组中的“编号”为 $j+k+1$，即 mesh_e[$2*i+1$][$j+k$]，且每条边的 $p1$ 指向 $L(i)$中的点，$p2$ 指向 $L(i+1)$中的点。

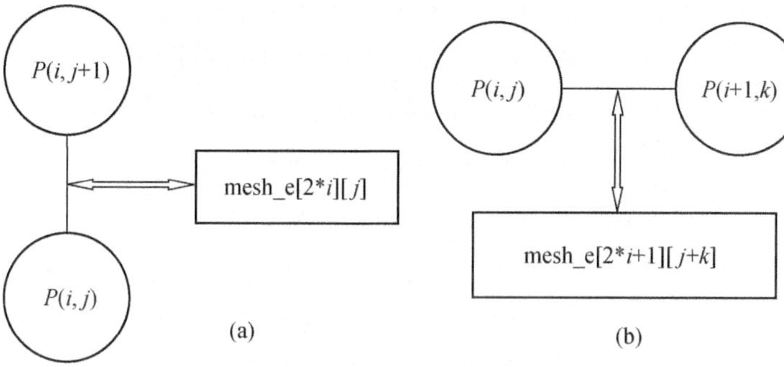

图 5.7　格网边与格网边数组的对应关系

(3) $L(i)$上的两相邻点 $P(i,s)$、$P(i,s+1)$与 $L(i+1)$上的一点 $P(i+1,k)$构成三角形，分别对应三角形的 $p1$、$p2$、$p3$，$L(i)$中的 m 个点共构成 $m-1$ 个三角形，这些三角形对应 mesh_t 中的 $2*i$ 项；$L(i+1)$上相邻两点 $P(i+1,k)$、$P(i+1,k+1)$与 $L(i)$上一点 $P(i,s)$构成三角形，分别对应三角形的 $p1$、$p2$、$p3$，$L(i+1)$中的 n 个点共构成 $n-1$ 个三角形，这些三角形对应 mesh_t 中的 $2*i+1$ 项，如图 5.8所示。

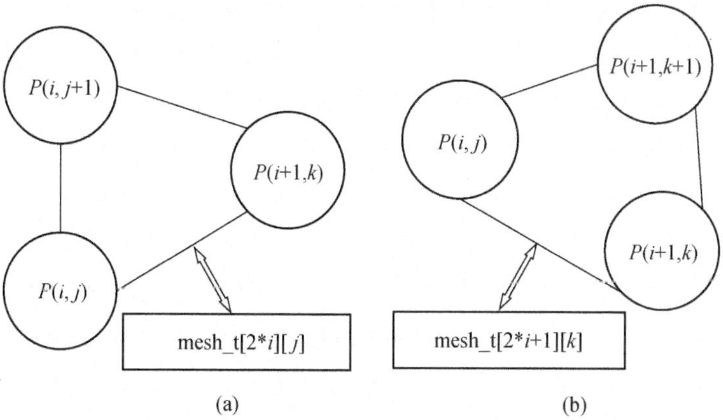

图 5.8　格网三角形与格网三角形数组对应关系

在定义数据结构的时候，格网边和格网三角形中包含指向格网点的指针，这是一种自上而下的关系。在格网点中并没有定义其所指向的格网边和格网三角形，在同级别类型中也没有定义它们的邻居，但是它们之间却包含了隐含的拓扑关系。下面以实例说明格网点、格网边以及格网三角形之间的隐含拓扑关系。

图 5.9 为三条扫描线 $L(i-1)$、$L(i)$、$L(i+1)$构建的三角网，已知 $L(i)$上一点 $P(i,j)$，求它的邻接格网点、邻接格网边和邻接格网三角形。

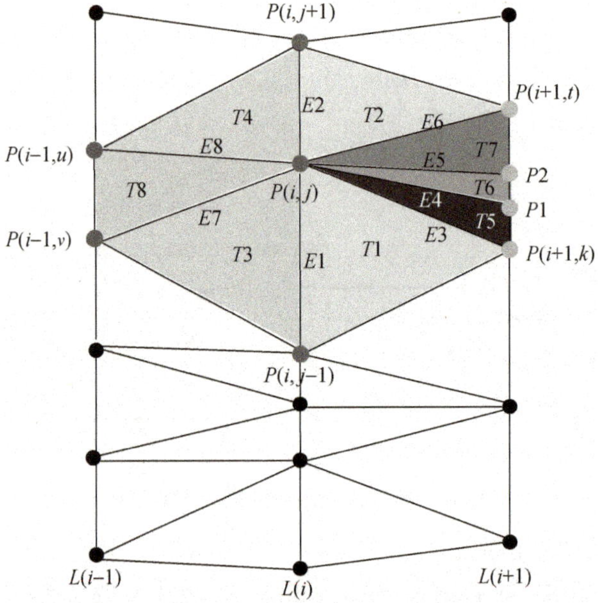

图 5.9 通过隐含拓扑关系进行邻接格网点、格网边、格网三角形查找

点 $P(i,j)$在扫描线 $L(i)$上的序号为 j，它在本扫描线上的两个邻接格网点为 $P(i,j-1)$和 $P(i,j+1)$，分别对应于格网点数组中 mesh_p[i][$j-1$]和 mesh_p[i][$j+1$]；$P(i,j)$与 $P(i,j-1)$构成格网边 $E1$，对应于 mesh_e[i][$j-1$]，$P(i,j)$与 $P(i,j+1)$构成格网边 $E2$，对应于 mesh_e[i][$j+1$]；以 $E1$、$E2$ 为底边、在扫描线 $L(i+1)$上有一个顶点的三角形分别为 $T1$、$T2$，分别对应于格网三角形数组中 mesh_t[2 * i][$j-1$]和 mesh_t[2 * i][j]，同理，$T3$、$T4$ 分别对应于格网三角形数组中 mesh_t[2 * $i-1$][$j-1$]和 mesh_t[2 * $i-1$][j]；$T1$、$T2$ 的指针 * p3 分别指向扫描线 $L(i+1)$上的点 $P(i+1,k)$和 $P(i+1,t)$，夹在这两点中间的点 $P1$ 和 $P2$，这些格网点对应于 mesh_p[$i+1$][s]，并且这些点都与点 $P(i,j)$连成格网边，即 $E3$、$E4$、$E5$ 和 $E6$，对应于 mesh_e[2 * $i+1$][$i+s-1$]，其中 $k \leqslant s \leqslant t$，每两个相邻格网点也和点 $P(i,j)$构成一个格网三角形，即 $T5$、$T6$、$T7$，对应于格网三角形数组中 mesh_t[i * 2+1][g]，其中 $k \leqslant g \leqslant t$。同理，格网点 $P(i-1,v)$、$P(i-1,u)$与 $P(i,j)$连接为格网边 $E7$、$E8$ 和格网三角形 $T8$，分别对应于 mesh_e[2 * $i-1$]

$[j+v-1]$、mesh_e$[2*i-1][j+u-1]$和 mesh_t$[2(i-1)][v]$。经过上面的步骤，与 $P(i,j)$邻接的 8 个格网点、8 条格网边和 8 个格网三角形全部得到。

通过这些隐含的拓扑关系，点、边、三角形的关联关系明确界定或隐含在局部很小的范围内，在三角网构建过程和后期动态处理中都避免了大量的运算。

5.2.5　查询操作

应用车载 LiDAR 系统对带状地物采集数据时，这些带状地物的长度可能延伸数百千米，而扫描线数据的覆盖范围仅有几十米，也就是说，当一个点落在一条扫描线上，这个点到这条扫描线上第一个数据点的距离是有限的，可以设置为一个阈值 d。对格网点进行查询时，先用每条扫描线上第一个点代替该扫描线，用折半法大致确定查找点的范围$[-d,d]$，然后逐点比较来确定需要查找的点。由于一条扫描线上的数据点近似落在一个扫描平面内，一般情况下，每条扫描线上的点距第一个点的距离小于到其他扫描线第一个点的距离，在实际应用中，对落在$[-d,d]$范围内的扫描线继续查找出第一个点距离待查询点最近的那条扫描线，对该扫描线上的各点进行遍历查找，若不在该扫描线上，则对该扫描线左右几条扫描线数据进行查找，若还没有找到，则对落在$[-d,d]$范围内的其他扫描线进行遍历查找。对于格网边、格网三角形的查找也类似于格网点的查找。正是根据车载 LiDAR 的特点将查询工作尽量限制在狭小的区域内，并且数据量越大，越能体现出其优越性。

5.2.6　点的插入与删除

对于三角网的局部格网点、格网边、格网三角形的变动都可以归结为格网点的变动，主要有两类操作：点的插入与删除。

1. 点的插入

要在构建好的格网中插入一点 P，如图 5.10(a)所示，需要进行以下操作：

(1)在格网边数组中查找距离点 P 最近的、两个端点落在同一条扫描线上的格网边，如图 5.10(a)中 E 就是所查找的格网边，该格网边落在扫描线 $L(i)$上，其两端点为 $P1$、$P2$。

(2)计算点 P 到扫描线 $L(i)$所在扫描平面(扫描平面可由 $P1$、$P2$ 以及该扫描线上任一点构成)的距离，若小于限差，则说明点 P 可以看作扫描线 $L(i)$上的点，否则不能进行点的插入。

(3)把点 P 插入 $P1$ 和 $P2$ 中间，对扫描线 $L(i)$上的格网点重新排序并重新编号。然后对三条扫描线 $L(i-1)$、$L(i)$和 $L(i+1)$重新构网并用新的结果置换原先对应的数据。重新构网后效果如图 5.10(b)所示。

2. 点的删除

要删除 $L(i)$上的一点 $P(i,j)$，如图 5.10(c)所示，需要进行以下步骤：

(1)在格网点数组中找到与该格网点对应的项 mesh_p[i][j],删除该项。

(2)检查扫描线 $L(i)$中有效数据点的个数,若点数少于限差,则删除所有与该扫描线关联的格网点、格网边和格网三角形,并对原扫描线 $L(i-1)$和 $L(i+1)$中的数据重新构网并加入到相应的位置。

(3)若扫描线 $L(i)$上有效点的个数大于限差,则对 $L(i)$上剩余格网点重新排序和赋值,并分别与扫描线 $L(i-1)$和 $L(i+1)$进行构网,用新数据置换原来相应的数据。重新构网后效果如图 5.10(d)所示。

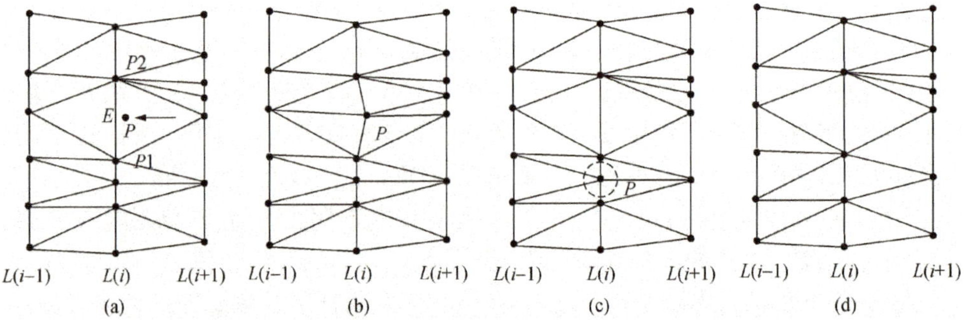

图 5.10 点的添加与删除

虽然每次插入和删除操作都需要进行一条扫描线数据与其相邻扫描线数据的重新构网,但每条扫描线上只有有限的一些点,计算量并不大,而且限制在一个很有限的范围内,具有完全独立性,与其他数据没有关系。

5.2.7 表面模型的合并与分割

像公路等大型带状地物,其数据量非常大,空间形态狭长,不可能一次完成所有数据的表面三角网的构建与显示,需要对连续扫描的点云进行分段建模,再根据需要对各段模型进行合并或分割处理。

1. 模型的合并

设两段需要合并的模型 data1 和 data2,其格网点、格网边、格网三角形分别为 mesh_p1、mesh_e1、mesh_t1 和 mesh_p2、mesh_e2、mesh_t2。格网点的合并非常简单,把 mesh_p2 中的数据加入到 mesh_p1 的末尾就可以了;由于 data1 和 data2 是相邻的两个数据块,mesh_p1 的最后一列格网点和 mesh_p2 的第一列格网点是相邻的两条扫描线,对这两条扫描线按照格网构建法则进行构网,产生一列格网边和两列格网三角形,把新产生的格网边和格网三角形分别加入到 mesh_e1 和 mesh_t1 的末尾,然后把 mesh_e2 和 mesh_t2 中的数据也加入到 mesh_e1 和 mesh_t1 的末尾,这样就完成了数据的合并。

2. 模型的分割

已知模型 data,其格网点、格网边和格网三角形数组分别为 mesh_p、mesh_e

和 mesh_t，要把 data 分割为两个模型 data1 和 data2，其格网点、格网边、格网三角形分别为 mesh_p1、mesh_e1、mesh_t1 和 mesh_p2、mesh_e2、mesh_t2。首先需要知道分割的地方，假设要在 mesh_p[i]和 mesh_p[$i+1$]处把 data 分割开，即 $L(i)$ 和 $L(i+1)$，模型分割方法很简单：把 mesh_p[i]及其前面的格网点划归为 mesh_p1，mesh_p[$i+1$]及其后面各扫描线上的格网点划归为 mesh_p2；mesh_e[$2*i$]及其前面的格网边划归为 mesh_e1，mesh_e[$2*(i+1)$]及其后面的格网边划归为 mesh_e2；mesh_t[$2*i-1$]及其前面的格网三角形划归为 mesh_t1，mesh_t[$2*i+1$]及其后面的格网三角形划归为 mesh_t2。

模型的合并和数据的分割是互逆过程，只是在合并的时候，模型 data1 最后一条扫描线数据和模型 data2 的第一条扫描线需要进行构网过程，增加一列格网边和两列格网三角形数据，而模型分割的时候，分割处的这一列格网边和两列格网三角形数据需要舍弃。上述处理都是以扫描线为单位处理的。模型的合并与分割如图 5.11 所示。

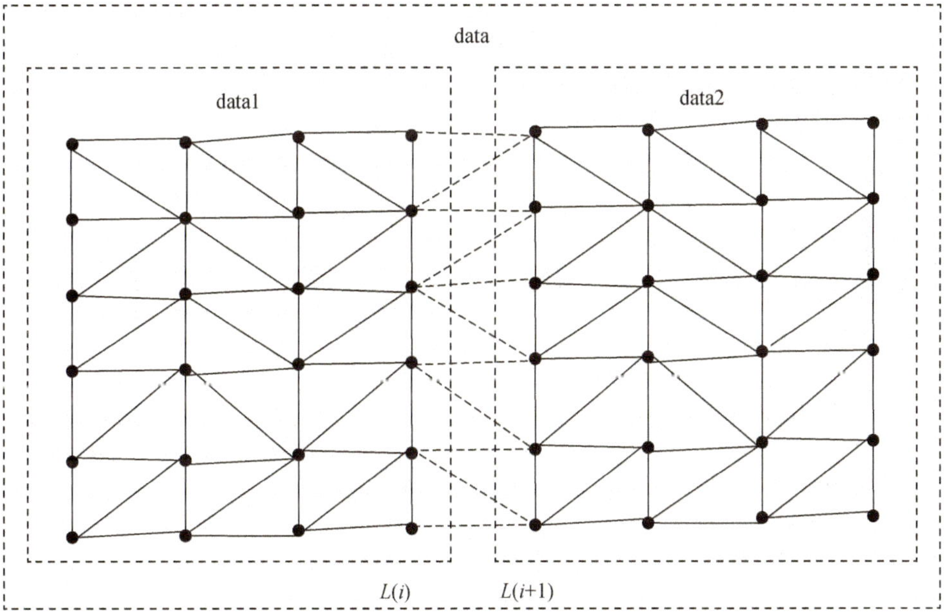

图 5.11　模型的合并与分割

5.3　车载 LiDAR 点云中带状地物表面模型 LOD 技术

LOD 技术是解决大规模场景实时渲染的关键技术之一。LOD 技术分为静态 LOD 技术和动态 LOD 技术。静态 LOD 技术预先生产并存储多个离散的简化模型，在场景绘制时，系统根据绘制当前帧的需要，从这些离散模型中选择最合适的一个模型。静态 LOD 技术的优点是省略了实时简化模型的处理时间，但另一方面占用了更多的存储空间，并且由于不同精细程度的模型间切换会产生视觉效果的突变，影响绘制质量。研究者们采取了一些不同方法来消除这种影响，例如在不同 LOD 层次的模型间进行插值计算以平滑切换的几何变形，这能够使绘制效果有所改善，但也使绘制系统的负担大大增加。动态 LOD 技术根据视点的移动动态地生成简化模型，保证了模型连续平滑过渡，不产生视觉效果的突变。关于 LOD 的算法已经进行了相当多的研究（Hoppe，1998；Lindstrom et al，1996；冯洁等，2006；许妙忠 等，2003；芮小平 等，2004；杜剑侠 等，2005）。

用车载 LiDAR 方法获取并构建带状地物详细的三维表面模型，数据量非常庞大，并且带状地物又有狭长的空间结构，对这些地物采用 LOD 技术进行渲染是十分必要的。笔者提出的表面格网构建方法是以扫描线为基本处理单位，各扫描线间具有独立性。又提出针对车载 LiDAR 表面模型的两种 LOD 方法。

5.3.1 静态 LOD 方法

以扫描线为单位、根据扫描线间的距离值决定扫描线数据的取舍，同时，对于保留的扫描线数据，根据数据点间的距离以及细节变化决定数据的取舍，扫描线的首尾数据需要保留。

如图 5.12 为四个层次的 LOD 表面模型，可根据需要调用适当的模型。

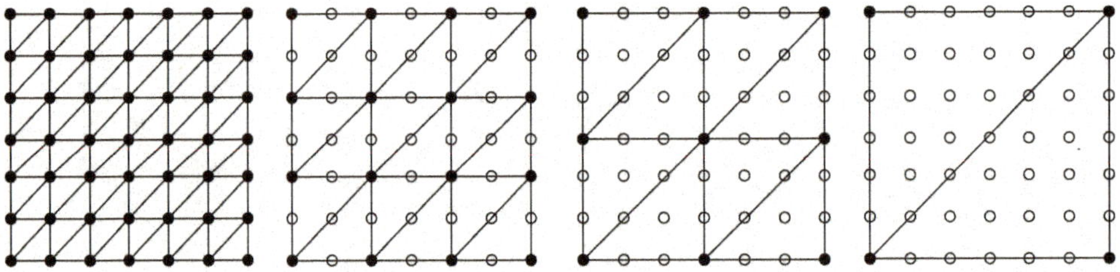

(a) (b) (c) (d)

图 5.12 一个简单的静态 LOD 模型

5.3.2 动态 LOD 方法

像公路、堤岸这样的带状地物，进行场景渲染、漫游时需要沿这些地物的走向前进，距视点近的物体需要详细的细节表达，远处的地物距视点远，只需要勾绘出地物的表面轮廓。图 5.13 为带状地物动态 LOD 实时生成示意图，距离视点近的扫描线全部保留，扫描线上的数据点也全部保留，构成详细的表面模型，随着距离视点距离的增加，按距离进行扫描线数据的取舍，保留的扫描线上的数据点也按距离进行取舍，当到达足够远处的第 n 条扫描线后，其后面的扫描线都不再参与构网。而在 $1\sim n$ 间的扫描线的数目和数据点的数目都是有限的，可以实时动态进行表面格网的构建。

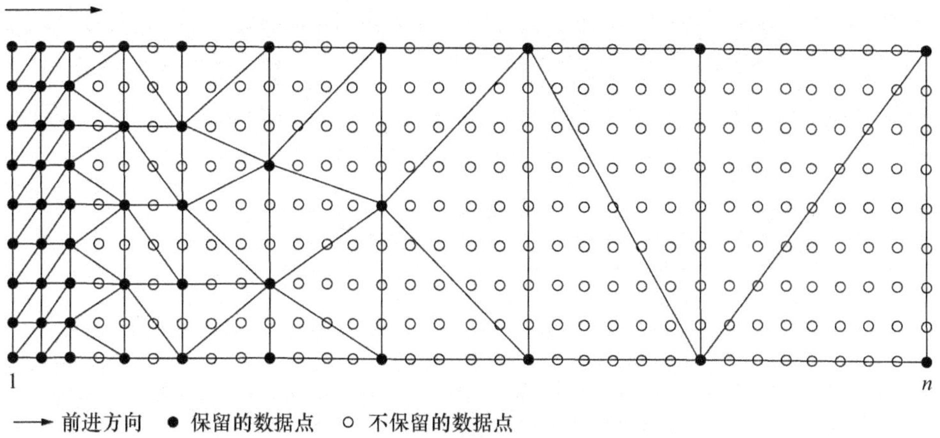

图5.13　带状地物动态LOD实时生成

在城市街道场景中，由于建筑物立面和街道地面信息是作为一个整体进行构网的，因此按照距离视点的距离进行扫描线数据的取舍，则可能会把部分建筑物立面的信息舍去。对于各条扫描线数据，起始位置都落在路面上，邻近扫描线起始点高度相差不大，但是各扫描线末尾数据的高程可能相差很大(建筑物立面和地面)，但是同一建筑物立面各扫描线的末尾数据的高程差别不大。因此先根据各扫描线末尾数据的高程值进行分组，把相邻的、末点高度差小于限差的扫描线归为一组，如图5.14中的扫描线分为了以下几组：1～5，6～7，8～17，18～23，24～33。然后

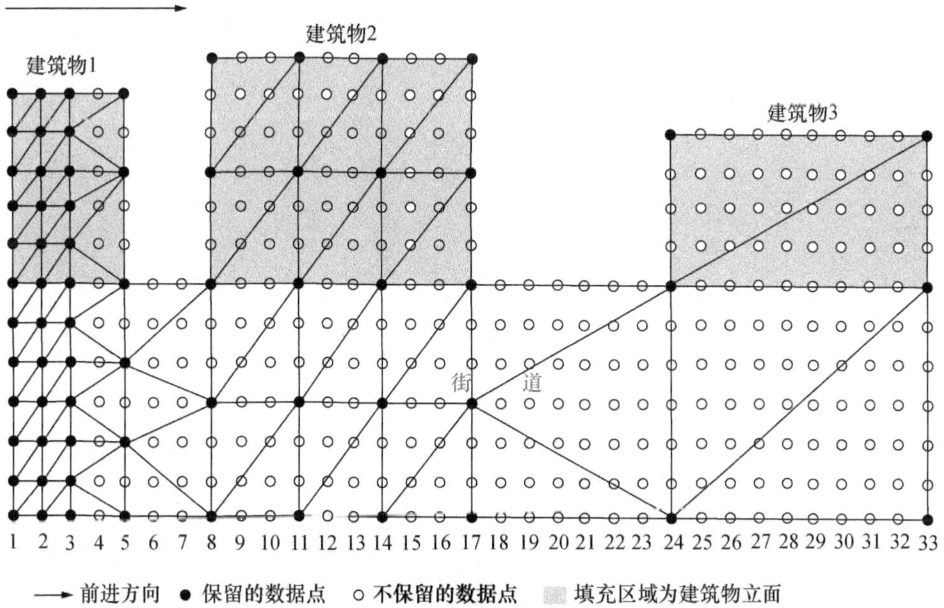

图5.14　城市街道环境的动态LOD实时生成

按照与视点间的距离，对各组内的扫描线进行取舍，对于保留的扫描线内的数据也进行相应的取舍。最后构建表面格网，如图 5.14 所示，建筑物立面信息能得到完整的保留，同一个建筑物立面也能根据距离视点的远近构建不同分辨率的格网模型。

5.4 本章小结

本章首先对三维表面模型相关研究进行了介绍，包括规则格网表面模型和 TIN 模型，并对公路表面模型和城市表面模型研究状况进行了分析；然后详细阐述了笔者提出的适合车载 LiDAR 特点的三维表面模型构建方法，包括数据结构的定义，三角网的构建，拓扑关系的建立，查询操作以及对构建的格网进行动态处理的插入、删除、分割、合并等；最后对表面模型的 LOD 技术进行了介绍。笔者提出的表面模型构建方法既继承了规则格网数据简单、索引快速的优点，又体现了不规则三角网细节表达突出的特点，对于车载 LiDAR 数据特点具有很好的适应性。但该方法还有待进一步改进，与其他类型数据的嵌套处理也需要进一步的研究。

第6章　车载LiDAR点云中公路信息提取与三维建模

6.1 引　言

公路作为与人们生产生活密切相关的大型公共设施，在人们的生产活动中发挥重要作用，各种公路信息系统的建设和应用，为指导公路的安全、高效运行发挥了重要作用。各种公路信息系统建设的核心内容之一是公路信息数据的获取，并且随着应用需求的不断提高，特别是高精度公路虚拟场景建设的快速发展，对数据量的需求更大、精度要求更高，这也相应地带来了数据生成成本的增加和生成周期的延长，数据生产问题已经成了制约各类公路信息系统建设的主要因素之一。研究工作者采用不同的途径力图解决这个问题，笔者也从车载激光扫描方面开展相关的研究工作。本章先对当前公路信息提取的研究状况进行分析；然后以公路以及公路隧道为研究对象，研究如何从车载激光扫描系统获取的点云图像中进行相关信息的快速提取与表面重建，并对研究中遇到的问题进行分析并给出对应的解决方案；最后对本章研究进行总结。

6.2 公路信息提取研究状况分析

由于应用目的和应用需求不同，人们通过不同途径和方式进行公路信息提取和表达的研究。本节分别介绍不同方式的公路信息提取研究状况，重点介绍当前基于车载激光扫描的公路信息提取研究状况。

6.2.1 从遥感图像中提取公路信息

遥感的一个重要的优势是数据获取速度快、覆盖范围广。从高分辨率遥感图像中进行公路信息提取的研究有：Kumagai等(2001)从高分辨率商业卫星数据中自动提取道路信息用于地图数据修改方面的研究；Lacoste 等(2003)采用马尔可夫算法从遥感影像中提取道路网信息；Gerke等(2005)使用 IKONOS 影像进行国家级道路数据库的检核和质量控制研究；Kim等(2002)用高分辨率遥感数据进行道路中心线的半自动跟踪研究；Hu等(2004)把高分辨率遥感图像与雷达数据结合自动提取城市环境中的道路信息；Shi等(2004)在直升机上并排安装三台线性CCD 相机获取公路信息，从 CCD 影像中提取公路的位置和纹理信息。总体来讲，遥感方式有利于大场景中公路信息的提取，特别是针对遥感影像覆盖比较密集的公路网，其优势才能充分发挥；对于野外呈带状分布的公路信息，在直升机上安装传感器进行信息提取是一个比较好的途径。

6.2.2 从机载激光扫描图像中提取公路信息

机载激光扫描作为一种相对成熟的技术在许多领域得到了应用研究，在公路信息提取方面也有相关的研究：王涛等(2006)提出一种结合高程信息和强度信息，从机载激光扫描数据中自动提取道路的方法；Vosselman(2003)用机载激光扫描数据结合二维平面图来进行城市街道表面的重建；Carsten(2005)从机载激光扫描数据和现有的数据库数据来提取道路的几何参数信息，并进行了道路轮廓线信息的提取，用于校验和丰富道路网特征。总体来讲，机载激光扫描利用其数据获取速度快、空间分辨率相对较高的特点，对城市环境中的密集的道路信息提取有一定的效率优势；由于机载激光扫描从顶部获取公路信息，在存在严重遮挡(林荫道、隧道等)的情况下，机载激光扫描方式对于公路信息的提取有一定局限性；另外，从机载激光扫描图像中进行形态较小的路灯、指示牌、标语牌等公路附属设施信息提取时存在困难，不能满足像公路资产管理那样对公路附属信息有特殊要求的信息系统建设的要求。

6.2.3 从三维激光扫描图像中提取公路信息

三维激光扫描能够获取非常密集的三维场景信息，对于局部的三维场景精细重建具有一定的优势，在公路方面的相关研究工作有：Pagounis等(2006)用三维激光扫描技术进行道路局部场景的重建，用于道路的安全分析以及交通事故的场景精确重建；Parry等(2003)用三维激光扫描技术构建详尽的公路表面信息来进行车辆行驶的动态模拟；Schulz等(2005)用三维激光扫描技术进行公路三维表面分析和噪声滤除研究。由于三维激光扫描仪每个仪器架设基站只能采集有限的一段公路三维信息，且要花费较长的扫描时间，频繁的变换基站也严重影响了数据采集的效率，因此三维激光扫描对于公路三维信息的获取只能适用于小场景高精度的三维重建，不适合大范围公路三维信息的快速获取与表面模型构建。

6.2.4 基于地面移动测量技术的公路信息提取

移动测量系统是在机动车上装配 GPS、CCD、INS 或航位推算系统等先进的传感器和设备，在车辆的高速行进之中，快速采集道路及道路两旁地物的空间位置数据和属性数据，如道路中心线或边线位置坐标、目标地物的位置坐标、路宽、桥高、交通标志、坡度、道路设施等。移动道路测图是近些年发展非常迅速、应用领域日益广泛的一项新技术手段，正如李德仁(2006)所描述的："移动道路测量是当今测绘界最为前沿的科技之一，代表着未来道路电子地图测制领域的发展主流。"移动道路测图系统是多传感器的集成系统，按目标信息来源主要有以 CCD 相机为主和以激光扫描仪为主，后者又称为车载激光扫描系统。移动测量系统中，以 CCD 相机为主要数据获取来源的技术较为成熟，应用也较为普遍(Madeira et al，2005；Geen et al，2006；Gilliéron et al，2001；Osishi et al，2004)。这类系统主要从 CCD 相机获取的立体像对中获取需求的公路信息，用于公路信息系统的管理和数据库信息的更新。一些公路信息，如指示牌等，可以通过影像识别技术自动提取出来，对一般信息，如公路的边界以及路面信息，则通常需要通过交互方式半自动提取。在电子地图的测制与修测、公路 GIS 以及公路资产管理等方面有比较广泛的应用。三维场景重建时，三维信息的获取需要人工干预完成，场景的细致程度与工作量基本上成正比关系，数据量的增加必然造成人力成本的增加和数据生产周期的延长，对于光线效果差的环境如隧道场景的重建等，立体影像测图法表现出一定的局限性。

6.2.5　基于车载激光扫描的公路信息提取

公路始终是车载激光扫描领域研究和应用的一个重要方面，在车载激光扫描技术发展的前期，在公路方面的车载激光扫描研究相对简单，大多基于扫描线方式，随着研究的逐步深入，所用的技术方法逐步增多，主要研究情况如下。

Manandhar等(2001a)以直方图方式进行路面信息的提取，其基本思想为：以扫描线为基本处理单位，对每条扫描线数据分别构建高度直方图，直方图的高度分格值(bin)为 10 cm，选取数据点最多的那个分格区间作为反映道路表面的限差值，记为 bin N，然后检查 bin $N+1$ 中点的数量是否达到 bin N 中的 40%，若满足则把 bin $N+1$ 作为限差值，然后检查 bin $N+2$，若 bin $N+2$ 中点的数量达到 bin $N+1$ 中点数的 70%，则把 bin $N+2$ 作为限差值，高度值等于或小于限差值的数据点作为路面数据点。接下来进行数据简化：选取每条扫描线的最低数据点、最高数据点、高度值接近平均值的数据点以及扫描线的始末点，以 5 个数据点信息代替整个扫描线信息来构建道路表面。该算法可以自动完成道路信息提取工作，但它是以路面平坦为前提条件的，如果路面不平坦(例如道路拐弯处，道路外边缘高于内边缘)则外侧的路面信息可能被漏掉，另外，从实际的效果来看，提取的道路边缘信息不规则，与道路的实际形状有差别，如图 6.1 所示。

Abuharous等(2004a)根据路面高度直方图进行了路面边界信息提取，并进行了路面宽度和曲率的计算。其基本算法如下：以扫描线为单位，构建每条扫描线 X、Y、Z 三个方向的直方图，从 Z 直方图(高度直方图)中提取出道路信息，包括行车道信息和人行道信息，由于行车道和人行道有一定的高度差别，根据一定的判断

图 6.1 直方图法提取道路信息(Manandhar et al,2001a)

准则提取两者的分界线作为公路的边界，并根据边界计算道路宽度和曲率值。Ishikawa等(2006)从车载的单相机影像中自动提取出道路线信息，并根据相机与激光扫描仪的对应关系确定道路标志的空间位置。他们还使用车载激光扫描系统获取了公路路面、隧道以及公路边坡信息，并构建这些地物的点云模型(图 6.2)，但未对点云图像做进一步处理。

(a) 斜坡点云模型 (b) 隧道点云模型

图 6.2 公路斜坡与隧道点云模型(Ishikawa et al,2006)

3D Laser Mapping 公司进行了商业车载激光扫描系统的开发(Hunter et al, 2006)，在公路领域进行了一些研究，研究集中在地物激光点云图像的显示以及从点云图像中进行 CAD 模型的提取上，如图 6.3 所示。

方丽娜等(2013)通过分析扫描线上激光点云的空间分布和统计特征，提出一种适用于结构化道路环境的道路点云自动提取方法；韩友美等(2014)通过提高传感器的精度和加测一定量的控制点的方法，进行了市政道路测量高程精度控制研究；张攀科等(2014)进行了车载激光扫描系统在道路断面数据采集研究；魏双全等(2014)利用先验知识从车载激光扫描点云数据中提取道路信息：使用改进的不规则三角网渐进加密滤波方法对点云滤波，将地面点投影到水平面上，利用行车轨迹提取道路主轴线，然后生成高程差分特征图像，以主轴线为

（a）高速公路信息提取　　（b）堤岸信息提取

图 6.3　3D Laser Mapping 公司在公路领域的研究(Hunter et al,2006)

基准进行平面生长获得道路面，并根据反射强度，进一步获得道路边界和道路标识线等信息。马浩等(2014)基于车载激光点云扫描线进行了道路边线自动分类与提取，通过粗提取和精提取两个步骤得到准确的道路边线点云，再采用最小二乘拟合算法进行拟合，自动生成道路边线矢量文件；李明辉等(2014)利用车载激光点云数据空间分布特征和反射强度信息，结合道路标线的几何特征，提出一种快速有效地从离散点云中提取道路标识线的方法；刘如飞等(2015)提出了一种从车载激光扫描数据中自动提取路面信息的方法：通过分析车载激光扫描点云的空间特征，提出运用近似平面约束法、有序最小二乘坡度估计法和多尺度窗口迭代分析法进行初始路面种子点提取，然后基于局部坡度滤波方法提取所有的路面点。Jakkola等(2008)则将点云生成基于高程信息的特征图像，设定高程阈值提取道路边界，最后利用不规则三角网来进行路面模型构建，这类方法提取精度受限于高程阈值的选择，并且只限于简单且规则的道路环境；曾静静等(2011)提出了一种利用回波信息提取道路信息的方法；Aleksey等(2011)将路网数据中的二维道路结点融合点云数据的高程信息作为 Snake 模型中的初始化数据，以局部范围中提取的路坎点云作为 Snake 模型的收敛边界进行大场景道路点云的提取。李永强等(2014)根据道路在车载激光点云数据中的表达特征，提出一种基于轨迹线辅助下的 K 均值聚类算法，开展针对道路边界线的自动精细提取研究，算法描述如下：先进行数据预处理，将复杂轨迹简化成单一轨迹；再利用轨迹辅助，通过插入截面，将点云投影在截面上获得“断面线”；然后以断面线为基础，采用 K 均值聚类算法提取出道路边界；最后对提取的道路边界进行检核、优化，获取精细道路边界信息。

与基于图像的移动道路测图技术相比，车载激光扫描技术在公路领域的研究还相对不够深入，具有较高鲁棒性的自动处理方法仍需进一步发展，主要有以下主要原因：

(1)起步比较晚,车载激光扫描系统的开发和相关的研究工作仍需要一些时间的积累,还需要有更多的研究人员参与,研究成果需要进一步应用于实践。

(2)车载激光扫描系统获取目标信息通常表现为空间散乱点,相比于规则的二维影像,信息自动提取的难度更大。

(3)从目前的应用范围看,在电子地图测图和公路资产信息管理方面的应用比较多,只要能够表现出道路边界以及附属设施的位置信息就能满足实际需要,不需要非常详尽的三维表面信息,基于图像的测图方法能够更好地完成信息的提取。

相比CCD影像,激光扫描的最大优势是其对空间地物密集的三维空间采样。车载激光扫描则能够有效弥补影像测图在一些领域的不足,例如要求构建公路边坡、公路隧道等详尽的三维表面模型,CCD影像测图法由于受信息提取方式和光线等条件的限制表现出一定的局限性。由于车载激光扫描在公路三维表面信息获取方面的优势,其在公路养护、公路灾害监测与预防、公路景观设计与可视化建模、虚拟地理环境、游戏场景重建等领域具有广阔的应用前景。但通过对车载激光扫描在公路领域研究现状的分析可知:目前的应用研究大多集中在边界信息的提取以及点云图像的显示,而激光扫描数据采样点密度大、数据精度高的优势并没有得到应有的发挥;另外,对背景信息以及冗余信息的滤除、表面格网的构建研究很少。因此,笔者深入研究了公路信息在车载激光扫描表达中的特点,提出基于车载激光扫描的公路三维信息快速提取与表面重建方法。本章将主要以公路以及与公路密切相关的公路隧道为试验对象,研究如何从原始点云图像中快速提取相关信息和构建三维表面模型。

6.3 基于车载激光扫描的公路信息提取与三维表面重建

本书中所使用的车载激光扫描系统主要是用安装在车辆后端的2台激光扫描仪采集数据,激光扫描仪在车辆正常行驶过程中垂直于车辆行进方向动态采集数据,2台激光扫描仪覆盖了360°的范围,只需沿公路行驶一次,便记录了所有探测到的信息,包括路面,护栏,道路的附属设施,路边的沟、坡,以及路边的建筑物等信息。为了充分发挥车载激光扫描数据量大、精度高的特点,本研究定位在对公路及其附属设施高精度的三维表面快速重建,以表面三角网模型为主要输出结果,采样点间隔一般控制在0.5～2.0 m。研究的基本思想是:先分类提取出必要的信息,主要包括独立点状地物、公路边界、公路路面、公路边坡信息,然后进行数据的简化处理,最后构建三角网表面模型。

6.3.1　背景信息滤除

激光扫描仪采集数据时，无选择地记录了所有探测到的信息，其中包括需要的道路信息如路面、护栏、沟坡等信息，也包括多余信息如树木、行驶的车辆及其他杂乱空间点等信息。图 6.4 为一段长度约 45 m 的高速公路点云图像，根据数据提取的需要，只需要对隔离带之内的数据进行处理，提取有用信息，除此之外都看作是噪声信息。从形态结构来看，公路呈带状分布，公路的边界、路面、边坡等也沿公路走向呈带状分布，使用笔者开发的交互工具，只要沿公路的走向在需要保留的信息和多余信息间绘出多裁剪面，即可快速移除公路外侧的多余信息。图 6.7(a)即为图 6.4(a)中原始点云图像多余信息滤除后的公路点云图像，图中圈选部分为路面上行驶的车辆以及由于遮挡造成的数据空洞。

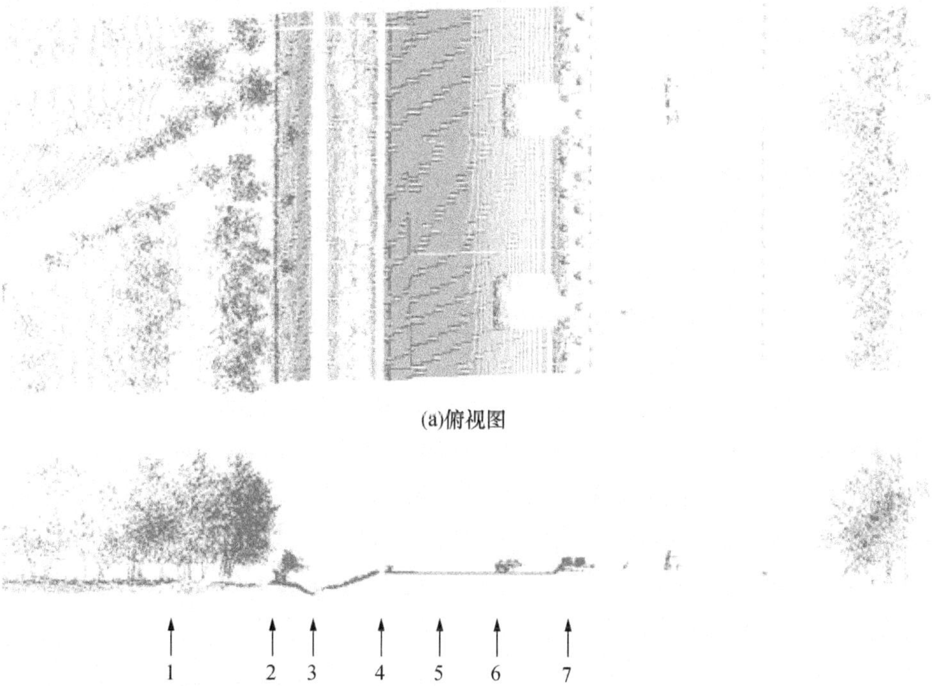

1：树；2：围栏；3：路边的沟；4：护栏；5：路面；6：车辆；7：隔离带

(b)侧视图

图 6.4　高速公路点云图像

6.3.2　独立点状地物信息提取

独立点状地物指那些只需要确定底部位置信息，不需要提取形状信息的地物，如路灯、指示牌等。独立点状地物信息的提取方式有自动提取和交互提取，具体方法已在第 5 章中进行了详细阐述。对于野外环境中的公路来说，点状地物的数量比较少，更适合用交互方式进行提取，图 6.5 所示即为对标语牌位置信息的提取。

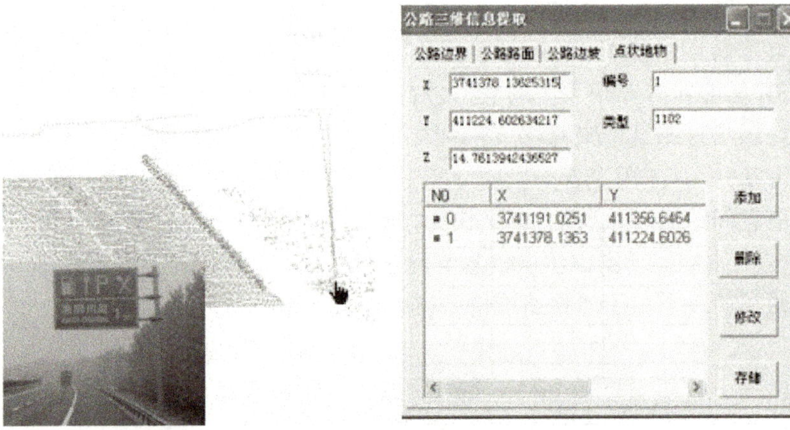

图 6.5　对标语牌位置信息的提取

6.3.3　公路边界信息提取

边界线的提取是整个公路提取和建模工作的基础，边界内侧为路面，外侧为边坡，边界提取的正确与否，关系到道路信息的边界、路面、边坡信息的正确与否。采取不同方法进行公路信息的提取。

1. 边界信息的自动提取

激光扫描仪垂直于公路走向采集数据，每条扫描线数据相当于公路的一个横断面，因此每条扫描线上都可以找到一个点作为边界点，把每条扫描线上的边界点连接起来便得到了道路边界线。图 6.6(a)为边界自动探测原理示意图，O 为激光扫描仪中心，离地面 2.1 m，在每条扫描线上，激光扫描仪以 0.5°的分辨率探测地物，设距扫描仪中心水平距离 10 m 远的路边有一地物 AB，若 AB 高于(或低于)地面 0.091 m，则在 AB 上至少有一个扫描点，且离扫描仪中心的水平距离越近，落在 AB 上的扫描点的个数越多，这些扫描点水平坐标相近，在垂直方向上存在一定的高度差。笔者认真研究了公路信息在激光点云图像表达中的特点，运用以下准则来确定每条扫描线的边界点：①边界点与其内侧相邻点在高程上相差较小，与其外侧相邻点在高程上相差较大；②在一条扫描线上，第一个符合准则①的点很可能是边界点；③相邻边界点在高程和距离上相差都不大。运用以上三个判断准则，可以自动探测道路的边界，并验证边界点的正确性。

2. 边界信息的交互提取

边界的自动提取虽然能满足大多数情况下边界提取的需要，但仍有必要用交互方式作为辅助手段。借助于裁剪面的思想，在点云图像上沿着道路的边界绘折线，这条折线实际上是垂直于屏幕且边界相连的条带面。扫描线与条带面的交点即为该扫描线的边界点。

3. 边界信息的综合提取

对于一些特殊的情况，单独采用自动提取和交互提取都很难准确得到道路的边界，需要两者的结合：先自动提取边界，若部分区域边界提取不准确，则再对该区域进行交互提取，用交互提取的数据代替该区域自动提取的数据。这样，每条扫描线至多有一个边界点，这个边界点可能是自动提取的，也可能是交互提取的。

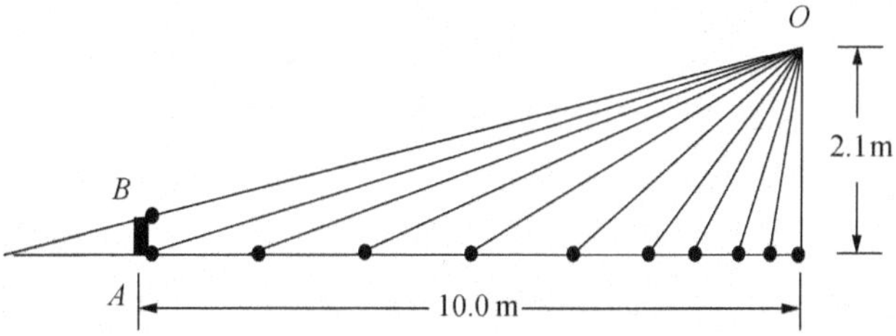

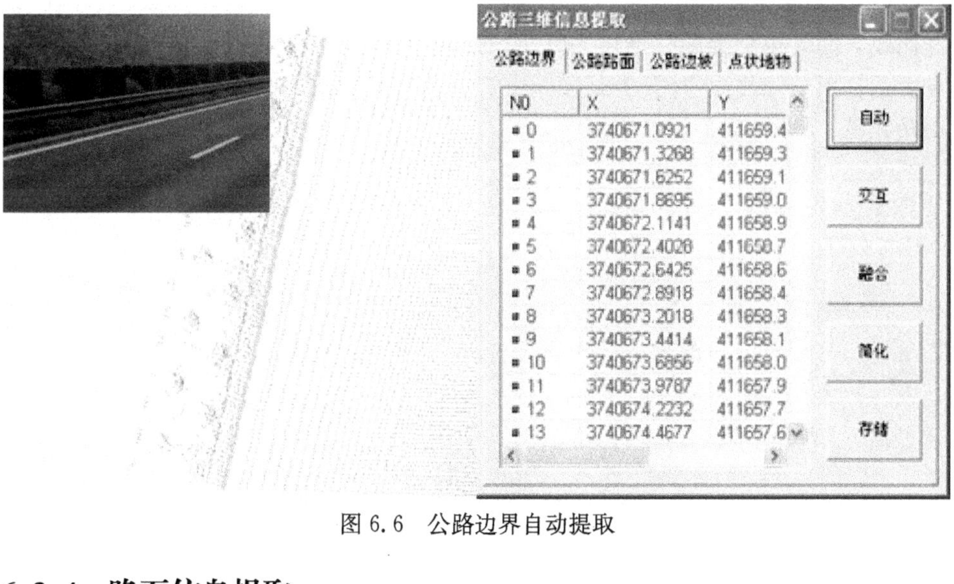

图 6.6　公路边界自动提取

6.3.4　路面信息提取

完成边界提取后即可进行路面信息的提取。对于一条扫描线上的点，凡是落在边界点内侧，都认为是路面信息。要快速处理一条数百千米的公路数据，对于路面上的车辆信息以及由于车辆遮挡造成的数据空洞，如图 6.7(a)中圈选部分，人工交互的方式难以快速有效地完成，需要寻求全自动处理方法。公路呈带状分布，相邻狭小区域地形特点具有相似特征，相近狭小区域也有相关特性，由于每条扫描线数据准确地表达了其所覆盖的狭小区域的地形特征，因此相邻扫描线数据具有相似的特征，相近扫描线数据也具有相关特点。依据上述特征，实现了路面上车辆信息的自动识别与滤除以及空洞的自动填补，其基本思想为：设定一个数组，它总是包含固定数量的扫描线数据，将这些数据作为标准参考数据，遍历各扫描线数据。把当前扫描线数据与标准参考数据按一定准则进行比较。若不符合准则要求，则对该扫描线数据进行相应处理；若符合要求，则把当前扫描线数据也作为标准数据加入到数组末尾，同时为保持标准数组的长度，移除数组中第一条标准扫描线。这样，标准参考数组就沿着公路数据不断前进，其包含的标准参考数据也不断得到更新，包含有车辆信息的扫描线数据在实质上被其附近没有包含车辆信息的扫描线检测出来并得到了修正。在查找每条扫描线的边界点时，沿扫描线方向从起始点向外逐点判断，当到达车辆内侧面时，按照判断准则车辆上的数据点被判断为边界点，因为车辆的内侧到道路真正的边界有一定的距离，因此用车辆处的“边界点”来计算的道路宽度比正常的道路宽度窄了许多，本书就是利用宽度不相符这个准则来查找包含车辆信息的扫描线的。基于上述思想的具体算法步骤如下。

(1)设定标准扫描线数组 $L_{标}$ 的长度为 n，在公路数据起始端选取一段路况条件比较好的 n 条扫描线数据作为标准扫描线数据，存储在数组 $L_{标}$ 中，并自动提取每条扫描线的边界点，计算各扫描线上边界点间的宽度 w_0、w_1、…、w_{n-1} 作为标准道路宽度，存储在标准宽度数组 $W_{标}$ 中。

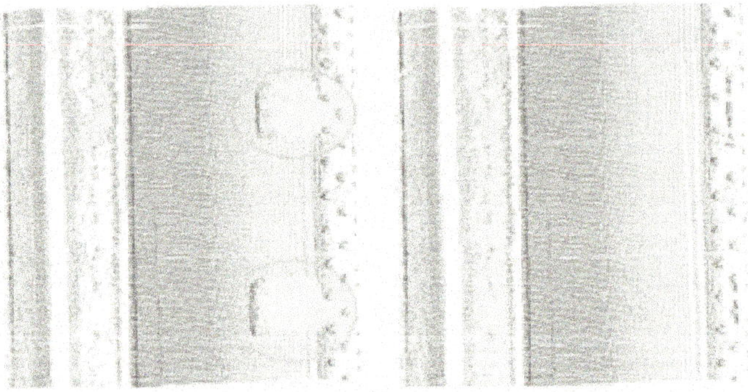

(a) 车辆信息滤除前　　(b) 车辆信息滤除后

图 6.7 车辆信息的自动探测与空洞填补

(2)对每条待检测扫描线 l_k，自动提取该扫描线的边界点，计算道路宽度 w_k。

(3)从标准宽度数组 $W_{标}$ 中推导出一个宽度值 $w_{理}$，$w_{理}$ 是 w_k 的理论宽度，其计算公式为

$$w_{理}=\sum_{0}^{n-1} p_i w_i \tag{6.1}$$

式中，p_i 为各标准宽度值的权

$$p_i=\frac{1}{2n}+\frac{i}{n(n-1)} \tag{6.2}$$

若$|w_{理}-w_k|<w_{限}$，$w_{限}$为宽度限差，则说明由扫描线l_k的边界点计算的道路宽度与标准宽度之差小于限差，w_k可以看作标准宽度，l_k上的数据也可以看作标准参考数据，把w_k加入到$W_{标}$末尾，同时移除$W_{标}$的第一项，把l_k加入到$L_{标}$的末尾，同时移除$L_{标}$的第一项；若$|w_{理}-w_k|\geqslant w_{限}$，则认为该扫描线上存在多余信息，则进行步骤(4)的操作。

(4)设定该扫描线上的标准高度数组$H_{标}$的长度为t，从扫描线l_k的起始数据开始，以t个数据点的高程值为标准高程值，存储在数组$H_{标}$中，依次推导下一个数据点的高程值$h_{理}$，并与该点的实际高程值h进行比较。若$|h-h_{理}|<h_{限}$，$h_{限}$为高差限差，则h为路面高度，把h添加到数组$H_{标}$的末尾，同时移除数组$H_{标}$的第一项；若$|h-h_{理}|\geqslant h_{限}$，则进行步骤(5)的操作。

(5)计算该数据点与数组$H_{标}$的最后一个标准高程值所在的数据点间的水平距离d，若$d\times s_{限}<|h-h_{理}|$，$s_{限}$为斜率限差，则说明两点高差虽然比较大，但它们的水平距离也比较远，路面还是比较平缓的，将h仍看作标准高程，把h添加到标准高程数组$H_{标}$的末尾，同时移除数组的第一个数值。若$d\times s_{限}\geqslant|h-h_{理}|$，则移除该数据点，若移除点的数目超过了一定数值，则说明该扫描线上存在较大的缺失数据，需要进行步骤(6)的操作。

(6)计算扫描线l_k起始位置与标准扫描线数组$L_{标}$中最后一条扫描线$l_{标(n-1)}$起始位置之差，把$l_{标(n-1)}$上的数据叠加到扫描线l_k上，填补空缺数据，对填补数据用$L_{标}$各扫描线上对应数据进行检验。

(7)重复步骤(2)～(6)的操作，直到完成所有扫描线的操作。

经过以上操作，便完成了公路上车辆信息的自动识别和滤除以及空洞的自动填补。图6.7(a)和图6.7(b)为公路上车辆滤除前后效果对照图。

完成路面上车辆信息的滤除与空洞的填补后，再进行一次边界提取操作，这时，可以把边界内侧的数据点看作是路面信息点。由于激光扫描仪以0.5°的间隔采集数据，路面占据了很大的角度范围，因此也就包含了非常多的数据信息点，100 m的路面上通常包含超过5万的数据点，而路面通常比较平坦，如此庞大的数据信息是不必要的，甚至可以说是冗余的，有必要对数据进行简化处理。数据简化方法比较简单：根据设定的数据点采样限差，先按距离保留部分扫描线数据，然后对保留的扫描线按距离进行重采样，同时保留边界点。重采样后数据量得到了大幅度的减少。

6.3.5　边坡信息提取

野外的公路，特别在山区和丘陵地区，滑坡、泥石流现象经常发生，在这些灾害的诱因中，边坡的地形特征是一个重要的因素，边坡养护也是高速公路养护的一个重要组成部分，由此可见，边坡信息是非常重要的公路信息，它为公路的养护、公路的安全提供依据。车载激光扫描快速、准确的三维空间定位是其他数据获取方式无法比拟的，为构建边坡精确的三维表面模型提供保证，这也是笔者力荐用车载激光扫描构建公路三维表面模型的一个重要原因。由于背景信息滤除时边坡外侧的多余信息被滤除，因此一条扫描线上的数据，凡是落在路面边界点外侧的信息都被划归为边坡信息。边坡地形复杂，数据简化时需要考虑细节特征的保留。采取以下措施进行数据简化：

(1)设定重采样点距离限差 d_1 和细节距离限差 d_2，把每条扫描线的第一个有效数据点作为起始数据 P_B，从起始数据的下一个数据点 P 开始，计算其与 P_B 的距离 $d_{前}$ 和后一个点 P_{next} 的距离 $d_{后}$。

(2) 若 $d_{前}>d_1$ 或者 $d_{后}>d_2$，则保留点 P，并作为新的起始点 P_B，否则移除点 P。

(3) 对于保留的有效扫描点，计算其最近的数据点，若小于限差 d_2，则进行合并。

(4) 每条扫描线的第一个数据和最后一个数据都是保留数据，不能去除。

6.3.6　公路信息的模型表达

经过上面几个步骤的处理，公路信息被分类提取出来，这些信息需要用不同的方式进行表达：点状地物只要求地物的位置信息和属性信息，在提取的时候已经完成；公路的边界由一系列的点组成，按顺序存储在边界数组中，可以根据实际的需要对边界点的数目进行处理，然后把各相邻边界点连接起来组成边界线，或者按照一定原则进行曲线拟合，用拟合曲线表达为公路边界；公路路面比较平坦，以一定的距离间隔进行重采样后，采样点均匀地分布在公路的表面，采用第5章中表面格网构建算法，可以快速完成路面表面格网的重建，图6.8(a)为以2 m为间隔重采样后构建的路面表面格网；公路边坡条件复杂、地形起伏变化较大时，公路边坡点云图像的俯视图如图6.8(b)所示，由于两边有护栏和围栏，中间是一个沟，形成两边高中间低的“U”形地形结构。由于遮挡的原因，一些地方存在数据的空洞，如图6.8(b)中“1”“2”“3”所在的区域，本书并没有对这些区间进行插值填补，而是在数据简化的时候，把这些区域的边缘点保留下来。在构建格网时，这些区域相当于进行了线性插值，如图6.8(c)所示，可以看出，表面格网对边坡区域的地形特征进行了很好的描述，细节特征都得到了准确的表达。虽然在“2”和“3”处两个凹陷区域处有一些误差，但这些区域的真实地形是无规律可循的，它们的边缘被准确地描绘了出来，这些误差对整个表面格网的准确性影响不大。

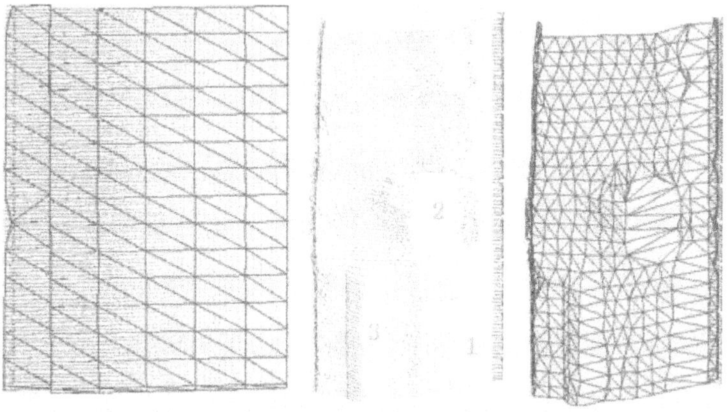

（a）道路表面格网　（b）边坡点云图像　（c）边坡表面格网

图 6.8　三维表面模型

6.3.7　试验分析

以某高速公路为例，对公路扫描点云数据进行处理。该高速公路设计路基宽 26 m，隔离带宽 3 m，则每侧的路面宽度为 11.5 m。选取一段长度为 1 022 m 的扫描数据进行试验分析。采用分段处理的方式，每 100 m 为一个基本处理单位，共花费 14 分钟完成了从原始点云图像到完整表面格网的模型构建，具体操作工作包括：

(1)分离并移除背景信息。

(2)交互提取点状地物 2 个。

(3)自动检测并滤除路面上 4 辆行驶的车辆信息。

(4)自动获取道路的边界与路面格网。

(5)构建边坡表面格网，对构建的表面格网进行检查，进行了 4 次交互操作。

从时间分配上看，操作(1)每段数据都要进行 3～4 次背景移除操作，花费了大量的时间，约占时间花费总量的 50%；由于该段路面上的点状地物比较少，对点状地物的提取花费时间较少；操作(3)和(4)是自动完成的，只在执行这些操作命令时花费少许时间；操作(5)的构网操作是自动完成的，对表面格网的错误检验需要人工完成，花费了一些时间。总的来说，由于要获得边坡的信息，花费了大部分的时间，如果仅需要路面和边界信息，则可以对任意长度的公路数据进行全自动处理。

用道路宽度信息来检测试验结果的正确性，以 30 m 为单位把道路分为若干段，计算各路段路面的平均宽度，结果如表 6.1 所示。

表 6.1 各段路面平均宽度 单位:m

11.68	11.80	11.82	11.84	11.81	11.72	11.74
11.81	11.79	11.84	11.78	11.80	11.85	11.81
11.84	11.76	11.68	**12.86**	**13.25**	11.80	11.87

从表 6.1 中数据可以看出,除黑色框内的两个数据,其他各测量值间具有比较强的稳定性,测量值都在 11.8 m 左右,平均值为 11.8 m,比设计路面宽0.3 m。主要原因是边界提取时,是根据采样点间的高度差进行提取的,在路面与右侧路沟连接处仍有部分平坦地面,这部分地面被划分成了路面,如果把右侧边界向内平移 0.3 m,则测量值和实际值能比较好地吻合。黑色框中的两个"异常"数据,其主要原因是在这两个路段中,道路中间 3 m 宽的隔离带被一条很窄的栏杆所代替(如图 6.9 所示),边界提取的时候,是以栏杆为边界提取的,这样得到的平均道路宽度值大于设计宽度值,也进一步验证了本书边界提取方法的准确性和可靠性。

(a) 隔离带 CCD 图像

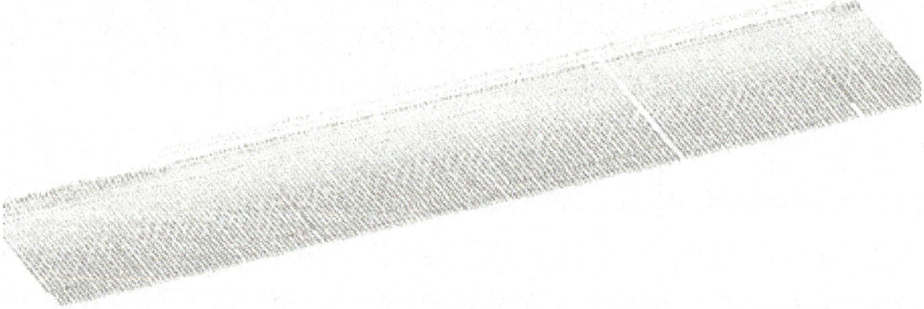

(b) 隔离带点云图像

图 6.9 高速公路中间的栏杆

6.4 基于车载激光扫描的公路隧道信息提取与三维重建

公路隧道作为一种特殊的空间地物,在交通运输中发挥着非常重要的作用。

公路隧道又是事故频发的场所，特别是火灾事故，对人们的安全造成重大威胁，科研工作者也进行了众多的模拟研究以寻求有效的应对措施(闫治国 等，2006；李耀庄 等，2006；王婉娣 等，2004；彭伟 等，2006)，真实准确的隧道三维场景数据则是模拟效果可靠性的重要保证。另外，公路隧道三维建模与可视化等都需要真实可靠的三维数据(钟登华 等，2005；揣锦华 等，2006)。车载激光扫描对公路三维信息的快速获取有非常明显的优势：①安全性。隧道内行驶车辆众多，车载系统在正常行驶过程中采集数据，不存在任何安全问题，而常规的人工测量或三维激光扫描则有较大的安全隐患。②快速性。车载系统只要在常速状态下沿隧道行驶一次，激光扫描仪便记录了所有探测到的信息，沿隧道走向的采样间隔只有 0.3 m 左右，而沿隧道横断面方向的采样间隔仅有几厘米，能够准确地表达隧道表面的细节特征，车载激光扫描对隧道数据获取的快速性是其他数据采集方法无法比拟的。③适应性。隧道内的光线条件相对较差，用CCD影像方法进行获取有一定的局限性，而激光扫描仪则不受光线条件的影响。

虽然车载激光扫描系统能快速准确得到隧道三维表面信息，但从原始点云图像到表面格网的构建还需要一个数据处理过程，针对一些特殊情况也必须采取相应措施，下面将分别介绍从原始点云图像到表面模型构建需要进行的处理方法和步骤。

6.4.1　车辆信息滤除与空洞填补

车载激光扫描系统在车辆常速行驶状态下动态采集数据，隧道内行驶的其他车辆则是影响数据采集的最重要因素。通过对隧道点云图像的认真分析，发现车辆对数据的影响存在以下规律：①由于车辆本身的高度距离隧道顶部有一定的高差，激光扫描仪在距离地面 2.1 m 处进行扫描，所以车辆的遮挡一般仅造成部分地面和隧道壁的数据空洞；②由于隧道内车辆单向行驶，行驶车辆对激光扫描仪的遮挡时间延长，在点云图像中车辆形状有“拉长”的现象。图 6.10(a)为一段长度为 35 m 的隧道点云图像，图像中黑色线框内为一辆行驶汽车的点云图像，其长度超过了 20 m，显然有被“拉长”的现象，其影响区域也超过了 20 m，这就给空洞填补的精度造成一定的影响。对于这些车辆信息，需要采取措施进行有效滤除，提出以下算法进行自动滤除。

(1)设定标准扫描线数组 $L_{标}$ 的长度为 n，在隧道数据起始端选取 n 条比较好的扫描线数据(不包含车辆信息，隧道壁上没有门洞和指示牌等信息)作为标准数据，存储在数组 $L_{标}$ 中。

(2)设定一个高度阈值 H，使 H 低于隧道顶部高度，这样就把隧道顶部的数据排除在外，不参与后面的计算。

(3)计算扫描线 L_k 上每个扫描点到激光扫描仪中心的水平距离，并计算最

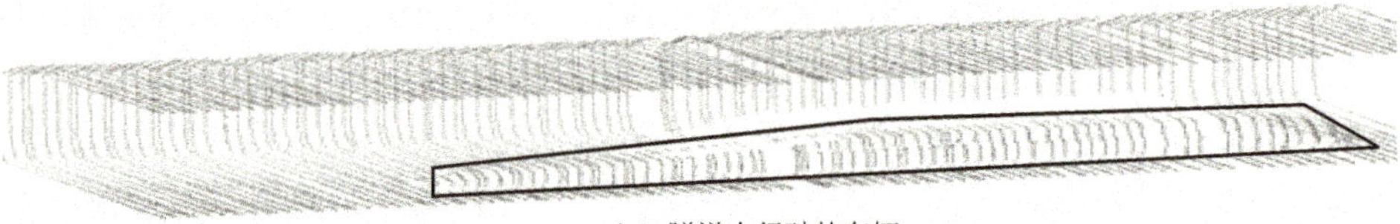

(a) 隧道内行驶的车辆

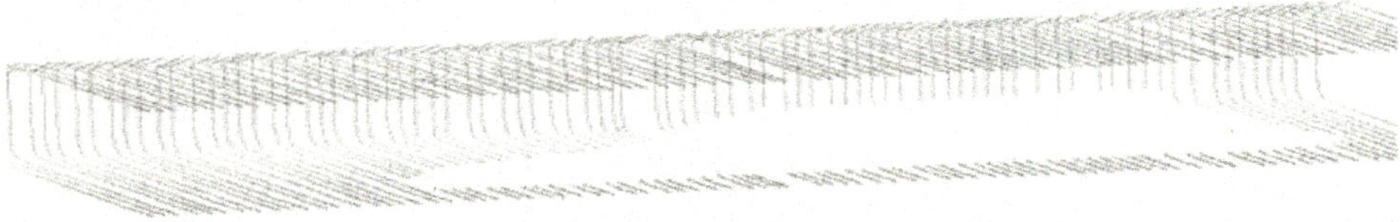

(b) 车辆信息滤除后的点云图像

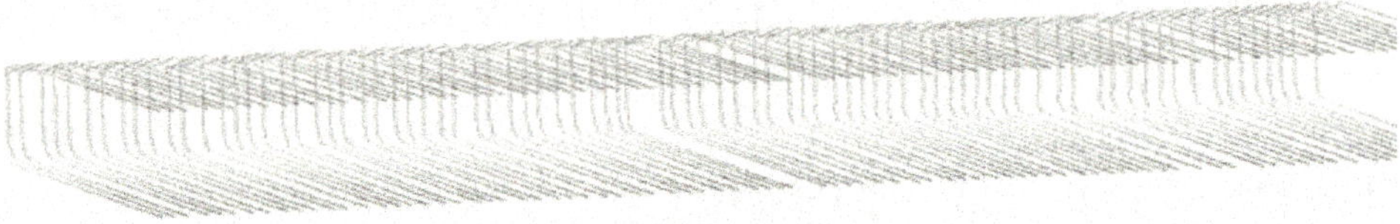

(c) 空洞填补后的点云图像

图 6.10 隧道内车载滤除

大值 D_{max}，显然这个值应该落在隧道壁上。隧道内行驶的车辆不可能紧贴隧道壁行驶，必定有一定的水平间距 d_1，并且和激光扫描仪也有一定的水平间距 d_2，也就是说，行驶车辆信息在水平距离内必定落在激光扫描仪向外一定距离和隧道壁向内一段距离的区间内，即区间$[d_2, D_{max}-d_1]$内，落在该区间之外的数据点不参与计算。

(4)设定扫描线 L_k 上的标准高度数组 $H_{标}$ 的长度为 t，从扫描线 L_k 的起始数据开始，以 t 个数据点的高程值为标准高程值，存储在数组 $H_{标}$ 中，依次推导下一个数据点的高程值 $h_{理}$，并与该点的实际高程值 h 进行比较。若 $|h-h_{理}|<h_{限}$，$h_{限}$ 为高差限差，则 h 为路面高度，把 h 添加到数组 $H_{标}$ 的末尾，同时移除数组 $H_{标}$ 的第 1 项；若 $|h-h_{理}|\geqslant h_{限}$，则进行步骤(5)的操作。

(5)计算该数据点与数组 $H_{标}$ 的最后一个标准高程值所在的数据点间的水平距离 d。若 $d\times s_{限}<|h-h_{理}|$，$s_{限}$ 为斜率限差，则说明两点高差虽然比较大，但它们的水平距离也比较远，地面还是比较平缓的，h 仍看作标准高程，把 h 添加到标准高程数组 $H_{标}$ 的末尾，同时移除数组的第一个数值。若 $d\times s_{限}\geqslant|h-h_{理}|$，则移除该数据点，若移除点的数目超过了一定数值，则说明该扫描线上存在较大的缺失数据，需要进行步骤(6)的操作。

(6)计算扫描线 L_k 起始位置与标准扫描线数组 $L_{标}$ 中最后一条扫描线 $L_{标(n-1)}$ 起始位置之差，把 $L_{标(n-1)}$ 上的数据叠加到扫描线 L_k 上，填补空缺数据，对填补数据用 $L_{标}$ 各扫描线上对应数据进行检验。

(7)重复步骤(2)～(6)的操作，直到完成所有扫描线的操作。

图 6.10(b)为车辆信息滤除后的点云图像，可以看出车辆信息被准确滤除；图 6.10(c)为空洞填补后的隧道点云图像，可以看出，空洞区域被完全填补，并与原来数据很好地融合在一起。

6.4.2　数据的简化

车载激光扫描系统沿隧道采集数据时，每台激光扫描仪每秒获取 38 条扫描线数据，若车载系统按 40 km/h 的速度行驶，则扫描线间距为 0.3 m，而在扫描线方向上，相邻采样点距离间隔仅为几厘米，这样的数据精度，足以保证构建精细的三维表面模型。由于公路隧道自身结构的特殊性，使得大量的采样点数据成为冗余信息，因此，应根据实际需求对数据采取一些简化措施，在保证精度的情况下尽量减少数据量。在本书中主要分三个不同阶段进行数据的简化处理。

1. 扫描线数据简化

由于公路隧道呈带状结构，基本形状特征与走向一致，扫描线间隔对隧道表面的精度影响不是很大，可以取较大的水平间隔，通常以 0.5～3 m 为宜。另外，扫描线数据取舍时，还要考虑曲率因素，曲率比较大，说明该区域的弯度变化比较大，需要适当减小扫描线间距。本书中为了突出对细节特征的处理与表达，仅去除了距离间隔小于 0.2 m 的扫描线数据。

2. 扫描线内第一次重采样

同一条扫描线内，采样点很密集，在数据处理过程中需要大量的距离计算，过多的采样点占用较大的计算空间和较长的计算时间，需要在保证精度和细节的情况下对数据进行重采样，以提高数据处理的效率。从起始位置开始，计算相邻扫描线间隔，如果大于阈值，则进行重采样，小于阈值，则去除该采样点。以 0.1 m 的距离限差进行重采样后保留的数据能减少到原始数据的一半，数据处理效率会有较大的提高，而细节部分也得到了完整保留。

3. 扫描线内第二次重采样

由于隧道结构比较规则，地面以及隧道壁都近似于平面结构，因此还需要进行二次重采样，使数据量得到进一步减少，同时对精度和细节特征影响很小。如图 6.11所示，设定距离阈值 $d_{限}$ 和垂线阈值 $h_{限}$，$d_{限}$ 用来表示相邻两有效数据点间距离限差，$h_{限}$ 用来表示点到直线距离的限差。对扫描线上每个有效数据点 p_i，计算其与前面一个有效数据点 p_{n-1} 的距离 d，若有 $d>d_{限}$，则保留该点，否则计算其到其前面两个有效数据点 p_{n-1} 和 p_{n-2} 连线的距离 h，若 $h<h_{限}$，则说明三点近似共线，去除该点，否则说明三点间有较大的形态变化，应当保留该点。上述方法能有效减少数据量并保留细节特征。

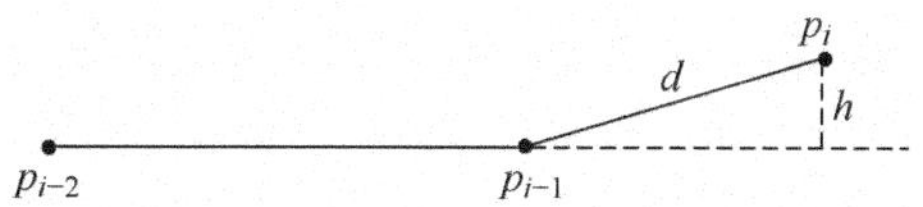

图 6.11　数据二次重采样

6.4.3　几个特殊情况的处理

尽管在整体结构形态上公路隧道结构规则，获取的数据规整，但在局部细节上，还需要进行一些特殊的处理。如图 6.12 所示，隧道内的指示牌、门洞、隧道灯等在激光扫描点云图像中都呈现局部细节特征，需要采取不同措施分别进行处理。

图 6.12　公路隧道内场景

1. 门洞边缘信息处理

图 6.13(a)为隧道内门洞第一次数据重采样后的图像，图中圈选部分为门洞边缘在一条扫描线内出现前后两列数据，这不但给表面模型构建造成困难，而且与地物实际的结构也是不相符的。造成这种现象的主要原因是激光扫描仪在门洞边缘处采集数据时，门洞边缘的内侧和外侧都对激光扫描仪有反射信号，从而造成数据的交叉现象，使编号相邻的两个采样点分别落在前后两列，因其间距超过了第一次重采样的距离限差，所以在第一次数据重采样过程中没有数据点被移除，从而造成密集的采样点。门洞边缘有以下几个重要特征：①其位置在隧道壁附近，有一定的高度区间；②这些数据的采样点密度远高于其他区域的采样点密度；③前列数据点和激光扫描仪中心的水平距离大于后列数据。首先利用前两个特征找到包含有门洞边缘的扫描线，然后利用第三个特征去除前面一列数据点，最后对该列数据进行数据简化，图 6.13(c)为进行上述操作后的效果图，可以看出，门洞数据向隧道壁凹陷，和门洞基本特征一致，采样点和其他数据一样，有规整的空间点分布和均匀的采样间隔。

2. 指示牌信息处理

图 6.13(b)为指示牌在第一次重采样后点云图像。由于指示牌有一定的宽度，因此在相邻两条扫描线上都有数据，而两列数据中，都和门洞边缘类似，包含有前后两列数据。但是其成因与门洞有所不同。激光扫描仪向指示牌发射电磁波，一部分电磁波被反射，另外一部分穿透指示牌，经隧道壁反射后又被激光扫描仪接收，这样，便形成了前后两列数据，前面一列向外凸出，后面一列基本与隧道壁一

（a）门洞边缘重叠数据　（b）指示牌重叠数据

（c）消除重叠数据后门洞点云图像　（d）消除重叠数据后指示牌点云图像

图6.13　重叠数据滤除

致。为了数据处理的方便，移除了前面一列数据，处理后的指示牌处的数据基本与墙面一致，有部分的凸出现象，这样，既方便了数据处理与表面模型构建，又使局部特征有所体现，效果如图6.13(d)所示。

3. 隧道灯信息的处理

在隧道顶部嵌有大量的隧道灯，在空间形态上，这些灯沿隧道走向分布，并且有少量凸出隧道壁。信息采集时，激光扫描仪发射的电磁波一部分到达顶灯表面后回波被激光扫描仪接收，另外一部分电磁波则穿透隧道灯，经隧道壁或顶灯内其他物体反射后又被激光扫描仪接收，这样，整个隧道灯的信息在空间形态上呈散乱分布，必须采取一定的处理措施。由于隧道灯镶嵌在隧道壁的顶部，首先设置一个高程阈值，只对高程值大于这个阈值的扫描点进行处理，这样就把处理区域限制在了隧道的顶部，排除了其他部分数据的干扰。然后以扫描线为单位，从扫描线的末端开始，按一定的水平间隔把每条扫描线分为许多区间，对落在每个区间内的数据点仅取高程值最大的那个数据点，滤除其他数据点。图6.14为隧道灯信息处理前后效果图，从图中可以看出，大部分隧道灯数据被滤除，保留下来的信息则靠近隧道顶部的平面，也有部分向内凹陷，这样就使隧道顶灯与其他数据点在空间分布上也很好地融合在一起，既方便了格网的构建，也使隧道顶灯的形态有所体现。

（a）处理前　　（b）处理后

图 6.14　隧道灯信息处理

6.4.4　表面模型的构建

由于隧道简单的结构和均匀规整的采样点，表面格网的构建相对简单，采用第 5 章中表面模型构建算法，可以快速构建隧道表面模型，如图 6.15 所示。然而，车载激光扫描系统使用 2 台激光扫描仪采集数据，获取的扫描线数目并不相同，位置也不完全对应，因此虽然在空间位置上 2 台激光扫描仪获取的信息构成了完整的隧道表面，但数据还是分开处理的，这就同时构建了两个不同的表面格网，如何把这两个格网缝合成一个完整的格网，则是需要研究的问题。2 台激光扫描仪在安装时靠得很近，并且各自都有 180°的扫描角，因此获得的数据也靠得很近，如果起点与起点、末点与末点进行构网连接，则可能会出现三维网重叠交叉的现象。因此有必要在数据的连接处建立一个“缓冲带”，落在“缓冲带”内的数据被移除，然后对“缓冲带”边缘的数据构建三角网，把这个“缓冲带”覆盖起来，同时也把两边的三角网缝合起来。建立“缓冲带”需要在没有进行数据简化的时候进行，因为这时的扫描点数据比较密，当移除“缓冲带”内的数据点时，其边缘部分的数据比较规整，有利于格网的构建。图 6.16 所示为隧道表面模型，图中狭长区域即为“缓冲带”区域。可以看出，经过数据的接边处理，隧道表面模型得到了完整的构建。

6.4.5　数据处理步骤

用车载激光扫描方法进行公路隧道表面模型构建，综合考虑精度、效率等多方面因素，经反复试验、认真分析与总结，按照以下处理方法和步骤能得到比较好的处理效果。

(1)简化扫描线数据。

(2)检测、滤除车辆信息并完成空洞填补。

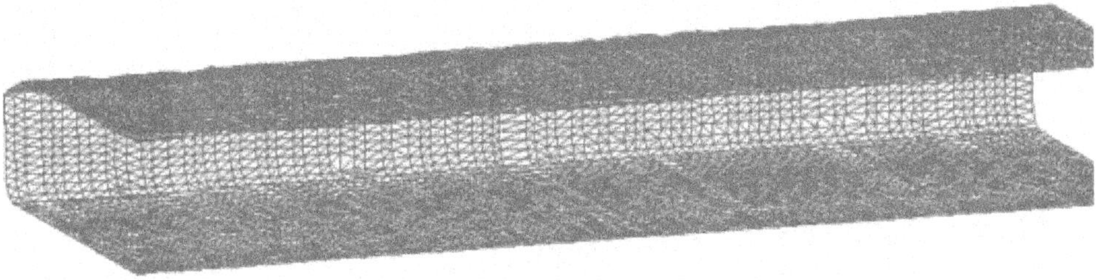

图 6.15　表面格网的构建

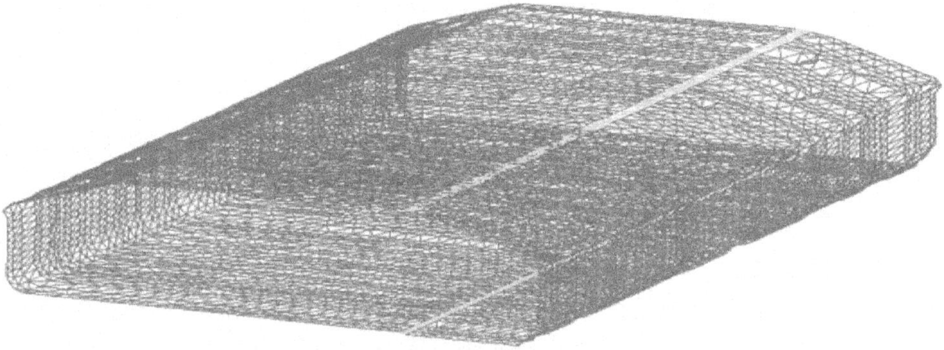

图 6.16　隧道表面模型

(3)建立“缓冲带”区域,并移除落在里面的数据点。

(4)对隧道灯信息进行处理。

(5)扫描线内数据第一次重采样。

(6)对门洞和指示牌等信息进行处理。

(7)扫描线内数据第二次重采样。

(8)构建隧道表面格网并进行缝合处理,形成最终的表面格网模型。

6.5　本章小结

本章以高速公路和公路隧道为例进行了车载激光扫描对于公路场景的信息提取与表面重建研究。在信息提取过程中,主要抓住了公路自身及其在车载激光扫描信息表达中的特征:激光扫描仪垂直于车辆行进方向采集数据,每条扫描线数据相当于公路的一个横断面,邻近扫描线数据间具有相似性,各扫描线数据保持了相对的独立性。数据处理时,以扫描线为基本处理单位,把庞大复杂的公路场景简化为一个个简单的处理单位,把复杂转化为了简单;不同的扫描线按照扫描的顺序排列,在一条扫描线内,数据也按顺序由近及远排列,虽然有时存在排序的不一致性,但经过一定的处理,在总体空间顺序上呈现出有序性和空间一致性,把无序转变为有序。

本书在对公路及公路隧道的研究过程中，强调了两方面：一是快速。根据这些带状地物的特点，采用自动与交互相结合的方式快速提取出需要的信息，并完成对表面模型的构建，一段 500 m 的公路隧道，从原始点云图像到三维表面模型构建只需几分钟就可以全自动完成，模型中的极少数错误也可以通过交互方式进行调整和修改。二是高精度。车载激光扫描系统获取大量高精度三维表面信息，本书在表面模型构建中，注重了对细节特征的保留。同时，为满足不同应用的需求，可以采取不同的措施，例如：在建设公路基础设施信息系统时，需要结合其他传感器信息，强调对点状地物等信息的提取；在建设小比例尺公路信息系统时，则强调对道路边界和点状地物的提取；在构建逼真的公路虚拟场景时，则需要保留细节特征，特别是路面和边坡信息的提取。

用车载激光扫描方法采集数据代替传统的数据采集方法，不但将大量的野外作业转化为室内作业，大大减轻了劳动强度，降低了作业成本，而且室内作业也相当轻松。大量高精度三维信息的快速获取，特别是传统方法很难获取的边坡信息的大量获取，为建立高精度三维模型提供可能，为公路信息的完善提供数据支持，在公路领域有比较广阔的应用前景。但是车载激光扫描也有其自身的不足之处：

(1)一些比较复杂的情况，如立交桥、弯度比较大的路段等，由于车载激光扫描仪自身获取数据的特点，在激光点云图像中，易产生空间位置的交错，难以有效地进行信息提取，需要进一步的研究，或者需要其他辅助的方法，例如立体像对模型提取的方法。道路宽度变化频繁的公路，例如有许多岔路口的路段，则需要采用自动提取和交互提取相结合的方法进行。

(2)用车载激光扫描方式对公路隧道三维表面信息的采集具有非常明显的优势，但其信息点是以 DGPS/INS/Odometer 提供的位置和姿态信息为基准的，对于较长的公路隧道，由于 GPS 信号长时间失去信息，INS 和 Odometer 经过长时间的误差积累就会有比较大的位置误差，因此需要进行位置纠正处理。一种可行的方法是从相关单位获得隧道相关参数信息，例如隧道中轴线，从获取的点云图像计算中轴线与实际中轴线进行匹配纠正，重新计算每个采样点的空间坐标，这需要从事导航方面研究的人员进行专门的研究。

第 7 章　车载 LiDAR 点云中街道场景信息提取与三维建模

7.1　引　言

城市是与人们生产生活密切相关的功能集中的场所，同时也是信息集中的场所。要维持城市环境中各项功能安全、高效、有序地运行，需要大量城市信息资源，这些信息中大部分与空间位置相关，城市空间信息是城市信息资源的主体核心。城市空间信息具有位置性、多维性和时序性，它是城市生产生活中连接各种其他信息、形成在空间和时间上连续分布的综合信息的基础，是解决人口、资源、环境和灾害等重大社会持续发展面临的问题的基本信息资源。城市空间信息的位置性、多维性和时序性，决定了城市空间数据应具有一定的位置精度、时间精度以及完整的空间坐标和描述形式，因而，空间数据快速采集是数字城市工程的关键技术。数字城市、虚拟城市建设更是对城市空间信息获取提出新的要求，不但要求获取速度快、精度高、分辨率高，还要求低廉的生产成本。高精度空对地观测能快速获取大范围场景的三维信息，但其主要获得地面目标的顶部信息，还未解决高层建筑的遮挡问题，并且对于与人们生活环境密切相关的场景，如街道，建筑物侧面信息的有效获取还存在一定局限性。而通常的地面信息获取方式存在数据生产成本高、周期长的缺陷。车载激光扫描技术能快速获取城市街道的地面和建筑物立面信息，作为城市空间信息快速获取的一种必要技术补充，有广阔的发展前景。

城市环境非常复杂，如图 7.1 为城市街道场景点云图像，可以看出，城市环境中不但包括各种公共设施，还有行人、车辆等，街道两边的建筑物也形态各异、变化多样。不可能对所有的信息都进行完整的重建，只需对主要和必要信息进行提取与场景重建。街道两侧的建筑物立面信息以及地面信息反映了城市街道的主要面貌特征，是必须和必要的。其他的信息，如树木、路灯、标语牌等公共设施信息，可以看作是点状地物，提取出这些地物的底部位置信息，标注它们的属性，在场景重建的时候，使用标准的模型进行代替，也可以根据需要作为次要信息予以忽略。路面上的行人和车辆等信息，则应当看作是不必要的信息，因为在数据采集时，激光扫描仪记录了激光扫描仪扫描瞬间的信息，而这些信息是时刻变动的，再者，由于受分辨率的限制，远处的行人在点云图像上只有有限的几个信息点，识别和提取都存在一定的困难，更重要的是，由于城市环境的复杂性和城市环境数据信息的庞大性，如果对所有信息都进行提取，不但不必要，信息提取的效率和时间也是不允许的。因此，为了提高数据处理效率，减少提取的数据量和降低数据处理复杂度，在信息提取的时候，采取一些简化措施，把城市环境信息主要分为三类：基础设施信息、地面信息和建筑物立面信息。

图 7.1 城市街道场景点云图像

本章主要研究如何从车载激光扫描获取的城市街道场景数据中快速提取上述地物信息并对这些地物进行表达。首先阐述城市中重要基础设施信息的提取方法；接着对城市地面与地形信息提取进行研究，采取分步骤提取的方法；然后研究城市建筑物立面信息的提取。在这一部分中，重点介绍基于邻近扫描线相似度赋值的空洞填补方法，由于在车载激光扫描信息表达中，地面信息和建筑物立面信息很难严格进行界定，因此本书中将两者放在一起构建表面模型；最后对本章的研究作一个总结。

7.2 基础设施信息提取

城市环境中有大量的基础设施信息，按其形态结构特点主要分为三类：独立点状地物、线状地物和面状地物。

7.2.1 独立点状地物提取

独立点状地物指那些只需要确定底部位置信息、不需要提取形状信息的地物，如路灯、树木等。从信息量来看，点状地物在城市环境中占有很大的比重；从结构形态来看，这些地物从靠近地面部分向上一段高度范围内呈柱状。在点云图像中，这些地物呈现一定的局部特性，人眼很容易识别。但是受这些地物柱状部分直径的大小、材质以及数据采集时车辆行进速度和传感器瞬时姿态等因素的影响，在点云图像中，其柱状部分的采样点并不一定都落在一条扫描线上，如图 7.2 所示，采样点可能分布在一条或数条扫描线上，每条扫描线上的点也不一定是连续的，相邻扫描线上的数据点可能出现交替分布的现象，这就给计算机自动提取带来一定的难度。采用自动提取和交互提取两种方式来研究独立点状地物信息的提取。

（a）路灯　　（b）树

图 7.2　独立点状地物

1. 自动提取方法

由于点状地物类型繁多，激光扫描仪对地物的采样点有限，不可能准确地分辨出每个点状地物的属性信息，应当先采用一定的判别准则提取出各个点状地物的位置信息，然后对其属性信息进行交互编辑。史文中等(2005)提出基于投影点密度的车载激光扫描距离图像分割方法，投影密度的概念为：将三维坐标点垂直投影到水平面上，或者将 Z 值取任意常数，统计和计算水平面任意位置处所含投影点的个数，记为 DoPP(density of projected points)。在理想状态下(目标表面平滑、无遮挡、所有采样点均为有效点)，DoPP 值与目标高度 H、扫描仪中心到目标的垂直距离 D、扫描仪的空间分辨率 α 相关

$$DoPP=\mathrm{int}\left[\frac{ATN\left(\frac{H}{D}\right)}{\alpha}\right] \tag{7.1}$$

为了简化，可以将测量区域划分成规则的格网，将格网统一编号，统计每个格网单元上的投影点数，并以此值作为该格网单元的 DoPP 值，这样就可将 DoPP 离散化表示。对于路灯，如图 7.2(a)所示，其 DoPP 值大于周围地面的 DoPP 值，容易自动提取出来。但是对于树木等，如图 7.2(b)所示，由于树冠形态各异，又有一定的空间覆盖面积，树冠上的采样点会落在不同的格网中，各个格网内点的密度也不相同，就可能会出现一棵树的周围同时出现多个符合条件的格网，也就是说，一棵树变成了多个“疑似”点状地物。要解决上述问题，需要找到独立点状地物的本质特征，即这些点状地物通常在从地面向上一段高度范围为柱状，形态结构比较简单，而且在这个区间中，激光扫描点的密度比较大，扫描点的间隔也比较小，很少出

现中间较长距离没有采样点的情况。在进行 $DoPP$ 计算的时候，添加了三个附加条件：①只计算高度值在地面和地面以上一定高度范围内的点，其他高度内的点不作为有效点；②每个格网内点高度的最大值和最小值的差必须大于给定的阈值；③每个格网内相邻点间的最大距离必须小于给定的阈值。条件①有效地去除了树冠等信息的干扰，也大量减少了参与计算的点的数目，提高了数据处理速度；条件②是为了避免局部采样点比较密集，导致落在一个格网内的采样点的数目比较大，从而被看作是"疑似"格网，例如行人的信息，通常有比较多的采样点，但人的高度都小于给定的阈值，因此行人也被排除在外；条件③是为了保证落在格网内的地物有一个柱状的形态。运用以上理论和限定条件可以较好地自动提取城市环境中的点状地物。图 7.3(a)为自动提取独立点状地物效果图，图 7.3(b)中圈选部分为根据以上方法提取出的点状地物，从效果可以看出，路灯和树木等被准确地提取出来，而行人及其他信息由于受到附加条件的限制，得到了有效的滤除。

(a) 城市环境中的独立点状地物

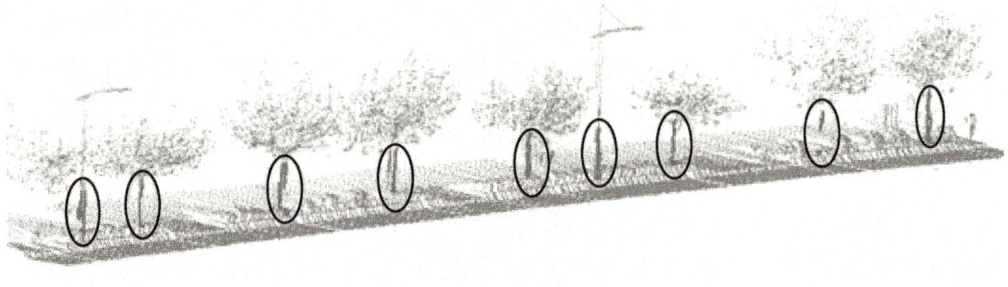

(b) 独立点状地物的自动提取结果

图 7.3　城市环境中独立点状地物自动提取

按上述方法得到了各独立点状地物的部分点云信息，最终的目的是确定各点状地物底部的位置信息，采用以下处理方式：对各个点状地物格网内的数据点如图 7.3(b)中圈选部分按高度进行排序，取最低的 n 个数据点，计算平均值作为各独立点状地物底部位置坐标。

2. 交互提取方法

自动提取方式能够比较好地提取出结构类似柱状的路灯、树木等地物。其他一些地物如公用电话亭等，也应当划归为独立点状地物，但是因其复杂的结构及车载激光扫描仪有限的采样点，要从复杂的环境中自动提取出这类地物几乎是不可能的，因此，交互提取的方式仍是必要的。交互方式提取点状地物非常简单：在点云图像上用鼠标点击点状地物底部，找出在屏幕上的投影距离鼠标最近的那个点，用其坐标作为点状地物的底部位置坐标，然后编辑该点状地物的属性。特殊情况下，若点状地物底部由于遮挡等原因其附近没有激光扫描点，则在其柱状点云上随意选一点，用其水平坐标作为点状地物的水平坐标，用该地物附近地面的高程值作为点状地物的高程值。

自动提取和交互提取点状地物都只能得到这些地物底部坐标，不能得到各地物的属性值，必须进行属性编辑，因此从实际的效率来看，自动提取和交互提取没有太大的差别。由于城市环境的复杂性以及采样点密度的不均匀性，自动提取时格网的大小和采样点的阈值很难有效控制，即使根据经验值也只能满足一定条件下的提取要求，因此，本书更倾向于采用交互提取的方式。

7.2.2　线状地物提取

线状地物指在结构上呈流线型分布的地物，典型的线状地物如道路的边界、道路中间起隔离作用的栏杆等。对于线状地物的提取，通常采用交互的方式，即在点云图像上沿着地物的走向绘出折线，系统按顺序自动记录折线每个节点的坐标值，然后编辑线状地物属性并存储其信息，即可得到线状地物信息。节点坐标值的获取类似于交互提取点状地物坐标值的方法。当然，也可以采用第6章中公路边界提取的方式获得道路的边界信息，图7.4(a)中虚线所示为自动提取的路面边界点。

7.2.3　面状地物提取

面状地物指那些具有一定空间面积、结构简单、表面平滑的地物，如围墙、广告牌等。

面状地物信息提取的目的是获得其空间外接多边形，且要求各顶点落在同一平面内。面状地物提取采用交互的方式，首先采用笔者开发的交互工具在点云图像中绘出面状地物的轮廓线，在绘轮廓线的时候，不需要选择特殊的角度，只要在点云图像上把面状地物信息包含进去就可以了，这方便了对面状地物的选择，如图7.4(a)中矩形线框为面状地物轮廓线。由于交互工具继承于裁剪面的思想，其作用与前面开发的闭合多边形类似，因此把面状地物以外的其他部分信息也包含进去，如图7.4(c)所示的平面前面一些其他信息，如树木、广告牌等。空间平面包含的数据有两个主要特征：①各扫描线上的点近似落在一条直线上；②符合特征①的扫描线在总扫描线中所占比重最大。利用特征①可以排除那些数据点分布散乱的扫描线，如含有树冠信息的扫描线；利用特征②可以排除那些与主平面相距较远的扫描线。图 7.4(d)所示为经过上述处理后的效果，可以看出，包含有树冠信息的扫描线被排除，落在主平面上的部分信息也被排除，但剩余的扫描线信息足以保证空间平面位置的准确性。因为各扫描线上的数据近似落在一条直线上，相邻扫描线近似平行，因此对相邻扫描线的首尾点进行连接可以构建两个三角形，如图 7.4(f)所示，对所有三角形求法向量，取平均值 $\bar{\boldsymbol{n}}$ 作为主平面的法向量，求各点的中心点 P，则主平面为过中心点 P、法向量为 $\bar{\boldsymbol{n}}$ 的平面。由于轮廓线的每条边实际上是垂直于屏幕的平面，各平面与主平面相交即得到面状地物的空间外接多边形，图 7.4(e)矩形区域为所提取的面状地物。

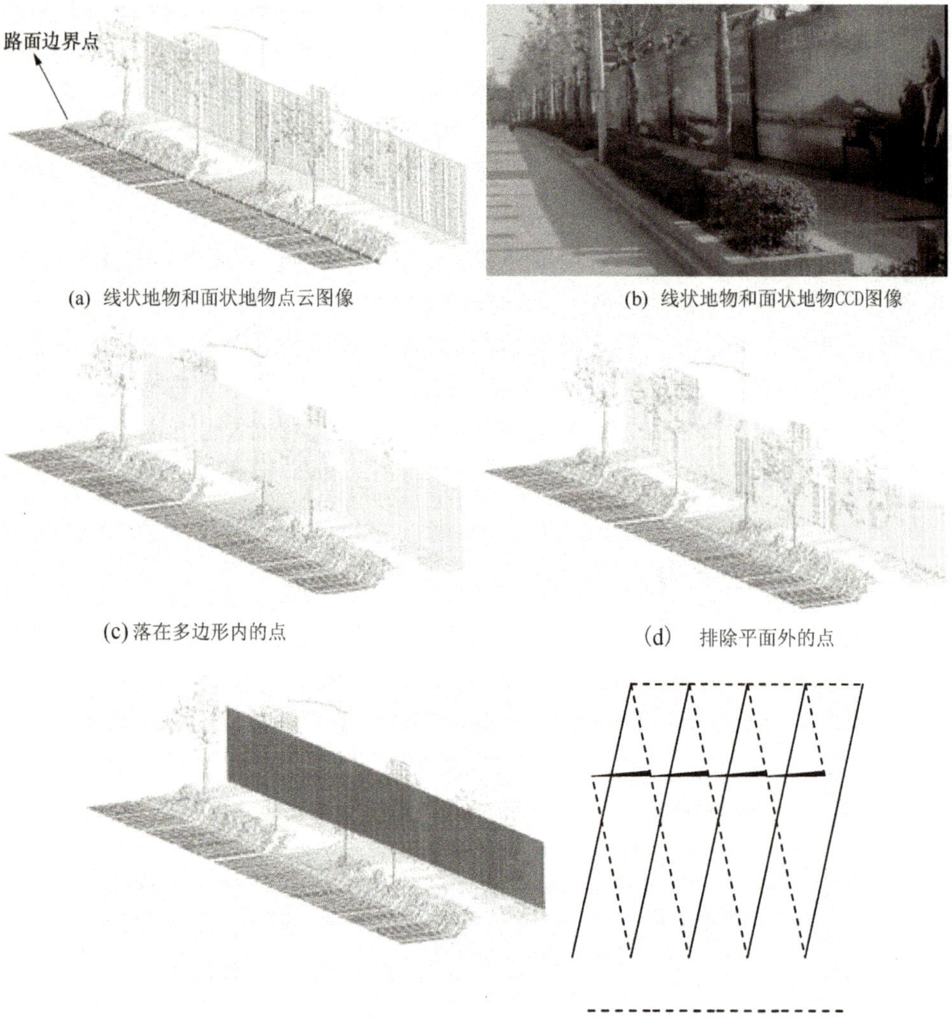

(a) 线状地物和面状地物点云图像

(b) 线状地物和面状地物CCD图像

(c) 落在多边形内的点

(d) 排除平面外的点

(e) 获得面状地物位置

(f) 平面法向量获取

图 7.4 线状地物和面状地物提取

面状地物提取的另外一种简单方式是把面状地物简化为点的形式。在点云图像上绘出面状地物的外接多边形，绘制外接多边形每个顶点的时候，该顶点坐标用在平面上投影距离鼠标最近的那个数据点代替，系统按顺序记录每个顶点坐标，最后成为闭合多边形。然后将这些顶点进行拟合为空间平面，该平面即为主平面，把各顶点在主平面上投影，形成新的闭合多边形，即为空间面状地物。

与传统测量相比，从激光扫描图像中获取基础设施信息在效率上提高了很多，然而，要进行整个城市规模的场景重建，用交互方式对这些零碎的基础设施信息获取是非常花费时间的，与快速的、批处理的场景重建有些不相适应。车载激光扫描是为了充分发挥其数据采集速度快、数据精度高的特点，特别是对街道两侧建筑物立面信息的快速提取，是其他数据采集方法无法比拟的。站在研究的角度看，从车载激光扫描点云图像中进行基础设施信息提取研究是必要的，而且效率也是比较高的。但从实际应用来看，可以不考虑这些信息，仅考虑对地面信息和建筑物立面信息的提取和重建。或者采用其他更快、更有效的方法代替，例如树木通过航空方式提取，路灯、电话亭等通过相关的数据库获取。

7.3　城市地面与地形信息提取

为提高数据处理效率、加快场景重建速度，完成必要的基础设施信息提取后，对城市环境中的主要信息进行分类，把所有信息划分为两大类：建筑物立面信息和地面信息。在信息的归属上，把位于建筑物立面所在平面附近及其后面且高于地面的信息归属于建筑物立面信息，剩余其他所有信息都归属为地面信息。对基础设施信息的提取，只能得到必要的位置信息，并没有把这些信息包含的数据点完整去除，在这里又归入了地面信息的范畴。图 7.5 为图 7.1 中街道场景的俯视图(其中建筑物立面后面的杂乱信息被移除)，从中可以看出，在水平空间上，建筑物立面只占一个比重很小的狭长空间，地面则占据了绝大部分的水平空间。

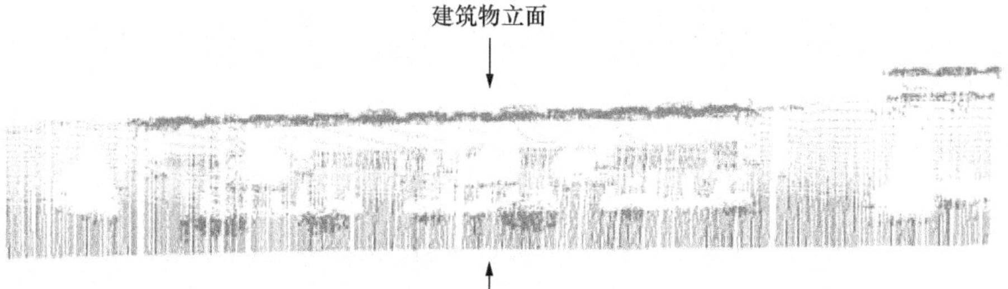

图 7.5　城市街道点云图像俯视图

地面信息包含的信息量非常丰富，路面、广场、空地、草坪、隔离带等都归为地面信息，另外，除建筑物立面之外的其他的构筑物如栅栏、报刊亭、广告牌等也在地面信息的范围内，就连前面提到的树木、路灯、指示牌以及路面上的行人、车辆等都属于地面信息。总之，地面信息非常丰富、条件非常复杂。要想把这些信息都完全提取出来几乎是不可能的，也是条件不允许的，因此，只有把复杂的问题简单化，去除所有繁杂的信息，恢复地面的基本信息，只保留能够反映基本地形特点的信息。也就是说，只保留最基本的地面信息，地面上其他所有的信息（必要的独立点状地物、线状地物和面状地物已经提取）都要滤除。

从图 7.1 可以看出，即使最基本的地面也不是平坦的：从路面向建筑物立面方向，即沿着扫描线的方向，空地的高度与路面的高度不同，台阶的高度与空地的高度不同；沿车辆行进方向，不同路段的高程是缓慢变化的，台阶与其附近的地面有一定的高度变化。相对于建筑物立面，地面在广度上来说是水平的，但在局部又是变化的，因此进行地面信息处理和重建的时候，需要考虑地面的局部特征。

7.3.1 区分地面信息和建筑物立面信息

要对地面信息进行处理，首先要把作为处理对象的地面信息与其他信息区别开。用车载激光扫描数据对城市环境进行重建时，研究重点主要集中在建筑物立面信息的提取上，地面信息多作为多余信息被滤除，分离方法也各不相同，下面先介绍一些各自采用的分离方法：

王健等(2003)首先提取建筑物立面的每条扫描线上的上边界点，并根据局部立面来建立整个立面提取的模型，然后根据前面获得的参数信息进行每条扫描线下边界点的提取，保留上、下边界点中间的信息点。这种方法需要根据实际情况反复调整参数，建筑物立面条件越复杂，参数调整的次数也越多，所花费的操作时间也越多，因此对于大范围信息的快速提取存在一定的局限性。

李必军等(2003)首先将地形数据和地物数据进行分离，分离原则为：高度值小于仪器高度的点视为地形点数据，高度值大于仪器高度的点视为地物数据。然后根据激光扫描的回波信号强度去除无效点，利用中值滤波剔除奇异点，利用曲面拟合去除前端遮挡物。最后对保留的建筑物立面信息进行特征提取。

Zhao等(2003b)首先把每条扫描线分割为直线段，然后依据以下原则对数据点进行组合：

(1)属于垂直线段上的数据点可能属于垂直建筑物表面。

(2)属于水平分割线段并且在高度上与地面高度相近的数据点可能为地面数据。

(3)属于非垂直分割线段并且在地面高度之上的数据点可能是树木、非垂直建筑物表面。

(4)树的扫描数据在连线的相邻扫描线上有比较大的高度变换。

(5)孤立点有比较低的可靠性。

依据以上原则，从 Z-图像中提取建筑物的立面信息，以多边形表示。Z-图像法把三维问题转换为二维问题，简化了数据处理的难度，能够比较快速地提取建筑物的立面信息，但也存在一定局限性：建筑物立面信息以多边形进行表达，虽然数据简单、数据量小，但是以牺牲建筑物表面的细节特征为代价的，并且城市环境中的建筑物立面信息变化多样，有时可能带来较大的误差。

张爱武等(2005a)用三维激光扫描仪进行建筑物立面信息提取，根据同一垂直面上点的水平投影距离相等，计算每一垂直扫描线上各点的水平投影利用霍夫变换检测垂直线，并计算直线长度(以点数记)，选择最长直线所处平面位置为主要墙面的平面位置，用 d_{mj} 表示。主要墙面之前为遮挡物和部分主要被测物，主要墙面之后为激光穿过透明物体形成的散乱点。为保留大部分主要被测物的数据，确定主要被测物的区间为$[d_{mj}-\delta_1, d_{mj}+\delta_2]$，其中 $\delta_1>\delta_2$。$[0, d_{mj}-\delta_1]$范围内的数据为遮挡物，作为可用数据保留，$(d_{mj}+\delta_2, \infty)$范围内的数据为激光穿过透明物体形成的散乱点，进行删除。

Früeh等(2005)以扫描线为单位进行划分，如图 7.6 所示，沿扫描方向划分若干狭窄的区间，把扫描点水平投影，按落在各区间内的扫描点数目建立直方图，先找到投影点最多的区间作为主平面，也就是建筑物立面，在建筑物前面附近找投影点最少的区间作为分割点，分割点前端的信息作为地面信息，后面作为建筑物立面信息。这种方法可以全自动地进行数据处理，但也存在很大的局限性：它是以建筑物立面信息占主导地位为假设基础的，如果在树木比较多的街区，建筑物立面由于树的遮挡数据点有限，而树的信息占了主导地位，则会把树的信息作为建筑物立面信息，从而造成错分现象。

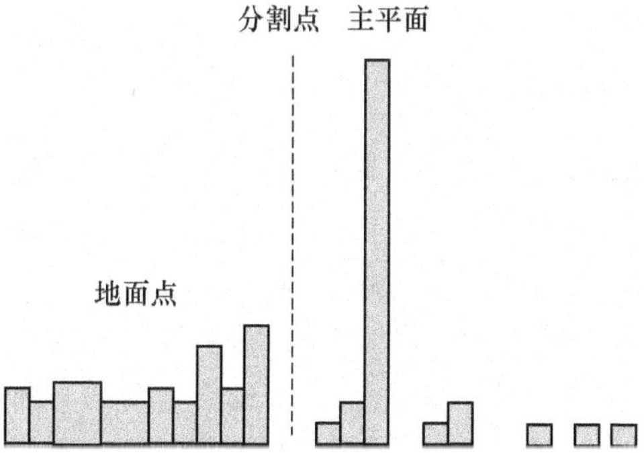

图 7.6　直方图法进行地面信息与建筑物立面信息的分离

上述各方法都是基于建筑物立面信息提取的，当把地面信息也考虑在信息提取的范畴时，上述方法存在一定局限性。因为地面信息和建筑物立面信息存在巨大差异，强调的重点和采用的处理方式也各不相同，并且经过反复实践证明，先进行地面信息处理再进行建筑物立面信息处理，然后把两者联合处理的数据处理顺序更利于信息的快速准确提取。

城市环境非常复杂，即使设定许多判断条件，用计算机对地面信息和建筑物立面信息进行自动划分仍存在一定困难，但是人脑却能迅速做出准确判断，决定哪些信息是需要移除的对象。因此借助于裁剪面工具，此处称为分割面，用分割面来帮助判断地面信息和建筑物立面信息。分割面并不能准确区分两类信息，并且也是没有必要准确分割的，因为对地面信息处理的目的是为了保留能反映基本地形特征的信息，而移除上面所有与地形无关的信息。因此只要在建筑物立面和地面交界处附近绘一条分割面，在分割面的一侧能包含绝大部分需要移除的信息就可以了。对于极少数没有包含的需要滤除的多余信息，可以在后面的处理中滤除，对数据处理的大局没有影响。如图 7.7 所示为一段长 156 m 的街道场景，建筑物立面信息主要包括两个建筑物，相应的地面信息却非常丰富。图中折线为分割面，分割面的背面为需要处理的地面信息。

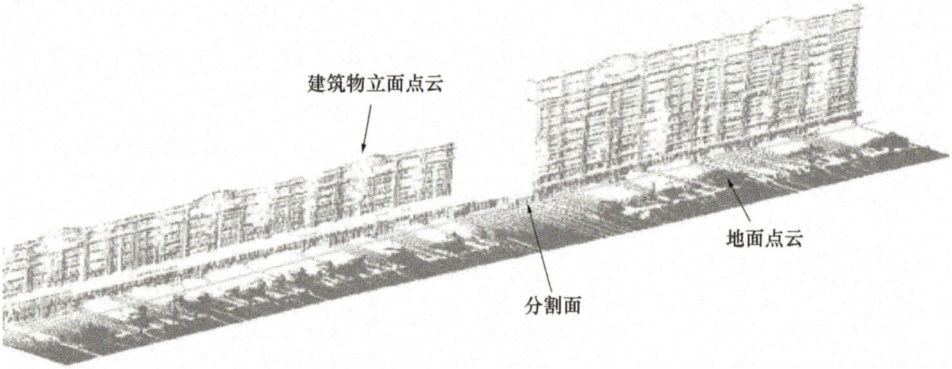

图 7.7　地面信息与建筑物立面信息的大致划分

7.3.2　地面信息处理

从水平尺度看，地面信息占据了城市中街道场景中绝大部分空间；从垂直尺度看，地面上地物高度参差不齐，高处有离地面几米到十几米的树冠、路灯等信息，向下有一些低矮的构筑物以及行人、车辆等信息，再向下是有一定起伏变化的地面等信息。从数据量分布来看，随着采样点与扫描仪中心水平距离的增加，采样点间隔从几厘米逐渐增加到几十厘米，甚至超过 1 m，但独立点状地物所在的局部区域却有比较高密度的采样点。综合以上特征，本书提出了以下方法对地面信息进行处理：以扫描线为基本处理单位，先按扫描点间距进行第一次重采样，再按一定的水平距离间隔进行第二次采样，然后进行数据的粗略滤除和精细滤除，最后对数据进行综合处理。

1. 第一次重采样

激光扫描仪按0.5°的角度获取采样信息，每条扫描线包含361个采样点，按顺序存放在一个一维数组中，从激光扫描仪中心向外一段距离内，采样点的密度非常大，而这些数据所表达的信息基本上都是比较平整的路面，很多采样点信息应当看作是冗余的，为了减少数据量，同时不造成细节的损失，以扫描线为单位，采取以下步骤进行重采样：

(1)在保存一条扫描线数据的数组中按序号查找第一个和最后一个有效采样点，保留第一个有效采样点并作为起始点 P_b，同时记录最后一个采样点的序号。

(2)计算下一个有效点 P_n 与起始点间的距离 D_{nb}，若 D_{nb} 小于阈值 $D_{限}$，则去除该采样点。

(3)重复步骤(2)，直到找到一个有效采样点 P，使 P 与起始点的距离大于给定阈值 $D_{限}$ 则保留点 P，并把点 P 作为新的起始点。

(4)重复步骤(2)和步骤(3)，直到完成该扫描线中所有数据的判断。

(5)保留最后一个有效采样点。

经过以上处理步骤，数据量得到了大幅的减少。图7.7中地面点云中所包含的有效采样点为86 032个，分别按0.1 m和0.2 m的距离限差进行重采样，重采样后有效采样点分别为35 521个和22 015个，占原始数据量的41.3%和25.6%。虽然地面的地形特征在整体上有一定的变化，但对于像0.2 m这样的尺度范围来说，基本上都是平整的，所以以0.2 m的距离限差进行重采样对地面的地形特征影响是非常小的，可以忽略。

2. 第二次重采样

第一次重采样精简掉了大部分数据点，但是对于树木、路灯、行人等高出地面一定高度的信息，仍然包含比较多的采样点。我们的最终目的是获得地形信息，因此在一定的距离范围内，可以把高度值最小的那个信息点作为地形信息点，而滤除其余的信息点。二次重采样步骤如下：

(1)按序号从一维数组中查找第一个有效采样点，作为起始点 P_b，并计算其余有效采样点与第一个有效采样点的水平距离 D_i。

(2)找出距离起始点的最远距离 D_{max}，算出距离区间的个数 $num=\mathrm{int}\left[\frac{D_{max}}{d}\right]$，其中 d 为距离区间长度，把各个有效采样点按水平距离投影到各个距离区间中。

(3)比较落在各距离区间内的采样点的高度值，把高度值最小的那个采样点作为该距离区间的重采样点，将其余采样点滤除。

以0.2 m的水平间隔进行第二次重采样操作，有效点的数目为16 691个，占原数据量的19.4%，虽然点的数目减少不多，但高出地面的数据点大幅减少，特别是在水平面上局部投影密度很大的地物，如路灯、树木等信息，得到很好滤除。另外，在一定距离间隔内只保留一个采样点，避免了数据点局部密集的现象。

两次重采样都是对原始数据的简化操作，如果数据量比较小，可以略去第一次重采样而直接进行第二次重采样操作。但是对于第二次重采样步骤(2)的操作，由于要记录落在每个水平距离区间内的数据点信息，需要动态开辟数组，耗费较多的内存和计算时间，而第一次重采样操作是直接对存储在数组中的数据按序号进行操作，不需要动态开辟内存，计算量比较小，并且能滤除大部分的采样点，因此，有必要先进行第一步重采样操作，然后进行第二步重采样操作。

3. 粗略滤除

重采样操作大幅度地减少了数据量，同时滤除了大部分多余信息，但仍然有少量需要滤除的信息。一条扫描线所覆盖的狭长地形区域从几米到几十米不等。尽管城市环境中的地面相对平坦，但沿扫描线方向地形的高度通常有一定的变化，从几分米到几米不等。对扫描线数据高度取平均值只能滤除高出地面许多的信息，如树冠信息等，这个步骤称为粗略滤除。具体方法如下：

(1)设定一个较大的阈值 $H_{限}$，例如 1 m。

(2)计算落在扫描线内所有有效数据点高度的平均值 $\overline{H}$。

(3)依次用每个有效数据点的高度值 H_i 与平均值高度进行比较，若 $H_i-\overline{H}>H_{限}$，则滤除该数据点。

(4)重复进行步骤(2)、(3)2～3 次。

粗略滤除主要针对距离地面比较高的多余信息点(high elevation information points，HEIP)的滤除，通常情况下，地形信息点占主导，即使地面地形高度有比较大的起伏，但将所有高度值平均以后，多余信息点高度值仍然会明显高于平均值。若多余信息点所占的比重比较大，则取平均值后，整体的平均高度就会偏高，只有部分多余信息被滤除，当重复进行的时候，高度平均值就会有所下降，又会有一部分多余信息被滤除。从数值计算来看，这个步骤只涉及数据的简单计算，没有数组动态的分配等耗费较多内存和计算时间的操作，计算的时间非常短，进行多次的重复计算也不会耗费太多的时间，从实际的效果来看，重复进行三次操作的效果是比较理想的。

4. 精细过滤

粗略滤除能滤除距地面比较高的树冠等信息，由于设定的阈值比较大，对于占比重较大的高度较为低矮的信息如车辆、行人、灌木、绿化带等信息则无能为力。特别是车辆顶部等信息，高出了地面一定距离，在水平方面又有一定宽度，给滤除工作带来较多的麻烦。在扫描线方向上，地形的高度变化可能会比较大，但如果沿扫描线方向划分距离区间，间隔为 4～5 m，则每个区间内地形的高度不会有大的变化。图 7.8 为距离区间划分示意图，图中横线上端为距离区间划分，每两个竖线部分代表一个距离区间。通常情况下，落在每个区间内的地形信息占据主导地位，设定比较小的高度阈值就能滤除大部分较为低矮的多余信息，但有些情况下，由于车辆存在一定的宽度，占有比较多的有效数据点，而车辆的后面由于遮挡只有很少的有效数据点，这样，车辆信息占据了主导地位，就不能把车辆信息很好地滤除。为此，又采取一个补充步骤，即对距离区间重新划分，如图 7.8 中横线下侧虚线所示，把第一次划分的距离区间后移半个区间位置，这样每个位置的采样点都经过了两次不同区间的精细滤除操作，能比较有效地滤除低矮地物的影响。

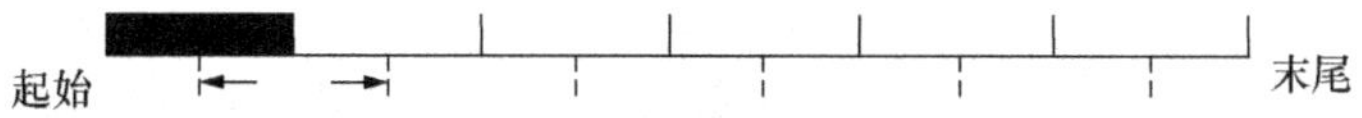

图 7.8　距离区间划分

5. 综合处理

上面操作都是以扫描线为基本单位进行操作的，经过上述几个步骤，地形信息被有效保存，绝大多数多余信息被滤除，仅存在个别未被滤除的多余信息，需要考虑与周围扫描线数据的关系进行综合处理。城市环境中的地形信息在局部的变化表现得比较平坦，那些遗漏的信息点多数呈现为孤立点的状况，与周围比较平坦的地形信息有一定的差异。利用这个特征，对每个有效信息点，找出其周围一定水平范围内的信息点，依据一定的判断准则，决定这个数据点是否被保留、移除或赋予新的高度值。

虽然为了说明数据处理过程，将其划分为五个步骤，但实际上这些操作是在一个步骤中完成的，只要设定了适当参数值，仅 2 s 左右的时间就能完成一段 150 m 的城市街道场景中地面信息处理，并且能达到处理要求。对于众多的街道场景，往往只需要根据经验进行一次参数设置，就能适应绝大多数数据处理的需要。这也充分说明了该处理方法的通用性和稳定性。图 7.9 为一段 80 m 的城市街道场景地面信息处理前后对照图。图 7.9(a)中的地面信息中包含了大量的树木、车辆、

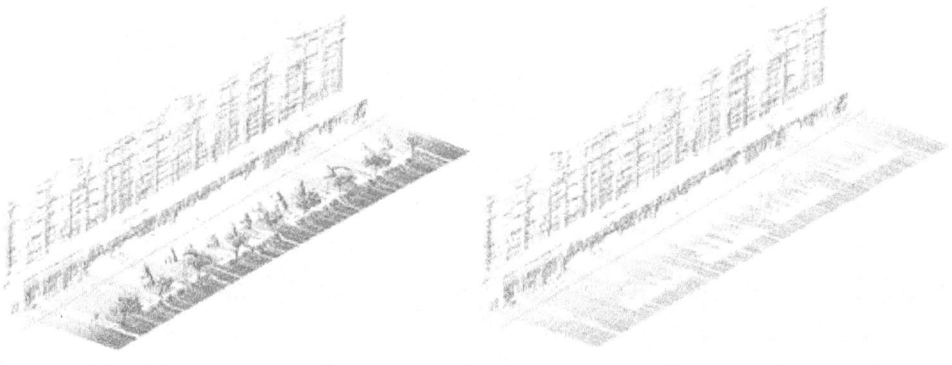

(a)地面信息处理前　　(b)地面信息处理后

图 7.9　地形信息提取

行人和灌木信息;图 7.9(b)中多余信息被准确滤除,而地形信息被有效保留,数据处理后留下的空洞将在后续处理中完成。

7.4 建筑物立面信息提取

建筑物立面信息是城市景观中非常重要的组成部分。在虚拟城市、数字城市建设中通过各种方式获得建筑物“火柴盒”式的框架模型(周艳 等,2006;Döllner et al,2006;Haala et al,1999),然后对模型表面映射纹理。车载激光扫描的一个重要研究领域也是对建筑物立面信息提取,已有研究者做过如下研究。Manandhar 等(2001a,2002)先用最小二乘法把每条扫描线内竖直方向的点拟合为竖直线段,再根据线段的方向和中心等条件进行分组,然后用组内相邻线段构建小平面,最后通过小平面不断合并为大平面进而得到建筑物立面;Zhao等(2003b)在 CAD 环境下根据 Z-图像提取出建筑物立面并用多边形表示;Früeh等(2005)用附有纹理的三角网表面模型来表示建筑物立面,取得较好的效果;王健等(2003)建立建筑物立面信息提取模型,找出建筑物立面在每列扫描线中的上、下边界点,计算出高度值,然后对高度进行聚类,根据聚类结果或立面信息点云图将不同高度的立面分开,再根据一定法则求出各立面高度;李必军等(2003)根据二维平面信息,将激光扫描仪到建筑物的垂直距离作为已知值,对原始数据进行重采样,并顾及建筑物的整体特征,对测量数据进行整体匹配与纠正,最后以 TIN 的形式表达重采样后的建筑物立面模型。以上研究大多把建筑物的一个立面看作一个平面,然后映射相应的纹理,这样虽然能满足一般的视觉要求,却损失了建筑物立面上局部结构的几何特征信息,场景的真实度被打了“折扣”。随着人们对场景真实程度要求的增加,特别是对反映城市特色的街道场景真实程度的追求,需要把街道两侧建筑物立面结构的细节特征表达出来。本书在深入研究城市环境中建筑物立面特征及其在车载激光扫描数据表达中的特点的基础上,以保留建筑物立面局部结构的几何特征为前提,研究如何快速准确提取并构建建筑物立面表面模型。

7.4.1 建筑物立面信息特征

城市环境中的建筑物,特别是街道两侧的建筑物,其立面主要有以下特征:

(1)建筑物立面多为垂直的,且沿着街道走向分布。

(2)建筑物立面在总体上表现为平面特征,但在局部又表现出一定的局部特征,因此建筑物立面又有一定的“厚度”。

(3)建筑物立面的总体结构形态和局部结构形态都有规则的几何外形,且都沿水平方向或竖直方向。

(4)建筑物立面的下面部分往往向外凸出,与上面部分不一定在同一个竖直平面内。

由于车载激光扫描仪垂直于建筑物立面采集扫描线信息，各相邻扫描线近似平行，各相邻扫描线所表达的建筑物立面的狭长条带区域有较大的相似程度。因此，相邻扫描线数据有比较大的相似程度，也就是说，把一条扫描线数据进行平移，叠合到它的相邻扫描线数据上，各对应数据点能“吻合”的可能性很大。利用这个特征，能把空洞区域的数据填补上去并恢复为原来的形状。但是落在建筑物立面边缘的扫描线数据与相邻的非该建筑物立面上的扫描线数据有很大的差别，它们的相似程度很小，利用这个特点能自动区别不同的建筑物立面。

7.4.2　相似度定义

如图 7.10 所示，L_1 和 L_2 为两条扫描线数据，分别有 m 和 n 个数据点，扫描线间的距离为 D，对于扫描线 L_2 上的一点 P_i，找出其在 L_1 上距离最短的一点 P_j，计算两点间的距离为 d_i。设定一个距离限差 d_r，若有

$$\sqrt{{d_i}^2-D^2}<d_r \tag{7.2}$$

则说明点 P_i 在 L_1 上有对应点。式(7.2)可以这样解释：根据两扫描线分别对应的激光扫描仪中心的位置，求出两扫描线间的平移量，根据平移量把 P_i 平移到 P'_i 位置，计算 P'_i 到 P_j 的距离，若这个距离小于限差 d_r，则认为 P_j 和 P'_i 是“重合”的，即 P_j 为 P_i 的对应点。落在 L_2 上且在 L_1 上有对应点的点的总数为

$$Sum2=\sum_{i=1}^{n} r_i \tag{7.3}$$

其中

$$r_i=\begin{cases}1 & (\sqrt{{d_i}^2-D^2}<d_r)\\ 0 & (\sqrt{{d_i}^2-D^2}\geqslant d_r)\end{cases} \tag{7.4}$$

同理可知，落在 L_1 上且在 L_2 上有对应点的点的总数为

$$Sum1=\sum_{j=1}^{n} r_j \tag{7.5}$$

其中

$$r_j=\begin{cases}1 & (\sqrt{{d_j}^2-D^2}<d_r)\\ 0 & (\sqrt{{d_j}^2-D^2}\geqslant d_r)\end{cases} \tag{7.6}$$

把 $Sum2$ 与 L_2 上点的总数 n 的比值叫作 L_2 对 L_1 的相似度，即

$$S_{1\to 2}=Sum2/n \tag{7.7}$$

类似地，可以得到 L_1 对 L_2 的相似度

$$S_{2\to 1}=Sum1/m \tag{7.8}$$

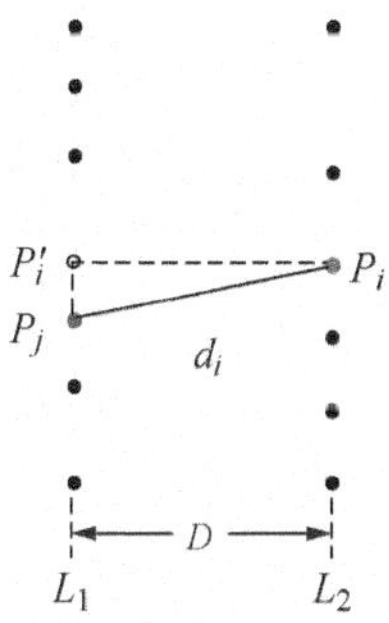

图 7.10　相似度定义示意

这两个值可能不同。若仅对竖直方向(例如建筑物立面)的点进行相似度计算，则称为竖直相似度；若仅对水平方向

(地面)的点进行相似度计算,则称为水平相似度。

7.4.3 建筑物立面空洞的填补

由于遮挡和玻璃透射等原因,从激光点云数据中提取的目标物部分区域存在空洞,需要采取一定的措施弥补缺失的信息。空洞填补一直是激光扫描领域的一个研究重点,先后出现了不少空洞填补算法:Toby等(2005)综合全局表面特征,推导出数据缺失区域非参数的结构和特征信息,取得了很好的空洞填补效果,但由于采用全局搜索匹配算法,在比萨斜塔1.3万数据点的基础上完成7千空洞数据点的填补就花费了13个小时,这对于大场景的快速重建在时间上是无法接受的;Tekumalla等(2004)先对点云数据构建三角网,然后采用最小移动二乘投影法从空洞边缘逐渐向内插入数据完成空洞填补;Wang等(2003)对点云数据采用最小移动二乘法,利用空洞周围一定范围内的点云信息,对光滑表面进行空洞填补,同时,还开发了一套系统,利用空间对称性进行空洞填补;王华建等(2004)采用统计模型方法,提取已经获得的表面模型特征,计算各个被测的特征值,建立马尔可夫统计模型,描述整个表面的数学特征,进而利用最大似然概率预测缺失数据,完成清华大学主楼三维激光扫描数据空洞填补;陈志杨等(2005)通过引入平均误差及平均误差曲率影响因子,自动计算出补测空洞的影响区域,进而利用影响区域的数据构造连续曲面并计算出空洞内的数据点完成空洞填补;刘文洁(2005)首先利用有向距离场对三维模型的漏洞进行空间插值,然后对插入点和漏洞边缘点进行局部的三角剖分,对曲率变化平滑的模型空洞能实现有效的空洞填补;张爱武等(2005b)使用B样条曲线拟合的方法对三维激光扫描仪获取的建筑物表面空洞进行填补;Früeh(2005)用先进行水平方向线性插值,然后进行竖直方向线性插值的方法对车载激光扫描空洞进行填补。

综合以上空洞填补算法,基于全局的空洞填补算法对恢复空洞区域的局部几何特征有比较好的效果,但往往花费较长的计算时间,对于大范围场景的快速重建有一定局限性;基于局部的空洞填补算法往往强调空洞与边缘的平滑过渡,而忽略被遮挡区域本来的局部特征,对于建筑物表面而言,当区域比较大的空洞被填补后,这个区域近似于平面,与周围表面结构可能会出现不协调的现象。本书根据建筑物立面结构特征及其在车载激光扫描数据表达中的特点,提出线性插值与基于相似性赋值相结合的方法进行空洞的快速填补,力图恢复空洞区域的本来面目。

1. 小空洞填补

在扫描线方向上,如果空洞的上、下两个边缘点空间距离比较近,并且这两个边缘点接近于水平或垂直,则用竖直线性插值填补缺失的数据。

2. 基于相似度赋值

设定两个阈值 r_1 和 r_2，其中 $r_1 < r_2$，例如可以设置为 $r_1 = 0.5$、$r_2 = 0.8$。对于两条邻近扫描线数据 L_i 和 L_{i+1}，其相似度（水平相似度或者垂直相似度）分别为 R_1 和 R_2，当两相似度符合下列两个条件时，才可以进行相似度赋值：①R_1 和 R_2 都必须大于 r_1；②R_1 和 R_2 中至少有一个大于 r_2。上述两个条件是为了保证两条扫描线有比较高的相似度，同时又照顾到由于遮挡造成的相似度下降。赋值步骤如下：

(1) 根据两扫描线对应的扫描仪中心位置计算两扫描线间的位置平移量 Δx、Δy、Δz。

(2) 对于扫描线 L_i 上没有数据的位置 P_{ij}，若在 L_{i+1} 上的对应位置有数据 $P_{(i+1)j}$，则把 $P_{(i+1)j}$ 的坐标减去平移量后赋值给 P_{ij}，作为 P_{ij} 的数据。

(3) 完成两扫描线上所有空洞区域数据点的赋值。

需要说明，根据相似度进行赋值时，被赋予新值的数据点并不立即参与和下一条扫描线间的相似度赋值运算，只有完成所有扫描线操作后才允许参与下一轮的计算，原因是把赋值操作限制在相邻扫描线间避免向下传播。当重复两到三遍相似性赋值后，大部分的空洞区域被填补，建筑物立面整体结构框架被搭建，只留下个别狭长的条带空洞，原因是这些扫描线上的数据点比较少，其相邻扫描线对该扫描线的相似度达不到设定的阈值。

3. 狭长空洞填补

狭长空洞都是沿扫描线方向，一般占据一到两列相邻扫描线位置，这些扫描线上数据量很少，其两边扫描线都有相对完整的数据。对这类空洞有两种处理方法：①如空洞两侧扫描线距离也比较近，并且有较高的相似度，则删除空洞所在扫描线上的所有数据，这些扫描线不再参与后面的计算；②采用横向线性插值填补空洞。

4. 地面与建筑物交界处的空洞填补

有些空洞既包含地面部分，又包含建筑物立面部分。这部分的空洞有以下特点：在扫描线方向上，空洞的上边界点落在建筑物立面上，高出地面一定距离，下边界点落在地面上，但和上边界点有一定的水平距离。依据上述特点可以判断出这类空洞，然而采用简单的线性插值法并不能得到理想的效果，需要先找出地面和建筑物立面的“交点”，要找出确切的“交点”比较困难，所以用上边界点的 x、y 坐标和下边界点的 z 坐标构建一个新点 $P(x, y, z)$，把该点视为“交点”，然后分别与上、下边界点进行线性插值。

5. 空洞填补步骤

当完成背景信息的滤除后就需要进行空洞的填补。由于地面和建筑物立面没有严格的界限，在一条扫描线上同时包含地面信息和建筑物立面信息，有些空洞同时覆盖地面和建筑物立面，因此把两者放在一起进行空洞的填补。地面地形相对简单，一般的线性插值就能满足需要，建筑物立面结构复杂，空洞填补的目的是要突出其局部几何特征，根据相似性赋值时为了避免地面上数据对相似度的影响，只根据垂直相似度进行建筑物立面空洞的填补。空洞填补过程如下：

(1)以扫描线为单位，进行小空洞的填补。

(2)对建筑物立面进行2～3次相似性赋值运算。

(3)对地面空洞进行线性插值。

(4)对包含地面与建筑物立面的空洞进行处理。

(5)处理狭长空洞。

7.4.4 数据简化

数据的简化是针对完成空洞填补后的地面数据和建筑物立面数据的，以扫描线为单位进行数据的简化。地面通常比较平坦，一般情况下，可以取较大的重采样间隔，设定高程的变化阈值来控制重采样间隔；建筑物立面则需要根据水平距离变化、垂直距离变化依据当前目标点到前两点连线的距离来决定数据点的去留。

7.5 城市表面模型构建

从城市点云图像中提取出地物信息后，需要采取一定的规则把这些面状的地物表达出来，因为面状地物(地面和建筑物立面)是城市表面模型的基础。对建筑物表面进行信息提取与重采样后，常用TIN的形式来表达其表面模型(zhao et al，2003b；Früeh et al，2005；李必军 等，2003)。张爱武等(2005b)根据自适应采样法获得采样点，然后构建四边形格网，最后剖分为三角形表面格网模型。

街道场景中的地面信息和建筑物立面信息没有严格的边界，很难用自动的方法将其准确分离开，采用交互方法会耗费较多的人工操作，而且也是没有分离必要的，因此没有把建筑物立面信息和地面信息分开，而是放在一起构建表面模型，仍然采用第5章中提出的表面模型构建算法。

7.6 试验分析

选取一段长度为81 m的街道场景进行试验研究，如图7.11所示，图7.11(a)为原始点云图像侧视图，可以看出：在建筑物的前面存在大量的遮挡物；建筑物后面由于透射等原因存在大量的空间散乱点；建筑物立面由于有一定的几何结构特征，并不是一个完全的平面，而是有一定“厚度”的平面；由于建筑物的底部是商业性质的门面房，相对于上部的立面向外凸出，在点云图像上，造成了建筑物立面的不连续性。上述情况在我国城市的街道环境中很普遍，要提取出需要的信息，首先需要把建筑物立面信息和背景信息分离开。采用直方图法就存在一定的局限性，笔者开发的裁剪工具能较好地适应上述情况，经过图 7.11(b)、图 7.11(c)和图 7.11(d)三个裁剪操作后，得到效果如图 7.11(e)所示，可以看出，大量的空间散乱点信息被移除，建筑物立面被完整地保留下来。经过上述处理后，在建筑物立面信息中可能有极少数残存的噪声点，由于它们贴近建筑物立面，对最终的效果影响很小，并且由于建筑物立面的复杂性，采用自动方法滤除这些噪声点非常困难，且可能把有用的信息滤除，因此并没有做进一步的处理。接下来需要找到建筑物立面信息和地面信息的分界线，如图 7.11(e)中的折线即为两者的分界线，经过地面地形信息的提取操作，便得到了如图 7.11(f)和如图 7.11(g)的效果，可以看出：背景信息被滤除，但地面和建筑物立面上留下大量的空洞。

(a) 原始点云图像侧视图

(b) 第一次背景移除

(c) 第二次背景移除

(d) 第三次背景移除

(e) 地面与建筑物立面分割线

(f) 背景滤除后侧视图

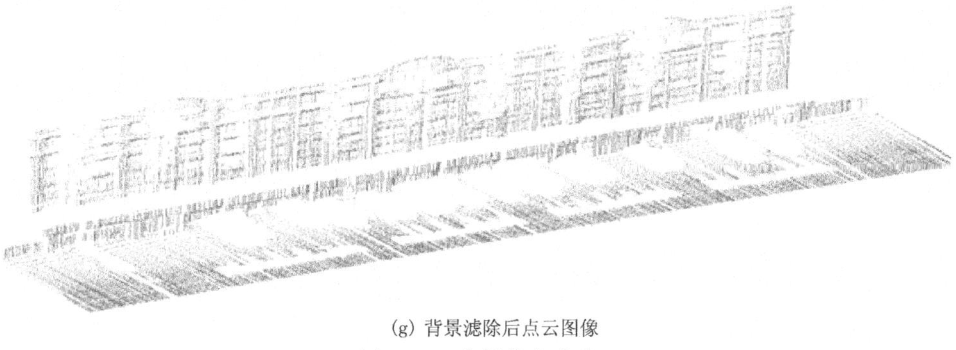

(g) 背景滤除后点云图像

图 7.11　背景信息滤除

采用 7.4 节所讲的空洞填补方法完成空洞的填补并进行数据的重采样后得到效果如图 7.12 所示，可以看出，空洞被完整填补，局部细节特征得到很好的保留。

图 7.12 空洞填补并重采样后点云图像

对重采样的点云图像，采用本书提出的表面模型构建方法进行建模，效果如图 7.13所示，图 7.13(a)为表面格网模型，图 7.13(b)为局部放大图，可以看出，建筑物立面的局部几何特征得到了很好的表达。

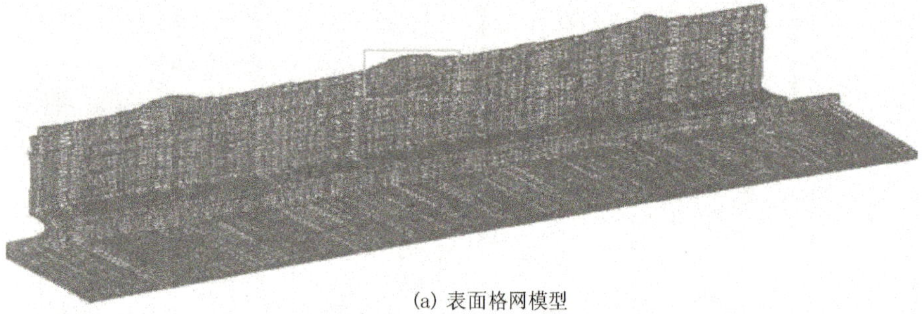

(a) 表面格网模型

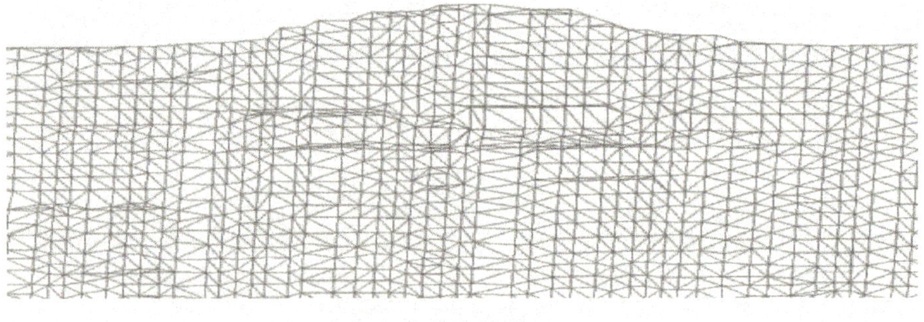

(b) 局部放大图像

图 7.13 城市表面模型构建

上述操作过程并没有进行基础设施信息的提取，只进行了三次背景分离的裁剪面操作和一次区分建筑物立面和地面信息的交互操作，其他如空洞的填补、数据的重采样以及表面模型的建模按照设定的参数可以一次性完成。因此，在熟练操作的情况下，上述的所有操作可以在半分钟内轻松完成。

7.7 本章小结

采用车载激光扫描方式对城市街道场景进行信息提取，主要是为了发挥车载激光扫描系统数据采集速度快、精度高、成本低的优点，弥补航空方式对建筑物立面信息获取存在的缺陷，密集的采样点突出了建筑物立面的几何细节特征，并且对城市中大量的独立公共设施信息的获取也存在一定的优势，因此适合于城市街道的数据采集与场景重建。从激光点云图像中提取的街道场景信息，虽然能很好地表达建筑物立面的局部细节特征，但只是对朝向街道的一个立面信息的表达，对建筑物其他立面以及顶部都不能获取有效信息，对地面地形信息的提取也局限于街道场景中。因此，仅采用车载激光扫描方式不能单独完成数字城市的重建，只有与其他信息采集方式一起相互补充、扬长避短，才能共同构建数字城市和虚拟城市。多源数据相互融合，是构建数字城市、虚拟城市的有效途径：从机载激光扫描图像中提取出建筑物的顶部信息和建筑物的“火柴盒”模型；从航空摄影测量或高分辨率遥感图像中获取建筑物顶部与地面的纹理信息；把建筑物的“火柴盒”模型与二维 GIS 数据库进行融合，确定各模型的空间位置及相互关系；把从车载激光扫描点云图像中提取的建筑物立面信息和地面地形信息嵌套进去，公共设施如树、路灯、绿化带等用标准的数据模型嵌入场景中；从地面获取 CCD 影像作为建筑物的立面纹理信息。这样，就完整构建了不同细节层次的数字城市、虚拟城市。

第 8 章　车载 LiDAR 点云中建筑物精细三维重建研究

8.1 引　言

建筑物是车载 LiDAR 技术应用的主要对象之一，建筑物三维建模一直是车载 LiDAR 领域研究的重要内容，由于车载激光扫描技术的特点，在获取建筑物点云数据时，不可避免会存在遮挡等问题，并且车载 LiDAR 无法获取建筑物顶部数据。从散乱车载 LiDAR 点云中探测建筑物，并自动构建精细三维模型一直是广大科研工作者的努力方向。在本章中，借助基础地理数据、机载 LiDAR 数据的支持，从多个方面研究车载 LiDAR 点云中建筑物精细建模的理论和方法。

8.2 车载 LiDAR 点云中建筑物立面自动分割

城市街道三维空间信息获取是当前车载 LiDAR 应用最广泛的领域，是数字城市建设快速高效的数据来源，其中建筑物立面数据分割是车载 LiDAR 点云数据应用的前提和基础，成为车载激光扫描领域研究的热点。在车载 LiDAR 前期的研究中，常以扫描线的方式进行建筑物立面分割，把扫描线作为基本数据处理单位，通过直方图、Z 图像、特征模型等方式实现建筑物立面的分割（Früeh et al，2005；Zhao et al，2003b；王健 等，2003），扫描线方式能简化数据处理的复杂度，提高数据处理效率，但不同车载 LiDAR 系统获取数据方式不同，并非所有车载 LiDAR数据都适合扫描线方式，使得该方式受到较大限制。把车载 LiDAR 点云看作空间散乱点，将点云投影到规则格网上，基于投影点密度的建筑物立面分割方法则不需考虑车载 LiDAR 系统的数据获取方式（史文中 等，2005；谭贲 等，2012；杨必胜 等，2010；吴芬芳 等，2007），使算法有一定的普适性，但是由于车载 LiDAR 点云密度差异很大，格网大小及相关参数很难把握，分割精度和效率有待进一步提高。开发激光点云背景裁剪工具，能半自动地分离出建筑物数据，这种方法直观、简单、准确性高，但处理大场景点云数据时，执行效率还有待提高（李永强 等，2008）。随着车载 LiDAR 数据处理的深入和扩展，一些算法模型被引入到建筑物立面分割中，如 RANSAC 算法、主成分分析法、Hough 变换理论、区域增长法、数学形态学、马尔可夫模型、距离加权理论等（李娜 等，2011；李婷 等，2012；Hernandez et al，2009；Carlberg，2009；Shen et al，2010；Triebel et al，2006；魏征 等，

2012)，这些理论模型的引入在一定程度上丰富了车载 LiDAR 数据处理的方法和手段，为车载 LiDAR 点云中建筑物立面分割给出多种解决途径，但在解决大范围城区点云数据时，单一的算法模型很难满足复杂多样的建筑物立面信息提取，算法模型仍需进一步的探索和研究。

车载 LiDAR 系统在动态行驶过程中快速获取道路两侧地物的空间三维点云信息，采集的数据包含地面、植被、行人、车辆、公共设施、建筑物立面点等其所有能探测的地物。尽管不同地物表现出不同的空间几何特征，但要把混杂在一起的各类地物准确地分离开来，还面临着诸多困难，分割的效率和准确度很难保证。当前，大多数城市都有相对完善的基础地理数据，其中线划图(如地籍图)信息量丰富、容易获取、成本低廉，具有很高的精度和可信度，以其作为辅助信息，可以有效地将建筑物立面点云分割出来。基本原理为：首先对基础地理数据进行要素精简，提取有效的建筑物轮廓信息；然后将基础地理数据转换到车载 LiDAR 点云数据所在坐标系中，实现坐标基准的统一；再根据建筑物立面特征设置合理的轮廓缓冲阈值，对建筑物立面点云进行自动分割；最后采用合理的质量评价机制，对分割结果进行检核和评价，实现分割结果的质量控制。操作流程如图 8.1 所示，算法主要包括四个步骤。

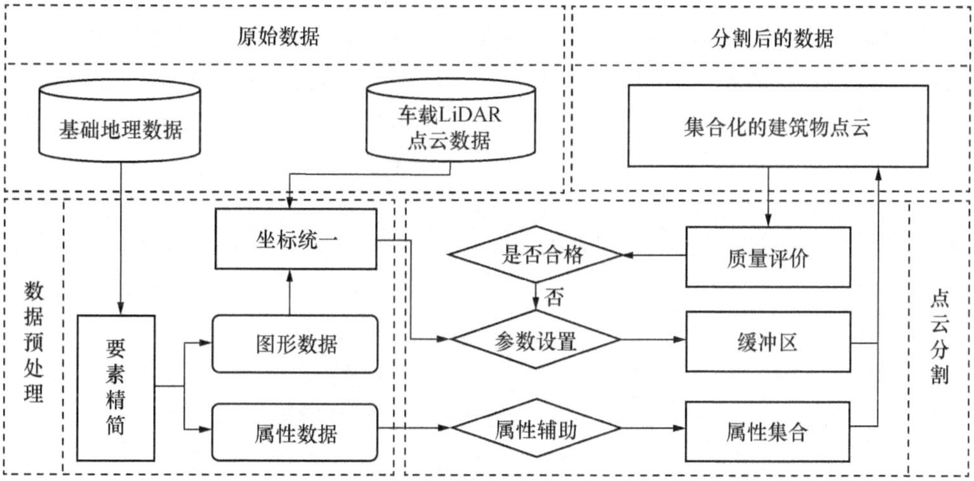

图 8.1　基础地理数据辅助车载 LiDAR 点云自动分割流程

8.2.1　数据预处理

在获取城市基础地理数据后，需要对基础地理数据进行预处理，重点解决以下几个问题：①分离出建筑物数据。在基础地理信息数据中，除建筑物信息外，还包含很多其他属性的信息，如道路、水体、植被等，需要将属性为建筑物的信息分离出来。②绑定图形与属性信息。城市地籍数据如 CAD 图，其中的标注信息和图形信息是不关联的，需要通过一定的组织形式将属性数据与图形数据进行绑定。③提取出建筑物轮廓线。在建筑物数据中，往往包含建筑物内部细节信息，如屋顶布局、楼道、房檐等，还需要进一步的精简操作，将建筑物外轮廓线提取出来。④统一坐标系统。基础地理数据的坐标系统与车载 LiDAR 点云所使用的坐标系统存在差异，需要对其进行坐标变换，将基础地理数据转换到车载 LiDAR 点云数据所在坐标系中，实现坐标基准的统一。通过以上数据预处理操作，便得到了包含属性和空间信息的建筑物外轮廓线数据。

8.2.2　设置缓冲区

车载 LiDAR 点云具有以下特点：车载 LiDAR 系统获取的数据点在空间上是相对独立分布的离散点，没有拓扑结构关系；与机载 LiDAR 点云相比，车载 LiDAR获取地物单位面积上的点云密度相对较大；在车载 LiDAR 点云中，建筑物立面多为垂直的并沿着街道走向分布，建筑物立面在总体上表现为平面特征，但局部有门窗凹进，建筑物立面有一定的“厚度”。由于建筑物立面的凸凹、基础地理数据误差以及车载 LiDAR 测量误差，建筑物外轮廓线与点云中的建筑物立面并不完全重合，需要设置一定宽度的缓冲区来分割出建筑物立面数据。缓冲区半径的设置对分割结果有很大的影响，设置过大则会包含过多的噪声，过小则会把必要的细节特征排除在外。理想的缓冲区应该将建筑物立面凸凹特征完整包含进来，既最大限度地保存建筑物立面特征，又使包含最少的地面点、植被等噪声点数量最少。缓冲半径的设置有两种设置方式：经验设置和自动优化设置。经验设置是根据建筑物的总体风格特征，人工给出缓冲半径值，一般情况下以 0.8～1.2 m 为宜，由于建筑物立面的结构特征主要表现在墙面的外侧，在设置缓冲区半径的时候，外侧缓冲区半径可以比内侧稍微大一些。自动迭代设置则是先给出一个稍大的初始缓冲半径，通过迭代分析，逐步改变缓冲半径值，最终达到理想的分割结果，具体见 8.2.4 小节中质量控制部分。图 8.2为缓冲区设置示意，图中粗实线为建筑物基础数据，A、B、C、D 分别为建筑物的四个角点，把建筑物分为四个不同的立面，每条线段在内外侧设置一定半径的缓冲区，四个立面的缓冲区相互不重叠。

图 8.2　缓冲区设置示意

8.2.3　自动分割

对大规模城区车载 LiDAR 点云进行处理时，需要先进行分区操作，将整个城区分为若干子区域，每个子区域中点云和建筑物外轮廓数据相对应，然后分别对每个子区域中的点云进行分割。每栋建筑物根据其外轮廓线，可分为若干个立面，每个立面有自己对应的缓冲区，成为独立的单元。自动分割时，将点云进行平面投影，与各建筑物立面缓冲区进行叠置分析，将落在各建筑物立面缓冲区内的点云自动分割出来，并根据叠置分析要素的名称属性，将分割出来的建筑物立面点云以集合的管理方式存储，便于后期点云操作。

8.2.4　质量控制

质量控制包括两个方面的内容：筛选和优化。筛选是剔除数据量过少的点集，保留数量满足一定要求且能用于建筑物立面建模的点集；优化是对保留的各点集缓冲区半径进行重新调整，得到最佳分割效果。

受多种因素制约，车载 LiDAR 系统在城市街道中采集数据时，只能获得部分建筑物立面数据，而对一栋建筑物而言，也不一定能获得所有立面的数据，有些立面没有数据，或者仅有少量数据，不能满足立面重建需要。在 8.2.3 小节中，建筑物立面分割是以立面为单位进行的，每个立面分割出一个点集，需要把不能满足立面建模要求的点集剔除。点集筛选采用统计方法自动进行，筛选依据为点数比率（立面缓冲区内的点数除以立面的水平长度），统计所有立面点数比率的平均值，将点数比率远小于平均值（如 20%）的点集剔除。

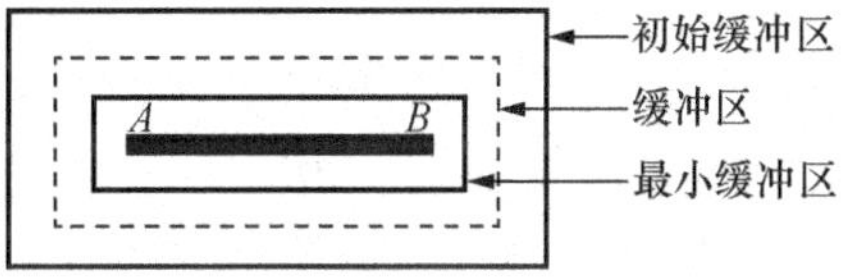

图 8.3　缓冲区半径优化示意

筛选后的点集，由于初始设置的缓冲区半径偏大，点集中包含了较多的地面点和噪声点，需要在保证建筑物立面特征的情况下，尽可能有效地去除地面点和噪声点。优化方法如下：如图 8.3 所示，对任意建筑物立面，自动分割后生成点集 P_0，其初始缓冲半径为 R_0，设置的最小缓冲区半径为 R_{min}，统计点集中的高程值，去除最低的一个小段区间内的数据（如 0～1 m），生成新的点集 P，以初始缓冲区半径为基准，在大于最小缓冲区半径 R_{min} 的情况下，逐步缩小缓冲区半径 R，用新缓冲区对点集 P 进行叠置分析，生成新的点集 P'。若点集 P' 与点集 P 的比值大于限差 Lim，说明该段建筑物立面表面结构简单，可以进一步缩小缓冲区半径，否则停止迭代，以前一次缓冲区半径为该段建筑物立面的缓冲区半径，重新对点集 P_0 进行叠置分析生成新的点集 P_0' 作为最终分割结果。

8.2.5　试验分析

以 SSW 车载 LiDAR 系统于 2010 年在河南理工大学校园内采集的数据为研究对象，利用已知基础地理数据辅助建筑物立面点云自动分割。图 8.4(a) 为原始点云图像，图 8.4(b) 为对应区域的 CAD 格式的基础地理数据，可以看出，在原始点云图像中，车载 LiDAR 系统获取了行进路线两侧地物详尽的三维点云信息，包括道路、建筑物、植被、路灯、行人、车辆等信息，在基础地理数据中同样包含多样地物信息，如建筑物、湖泊、道路、植被和标注信息。依据 8.2.1 小节中数据预处理的方法和步骤，从 CAD 地籍数据中提取出建筑物立面轮廓信息，并转换到与 LiDAR 点云一致的坐标系中，提取结果如图 8.4(c)所示，从图中可以看出，仅建筑物立面轮廓信息被保留下来，其他不相关信息均被移除。

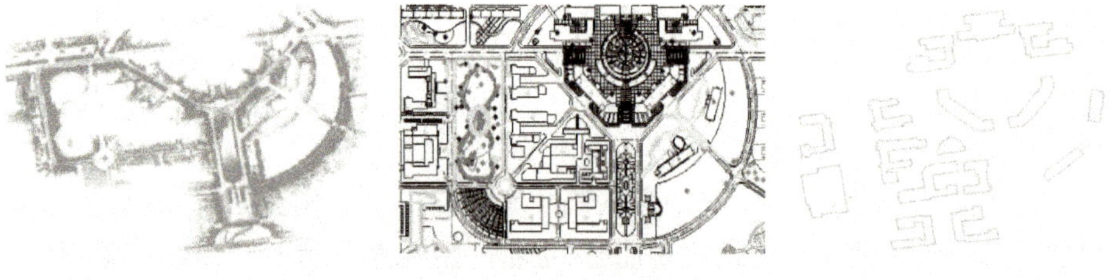

(a) 原始点云　(b) 基础地理数据　(c) 提取结果

图 8.4　试验区点云与地籍数据配准

由于试验区内建筑立面比较规整，立面表面不存在严重凸凹不平或者特殊曲面现象，阳台、窗户、建筑物台阶在建筑物立面中的突出和凹陷距离在 0.5～1.5 m，设置建筑物外轮廓线的缓冲区初始半径为 1.5 m。将车载 LiDAR 点云进行水平投影，根据建筑物轮廓线生成的缓冲区域对投影后的点云进行叠置分析，得到以建筑物为管理单元的点云集合，并对分割后的点云数据进行筛选与优化，得到各建筑物立面分割的最终数据，如图 8.5(a)所示，图 8.5(b)和图 8.5(c)分别为局部放大图。从试验点云的人工观察可知，共有 15 栋建筑物包含有点云数据，其中有 25 个立面所包含的点云可以看作有效立面点云。从分割结果看，成功分割出 24 个立面的数据，由此说明本书方法具有可行性。

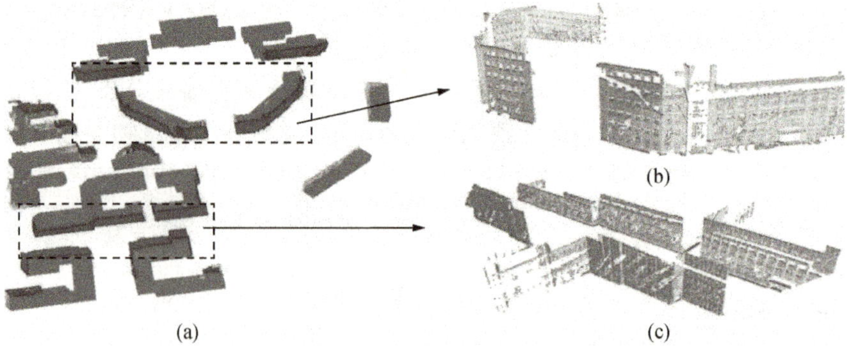

图 8.5　自动分割结果

本书以基础地理数据为辅助信息，给出了一种有效的从车载 LiDAR 点云中分割建筑物立面数据的新方法，并以试验对算法进行了验证分析。在实际操作中，作为辅助信息的基础地理数据容易获取，点云分割操作处理简便，根据缓冲分析和叠置分析实现建筑物立面自动分割，算法容易理解，便于实现，对于实际工程任务的操作有可操作性。该算法需要进行数个操作步骤，尤其是借助 GIS 分析软件实现建筑物立面轮廓线的提取，需要花费一定的操作时间，对于大规模城区场景数据处理有明显优势，但对小场景数据的处理难以体现其优势。书中选择的试验区相对较小，主要是为了验证算法的有效性。以基础地理数据为辅助信息，则对基础地理信息的时效性提出了较高要求，若地物发生了变化，基础地理数据与车载 LiDAR数据存在不对应时，则会影响自动分割的准确度，如何有效排除干扰，则是下一步需要深入研究的问题。

8.3　基于车载 LiDAR 数据的建筑物三维重建

本节基于车载激光扫描系统，介绍数据采集的过程及数据特点，采用自动和手动分割相结合的方式，先简单后复杂，根据建筑物实际特征和外界约束条件，遵循凹凸一致性原则实现原始数据的分割。采用人机交互方式，结合 AutoCAD 的建筑物底图和预处理后的点云数据建立建筑物的三维模型，最后对建立的模型进行纹理映射和渲染，得到建筑物真实的三维模型。该方法对车载激光扫描数据融合具有一定的参考价值(刘会云 等，2014)。

8.3.1　点云分割

要对建筑物进行建模，首要任务是将建筑物立面点云数据分割出来。根据应用目的及建筑物在车载 LiDAR 点云中的形态特征，将原始点云数据分为两类：建筑物和其他地物。在点云数据分割方面，研究者们已开展大量的研究工作，探索出多种点云分割，如基于边的方法、基于面的方法、基于聚类的方法、混合方法等(欧新良 等，2010；王健 等，2003；于景华 等，2009)，但在包含丰富信息量的车载 LiDAR散乱点云中将建筑物立面数据快速自动分割出来，完全采用自动方法还存在较大困难。本节中点云数据分割依据以下原则：①自动和手动分割相结合；②先简单后复杂，将具有规则特征的点云先分割出来，然后再考虑复杂点云的分割；③考虑建筑物实际结构特征和所受的一些外界约束条件；④遵循凹凸性一致原则。图 8.6 为某复杂建筑物原始点云图像和依据上述原则分割后点云图像。

8.3.2　点云滤波

分割后的点云中包含大量冗余信息，需要进行滤波处理。目前针对点云滤波的方法概括起来主要有以下几种类型：基于坡度理论的滤波方法，基于最小区域理论的滤波方法，基于面理论的滤波方法和基于点云强度数据的聚类/分割算法的滤波方法等(沈永林 等，2009)。此处不对滤波方法进行深究，而是利用现有点云数

图 8.6　建筑物立面点云分割前后对比

据处理软件对分割后的点云进行滤波处理，将墙体外的干扰点和无用点过滤，滤波后点云数据如图 8.7 所示。

8.3.3　点云简化

分割滤波后的原始点云数据密度仍旧很高，对于结构简单，表面相对平坦的目标物来说，需要对分割滤波后的点云数据进行重采样处理，在保证精度的前提下尽可能减少数据量。另外，为了在建模时方便区别建筑物特征，需要提取建筑物的轮廓线，这要求在重采样的同时保留点云边界。进行重采样之后，数据量大大减少，如图 8.8 所示。

图 8.7　点云滤波效果

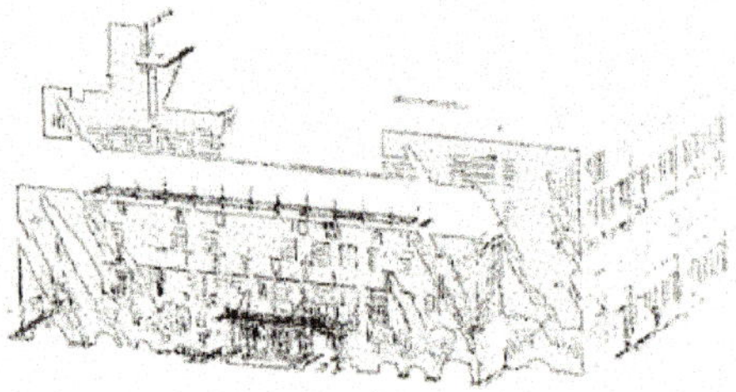

图 8.8　重采样并保留边界的点云图像

8.3.4　点云数据与 CAD 底图配准

将建筑物数字化为大量离散空间点云后，在此基础上来构造建筑物的三维模型，构造方法主要有以下几种：①三角形格网蒙片法，用来满足不规则几何体的建模需求；②使用点云匹配算法，将分割后的点云与三维模型组件库中的组件相对应，用来满足规则几何体的建模需求；③提取建筑物边界点、特征线、高度等信息，为三维建模提供精确的几何信息。采用 AutoCAD、3DS MAX、SketchUp等专业建模工具进行建模，建模过程中，综合应用多种建模工具，以满足具有多种几何形状的复杂的建筑物的建模需求。

受车载 LiDAR 系统数据获取方式及树木遮挡等因素的影响，所获取的建筑物数据通常都不完整并有部分空洞，利用三角形格网蒙片法和点云匹配算法实现建模难度大，所以选择第三种方法进行建模。建模过程如下：首先把经过预处理后的点云数据（图 8.8）与对应的 CAD 底图（图 8.9）进行配准，效果如图 8.10 所示，利用 CAD 底图提供的水平信息，可以得到建筑物的边界信息；再根据建筑物轮廓线高程将建筑物拉高，产生一个拥有大概外形的主体，根据点云的高度信息，将不同层高的楼层分别拉起；然后根据点云提供的准确位置信息，将建筑物墙体上所包含的窗户、阶梯、门窗等特征信息提取并构建出来，建立包含点云的三维模型，如图 8.11(a)所示；最后将建模软件底图和点云删除即得到了未贴纹理的三维模型，如图 8.11(b)所示。

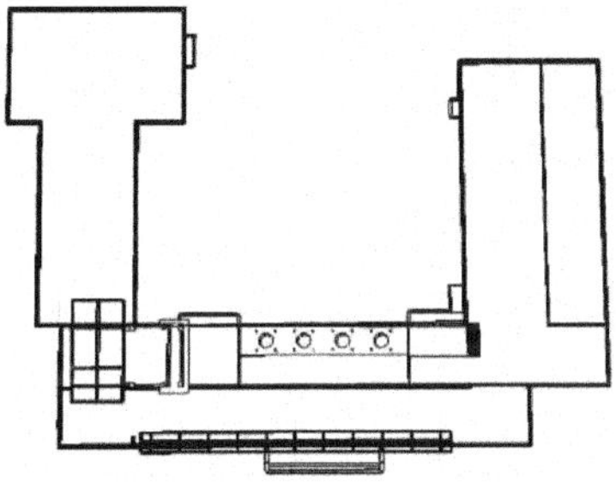

图 8.9　建筑物 CAD 底图

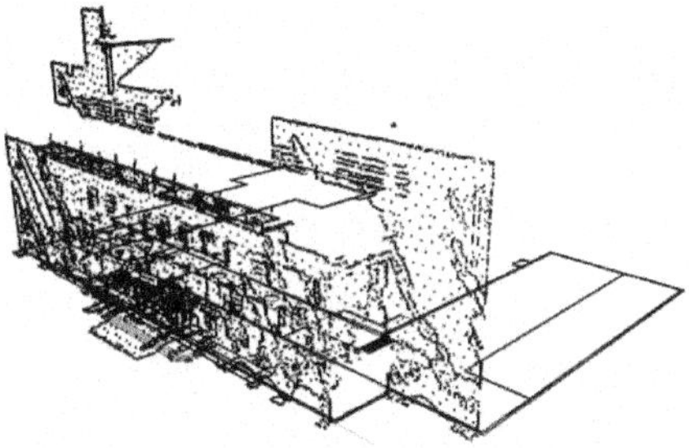

图 8.10　点云与 CAD 底图配准

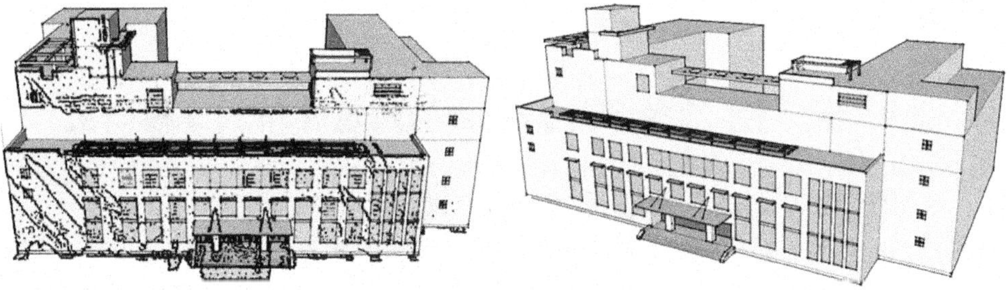

(a) 包含点云的三维模型　　(b) 未贴纹理的三维模型

图 8.11　建筑物三维模型

8.3.5　纹理映射及场景渲染

纹理映射也叫作纹理贴图，是把一幅图像贴到三维物体的表面上，来增强真实感。渲染可以使三维对象的表面显示出明暗色彩和光彩效果，从而形成逼真的图像，光源的设置会直接影响渲染的效果，可以调整明暗效果，进一步突出建筑物各部分之间的空间关系，加强渲染图的表现力。对建成的三维模型进行纹理映射和渲染，如图 8.12 所示。

(a) 正视图

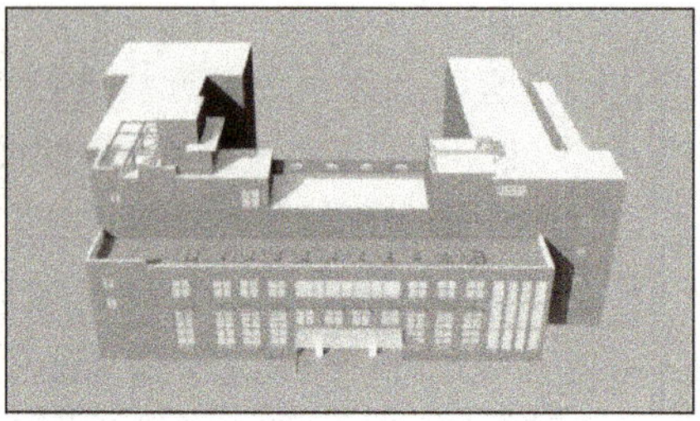

(b) 俯视图

图 8.12 渲染后的三维模型

8.3.6 试验分析

车载激光扫描系统数据采集代替传统的数据采集方法，可以将大量的外业工作转化为内业工作，大大降低了劳动强度，减少作业成本，提高了工作效率。所采用的点云分割和处理方法成功地完成对城市大场景点云数据的分割处理，滤除噪声点，实现了对研究区范围内的建筑物快速分割和滤波。结合建筑物底图数据和分割后数据，构建建筑物准确三维模型，对三维模型进行纹理映射并渲染，得到与真实环境相近的场景。然而该方法的缺点是其局限于少量建筑物的建模，对于复杂场景中建筑物的分割、建模，该方法还有一定的局限性。扩大研究范围，提高数据处理速度、效率、精度，增强纹理渲染的真实性，是今后需要进一步探讨的工作。

8.4 基于空-地多源数据融合的建筑物精细建模研究

建筑物精细建模是数字城市和智慧城市建设的重要地理空间信息源，同时对建筑物空间信息获取、建模效率及模型精度提出了更高要求(张超 等，2012；舒琪，2012)。机载 LiDAR(含航空影像)和车载 LiDAR 技术成为满足上述需求的两种有力技术手段，不但数据获取速度快、精度高、信息量丰富，而且能直接从三维空间点云中提取建筑物特征信息，适合城市规模的自动化批处理需求。机载 LiDAR 系统从空中获取建筑物顶部点云和影像信息，准确反映建筑物顶部结构特征，但对建筑物立面信息获取能力有限；车载 LiDAR 系统精确获取建筑物立面点云数据，准确表达建筑物立面结构特征，但很难得到建筑物顶部信息。空-地多源数据的联合将会取长补短，发挥各自优势，数据融合是一种必然趋势。当前大场景建筑物进行三维建模时，仍然集中在依赖单一数据源(吴秀芸，2011；沈蔚 等，2011；李峰 等，2013；杨必胜 等，2013)，多源数据融合也开展了一系列的研究工作：童礼毕等(2013)

以建筑轮廓为配准基元，在实现车载 LiDAR 点云中建筑轮廓提取的基础上，采用配准关系修正方法实现了车载-航空 LiDAR 数据的精确配准。张志超(2010)融合机载 LiDAR 数据中提取的屋顶高度以及轮廓线信息对建筑物缺失的立面进行推理，并结合地面 LiDAR 数据提取出较精细立面对建筑物轮廓线进行精化。吴海若等(2013)利用车载扫描获取的布法罗一个街区的激光点云数据，结合相应的航空影像数据，对该街区进行了三维建模，并将模型上传到谷歌地球的三维模型库，来检测模型精度。Rutzinger等(2009)结合机载和车载 LiDAR 点云数据，通过区域增长的方法共同提取建筑物立面边界，但是并没有对建筑物进行三维重建。

以空-地 LiDAR 数据为主体进行建筑物三维建模时，面临两个主要问题：①点云密度和精度不同。一般情况下，机载 LiDAR 点云点间距和点位精度均为分米级，车载 LiDAR 点云点间距和点位精度均为厘米级。②点云表达对象形态结构不同。机载 LiDAR 以顶部边缘为轮廓构建建筑物模型，车载 LiDAR 以建筑物立面为轮廓构建建筑物模型，大多数建筑物都有檐廊、阳台及层次设计，两者所构建的模型存在差异。本书主要针对上述问题，研究探讨联合建模的精度问题，并给出合理的解决方案。

8.4.1　试验方案

试验数据为芬兰首都赫尔辛基部分城区同一区域建筑物群的机载 LiDAR、车载 LiDAR 及航空影像数据。该试验区地处赫尔辛基新城区核心位置，面积约为 50 万平方米，地形平坦，建筑物密度较大，建筑物屋顶主要有平顶、人字形屋顶，以及少数复杂组合屋顶，多以建筑群方式汇聚展现。试验区机载 LiDAR 数据使用 RIEGL LMS-Q560 型机载激光扫描仪获取，点云密度约为 20 个/平方米，车载 LiDAR数据使用 StreetMapper 系统获取，点云密度约为 400 个/平方米，航空影像像素分辨率约为 5 cm，各数据都经过了前期数据处理(包括影像纠正、坐标转换、数据配准等)，严格统一在同一坐标系下，三者均有覆盖的建筑物约 20 幢。图 8.13为试验区各类数据，分别为机载 LiDAR 数据、车载 LiDAR 数据、航空影像数据和空-地 LiDAR 配准数据。

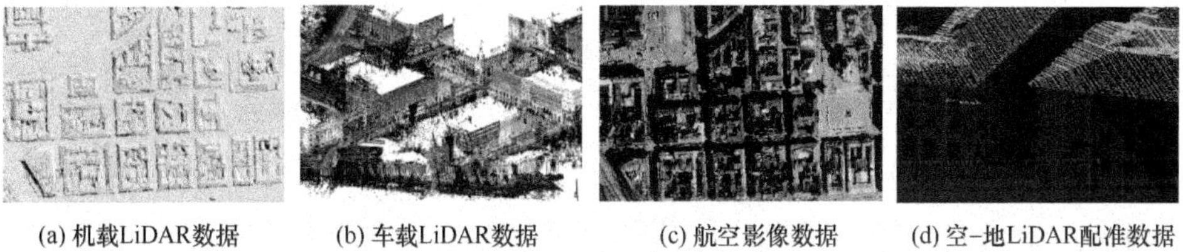

(a) 机载LiDAR数据　(b) 车载LiDAR数据　(c) 航空影像数据　(d) 空-地LiDAR配准数据

图 8.13　试验区数据

试验所用数据均具有较高的精度，且经过了严格的前期处理，因此本书研究忽略前期数据处理工作，重点探讨基于多源数据融合的建筑物模型精度问题。试验方案如下：先基于机载 LiDAR、车载 LiDAR 及航空影像数据，分别提取出建筑物顶面与地面矢量轮廓线；再将三种矢量轮廓线两两融合比较，以轮廓线间垂直距离作为衡量矢量图之间融合效果的指标，构建直方图进行拟合分析与误差评定；最后根据分析结果，给出基于空-地多源数据融合的建筑物精细建模的基本原则和方法。

8.4.2　矢量轮廓线提取

本书研究的重点是探讨多源数据融合进行建筑物建模的精度，为了更精确地提取建筑物矢量轮廓线，研究中未采用自动提取算法得到建筑物矢量轮廓线，而是通过 TerraSolid 软件的绘图工具，由熟练操作人员交互完成。根据不同数据自身的特点，分别进行建筑物轮廓线的提取。航空影像为高清正射影像，精确选取建筑物顶部边缘特征点，连接成规则矢量轮廓线，如图 8.14(a)所示。机载 LiDAR 获取的是建筑物顶部点云，有较大的点云密度，参照对应的航空影像，精确选择建筑物顶部边缘点，连接成规则矢量轮廓线，如图 8.14(b)所示。车载 LiDAR 获取的是建筑物立面点云数据，根据建筑物立面垂直于水平面的特点，对车载 LiDAR 点云进行水平投影，从顶视图窗口点云图像中可以看出，立面点云在水平面上的叠加会明确地反映出建筑物底面轮廓的线性特征，密度大的线性点云即为建筑物底面轮廓线，利用精确绘图工具绘制出矢量轮廓线，如图 8.14(c)所示。

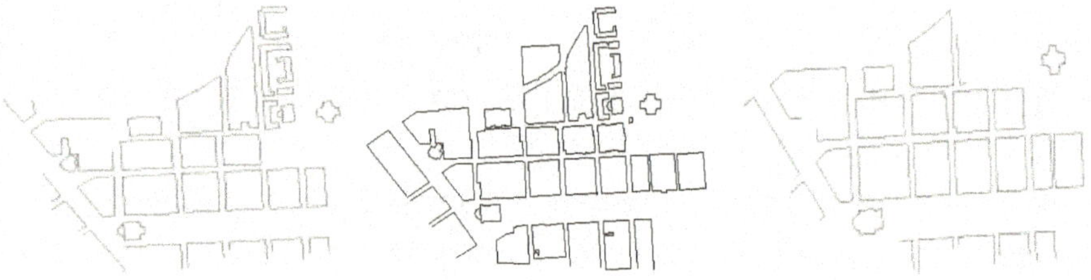

(a) 航空影像矢量轮廓线　　(b) 机载LiDAR矢量轮廓线　　(c) 车载LiDAR矢量轮廓线

图 8.14　建筑物矢量轮廓线

从矢量图可以直观看出：车载 LiDAR 系统由于受数据获取方式的限制，得到的部分建筑物立面数据不完整，所生成的建筑物矢量轮廓线未闭合，显示结果较为简单；机载 LiDAR 能得到较完整的建筑物顶部点云，所生成的矢量轮廓线较车载信息量更完整；基于高清航空影像数据生成的矢量图更能清楚地反映出建筑物顶部内轮廓的具体形态细节。

8.4.3　精度分析

因建筑物顶部檐廊及层次设计的需要，顶面与底面矢量轮廓线在尺寸和形状上并不完全相同，顶面矢量轮廓线相对复杂，底面矢量轮廓线相对简单，底面矢量轮廓线各边均贴切地包含于顶面矢量轮廓线内。图 8.15 为某建筑物顶面与底面矢量轮廓线比较，图 8.15(a)到图 8.15(c)分别为顶/底矢量轮廓图、局部放大图、对应建筑物影像图，可以看出，建筑物顶部轮廓线在整体上大于底部轮廓线，两者基本上保持平行关系，其间隔可以认为是屋檐宽度。

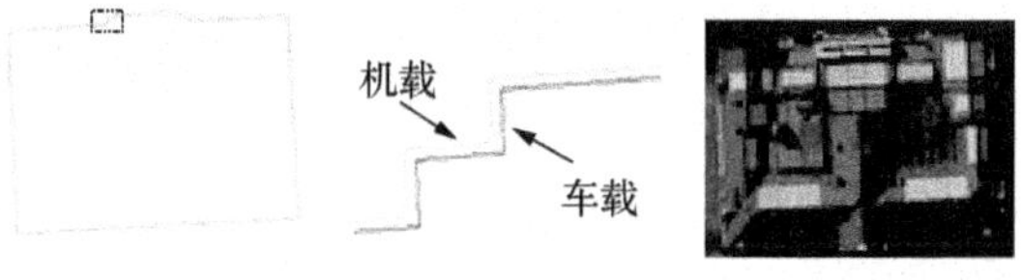

(a) 顶/底矢量轮廓线　(b) 局部放大图　(c) 对应建筑物影像

图 8.15　建筑物顶/底矢量轮廓线对比

试验区建筑物多以建筑物群的形态显现，边长及面积相对较大，车载 LiDAR 系统受数据获取方式的限制，无法得到建筑物内侧立面点云数据，另外航空影像为正射高清影像，没有高程信息，因此在本试验研究中，只对三类数据源共有的建筑物外轮廓进行数据融合和精度分析，并在忽略三者高程差异的基础上，重点分析讨论建筑物模型的平面精度。试验选择 18 幢数据相对完好的建筑物为研究对象，分别将机载 LiDAR、车载 LiDAR、航空正射影像所得矢量轮廓线进行叠置，统计三类矢量轮廓线中的 188 条线段间的平均距离，轮廓线间最小距离为 0.03 m，最大距离为 0.87 m。以 0.1 m 为组距，矢量轮廓线间平均距离的分布直方图如图 8.16 所示。

图 8.16(a)为航空影像/机载 LiDAR 建筑物外轮廓线间平均距离统计直方图，直方图分布呈递减的规律，其中距离在 0.3 m 以内占到了 65%。图 8.16(b)为机载/车载 LiDAR 建筑物外轮廓线间平均距离统计直方图，直方图基本呈正态分布规律，以 0.4～0.5 m 为峰值。图 8.16(c)为航空影像/车载 LiDAR 建筑物外轮廓线间平均距离统计直方图，分布特征与图 8.16(b)类似，基本符合正态分布特征，也以 0.4～0.5 m 为峰值。上述统计结果分析如下：

(1)航空影像/机载 LiDAR 所得到的是建筑物顶部外轮廓线，理论上两者应该重合，但由于数据配准、数据自身精度及人工提取误差等因素影响，两者存在一定差异，但大部分间距都在 0.3 m 以内，而超过 0.7 m 的间距仅为 2%，可以认为试验所用数据有较高的精度。

(2)机载/车载 LiDAR 所提取建筑物外轮廓线间距在 0.2～0.7 m 的比例为 68%，以 0.4～0.5 m 为峰值。除数据配准、数据自身精度及人工提取误差等因素外，两者轮廓线存在间距主要因为两者提取的对象不同，机载 LiDAR 提取的是建筑物顶部外轮廓线，车载 LiDAR 提取的是建筑物立面外轮廓线，建筑物顶部檐廊及层次设计是造成两者差异较大的主要因素，由图 8.15(b)可以看出，建筑物顶部外轮廓和立面存在一定差异。不同建筑物檐廊宽度不同，同一建筑物不同部位檐廊宽度也可能存在差异，因此机载/车载 LiDAR 建筑物外轮廓线间隔分布有一定

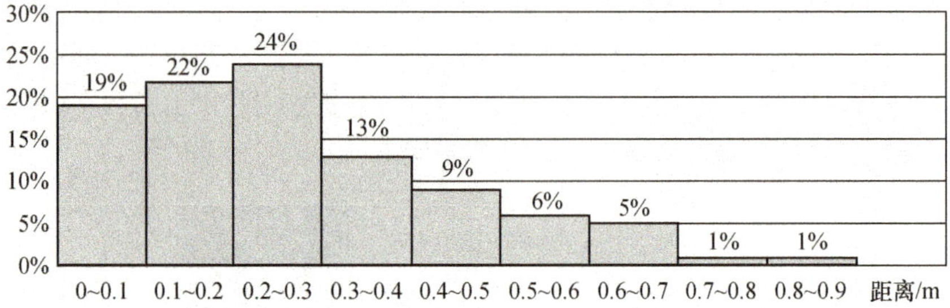

(a)航空影像/机载LiDAR建筑物外轮廓线间平均距离统计

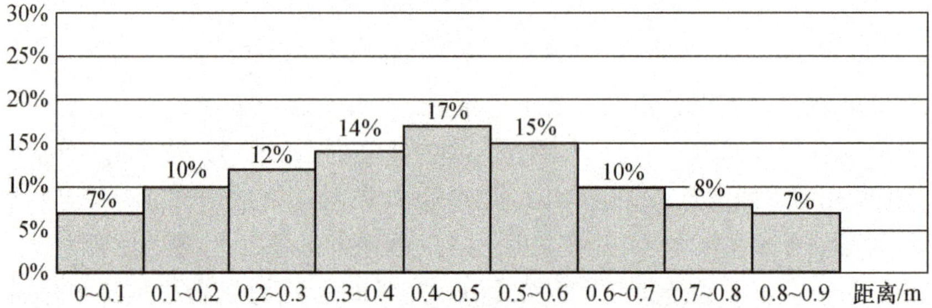

(b)机载/车载LiDAR建筑物外轮廓线间平均距离统计

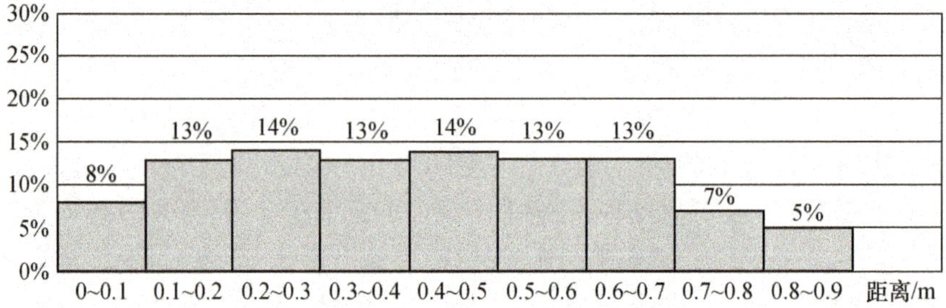

(c)航空影像/车载LiDAR建筑物外轮廓线间平均距离统计

图 8.16 建筑物外轮廓线间平均距离统计

的区间分布。

(3)航空影像/车载 LiDAR 所提取建筑物外轮廓线间隔在 0.2～0.7 m 的比例为 67%，以 0.4～0.5 m 为峰值，与机载/车载 LiDAR 建筑物外轮廓线间隔统计一致，这进一步佐证了建筑物檐廊是造成顶/底轮廓线不一致的主要原因。

从定量角度看，航空影像/机载 LiDAR、机载/车载 LiDAR、影像/车载 LiDAR 对应矢量轮廓线平均距离分别为 0.20 m、0.46 m、0.43 m。从数据源的精度来看，一般情况下，影像/机载 LiDAR 的平面精度为 20 cm，车载 LiDAR 平面点位精度为5 cm。影像/机载 LiDAR 提取轮廓线间较差为 20 cm，在正常的限差范围内，车载 LiDAR/机载 LiDAR、航空影像/车载 LiDAR 提取轮廓线间距差可以认为在 0.4～0.6 m，这个距离是建筑物檐廊的正常宽度。进行建筑物精细建模时，这个值是不能被忽略的，而当前实际生产中，往往人为设置 0.5 m 的屋檐宽度，虽然在一定程度上能满足生产需求，但每栋建筑物屋檐宽度存在差异，并且人为设定宽度也缺乏实测依据。基于上述研究和已有研究成果，针对空-地多源数据联合进行建筑物精细建模，尤其是针对城市规模的大数据量自动数据处理中的几个主要问题给出了可行的解决方案：

(1)空-地数据坐标统一。空-地数据获取的重要传感器均为 POS 系统，先转换为 WGS-84 坐标系或 CGCS 2000 坐标系(国内数据)，再以车载 LiDAR 数据为参考，对空-地数据源进行精确配准(童礼华 等，2013；Bang，2008)。

(2)建筑物顶部数据处理。先自动提取建筑物顶部点云数据，再以建筑物顶部点云为基础构建三维模型，该模型能准确表达建筑物顶部特征，同时提取建筑物顶部轮廓线，作为地面建筑物数据提取的辅助信息(Jochem，2009)。

(3)建筑物立面数据处理。以基础地理数据或机载 LiDAR 提取的建筑物轮廓线为辅助信息(李永强 等，2014)，设置缓冲区，将车载 LiDAR 点云中建筑物立面数据分割出来。进一步处理分割出的建筑物立面点云，拟合出各建筑物立面的空间平面位置，并自动提取建筑物立面门窗等细节特征信息。

(4)空地多源数据联合处理。以机载 LiDAR/影像数据为基础构建建筑物顶部模型，突出建筑物顶部细节特征，以车载 LiDAR 数据为基础构建建筑物立面模型，突出立面位置及门窗等细节特征，融合为统一的建筑物模型。

(5)数据融合的取舍。空-地模型融合时，当车载 LiDAR 获取较大面积建筑物顶部(倾斜屋顶)数据时，或机载 LiDAR 获取较大面积建筑物立面数据时，以车载 LiDAR 数据为基准，对机载 LiDAR 数据进行整体平移(平移量＜0.5 m)，然后再分别建模。

(6)建筑物屋檐问题。建筑物顶部外轮廓与车载 LiDAR 拟合的立面之间的水平距离即为屋檐宽度，屋檐厚度需要进一步研究，一般可设置为 0.15～0.2 m。

(7)不完整建筑物立面。利用建筑物的对称特征或邻近建筑物相似特征将缺失部分填补出来，不能实现缺失部分修补的，仍以机载 LiDAR 构建的建筑物模型的立面为准。

8.4.4　建筑物三维重建

在现行的数字城市建设中，利用机载 LiDAR 技术进行三维重建是较为常用的技术手段，而单纯地利用机载 LiDAR 数据对建筑物进行建模，所得模型不能反映建筑物立面的变化信息以及窗户等细节特征；车载 LiDAR 系统虽具有精度高、点云密度大、能清晰反映建筑物立面细节特征等优点，但车载 LiDAR 数据不能反映出建筑物顶部的复杂设计。而且在车载 LiDAR 系统数据采集过程中，往往会因为建筑物太高、激光扫描仪扫描角度不佳，以及建筑物立面遮挡等问题造成建筑物顶部点云缺失或者精度不高的现象，这样大多数建筑物所拥有的屋檐细部特征往往在建筑物三维重建时被忽略，在仅依据车载 LiDAR 数据构建的建筑物立面模型中往往不具有屋檐特征，而通过 8.4.3 小节的矢量图对比分析，统计结果表明完整的建筑物模型中屋檐是不可忽视的建模细节。

为了解决以上问题，实现建筑物精细模型的三维重建，从车载/机载 LiDAR 点云数据中挖掘建筑物几何形体最重要的特征点、线、面，且保证所提取的建筑物特征具有共同的坐标系基础，结合各自的数据优势，在第三方建模软件中实现各数据几何模型的组合并完成建筑物的完整三维重建。结合 8.4.3 小节的矢量图对比统计结果，本小节选择试验区三类具有代表性的建筑物进行三维重建，该三类建筑物为：具有屋檐设计的平顶屋顶、人字形屋顶建筑物，以及不具明显屋檐设计的凹字型复杂建筑物。

1. 平顶建筑物的三维重建

对于平顶建筑物而言，计算出该建筑物周边车载 LiDAR 地面点云的高程均值，将该值赋予建筑物底面轮廓矢量图，而该类建筑物的顶面高程信息可结合经过配准处理后的机载 LiDAR 建筑物顶面点云高程信息来确定，这样处在同一坐标系下的顶底面高程差就是平顶建筑物的高度值。

基于车载 LiDAR 数据所提取的建筑物特征信息有：建筑物底面轮廓信息与窗户特征信息，两者均为二维平面上的坐标信息，前者是在 *XOY* 平面的投影，而后者是在 *XOZ* 平面投影，对于后者所缺失的 *Y* 坐标，因窗户的外侧与建筑物立面同属于一个面，故可以将前者立面边缘轮廓的 *Y* 坐标值赋予窗户的特征点，而对于窗户在墙体内侧的特征点，可结合墙体厚度值的相关规定来确定。

建筑物顶面轮廓矢量图包含了建筑物顶部边缘的坐标信息，通过 8.4.3 小节的矢量图比较，取屋檐、窗户厚度分别为 15 cm、24 cm，结合 8.4.3 小节统计得出的屋檐大致宽度，通过以上特征数据的互补利用，可得到平顶建筑物特征的全部三维坐标信息，将以上几何模型组合得到最终的平顶建筑物完整模型如图 8.17(a)所示，而基于机载 LiDAR 数据在 TerraScan 模块中同一平顶建筑物的三维建模结

(a) (b)

图 8.17 平顶建筑物模型对比

果如图 8.17(b)所示。可以看出，相比于基于 TerraScan 的建模结果，结合空-地 LiDAR 数据的联合建模结果不仅反映出了平顶建筑物立面变化及窗户特征，而且突出了屋檐这一细节。

2. 人字形屋顶建筑物三维重建

人字形屋顶的建筑物相比于平顶屋顶，主要多出屋脊线的特征，其顶部关键点主要有 6 个，关键平面有 2 个，如图 8.18 所示。

基于屋顶平面的分割与提取结果，可按以下方法对人字形屋顶 A、B 两平面方程求交线，人字形屋顶的两个平面方程拟合结果为

$$\left.\begin{aligned} z&=a_1x+a_2y+a_3 \\ z&=b_1x+b_2y+b_3 \end{aligned}\right\} \tag{8.1}$$

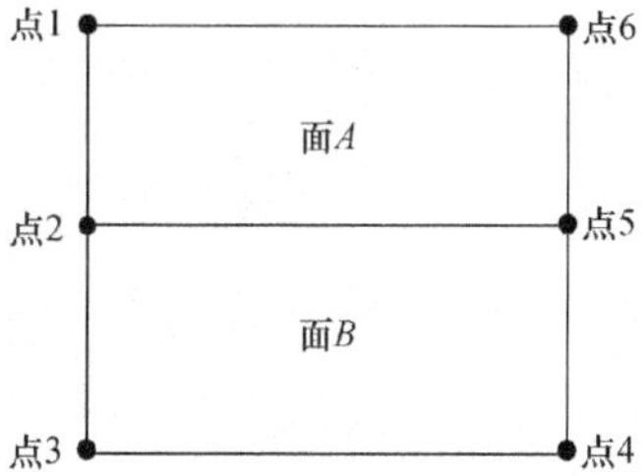

图 8.18　人字形屋顶的关键特征

以式(8.1)中两式相减得屋脊线 L_{25} 的空间直线方程为

$$y=-\frac{a_1-b_1}{a_2-b_2}x-\frac{a_3-b_3}{a_2-b_2} \tag{8.2}$$

设

$$\left.\begin{aligned} k&=-\frac{a_1-b_1}{a_2-b_2} \\ b&=-\frac{a_3-b_3}{a_2-b_2} \end{aligned}\right\} \tag{8.3}$$

则屋脊线 L_{25} 的空间直线方程可化为

$$y=kx+b \tag{8.4}$$

结合建筑物顶面矢量图中边缘点 1、3 的坐标可求出 L_{13} 的平面直线方程为

$$y=k_0x+b_0 \tag{8.5}$$

联立以上两方程可解得

$$\left.\begin{aligned} x_2&=\frac{b-b_0}{k_0-k} \\ y_2&=\frac{1}{2}[(kx+b)+(k_0x+b_0)] \end{aligned}\right\} \tag{8.6}$$

再将该组解式(8.6)代入平面方程式(8.1)得

$$z_2=\frac{1}{2}[(a_1x_2+a_2y_2+a_3)+(b_1x_2+b_2y_2+b_3)] \tag{8.7}$$

由式(8.6)与式(8.7)求得了屋脊线点 2 的空间坐标，运用同样的方法可求出点 5 的空间坐标。而其他的关键点结合机载 LiDAR 数据的高程信息与矢量图中拐点坐标的信息均可求出，根据平顶建筑物三维重建方法，对人字形屋顶建筑物，同样设置屋檐、窗户厚度分别为 15 cm、24 cm。三维重建结果与基于 TerraScan

的建模结果对比如图 8.19 所示，其中图 8.19(a)为三维重建结果，图 8.19(b)为基于 TerraScan 的建模结果。可以看出，联合空-地 LiDAR 数据的建筑物特征所重建的人字形屋顶建筑物模型，能清晰地反映出屋顶的空间特征，相比于仅依赖机载 LiDAR 点云基于 TerraScan 的建模结果，书中的重建模型更能反映出建筑物立面窗户特征与屋檐细节。

(a) 三维重建结果　　(b) TerraScan建模结果

图 8.19　人字形屋顶建筑物模型对比

3. 复杂屋顶建筑物三维建模

试验区凹字型轮廓的建筑物的屋檐设计并不明显，且其顶面由诸多平面组成，选取具有代表性的该类建筑物进行三维重建，其对应的航空正射影像图片与谷歌街景立面图像分别如图 8.20(a)与图 8.20(b)所示。

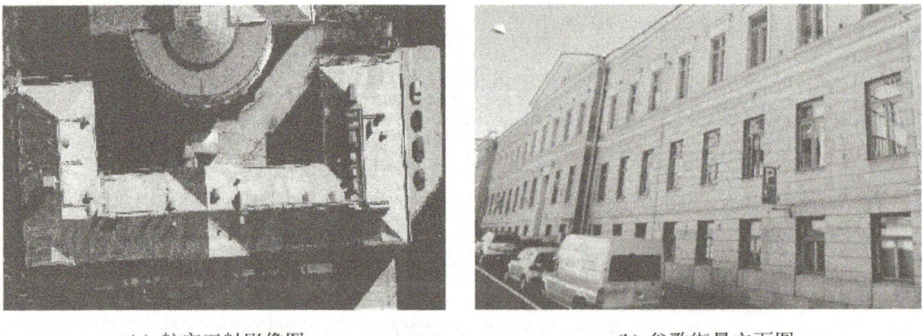

(a) 航空正射影像图　　(b) 谷歌街景立面图

图 8.20　复杂建筑物的顶面与立面影像

对于复杂建筑物的屋顶特征，根据分割提取的建筑物顶面的平面方程，按照人字形屋脊线特征点坐标的推导公式，求出复杂屋顶各平面交线上的拐点坐标，以完成复杂屋顶的三维重建。复杂建筑物的屋檐设计并不明显，故在本小节对其三维重建的过程中，忽略建筑物顶/底面轮廓拐点的平面坐标差异。根据提取的建筑物顶/底面矢量图中的拐点坐标，来求均值的方式计算出最终的建筑物拐点平面坐标。

依据信息互补原则，按照平顶建筑物立面重建原理，在建模软件中实现复杂建筑物的完整三维重建，如图 8.21(a)所示，基于 TerraScan 模块该建筑物的建模结果见图 8.21(b)。

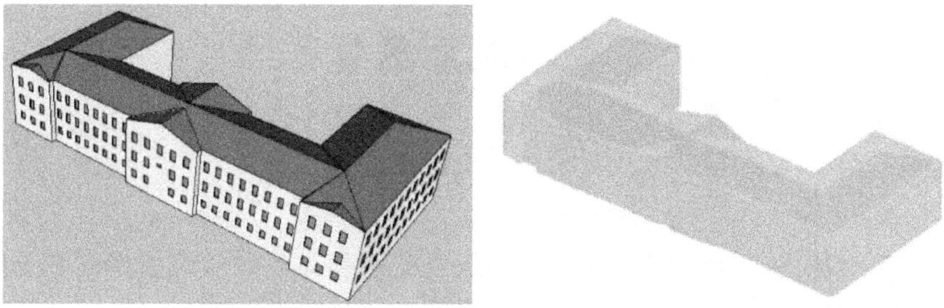

(a) 三维重建结果　　(b) TerraScan建模结果

图 8.21　复杂建筑物模型对比

对比图 8.21(a)和图 8.21(b)可以看出，书中对复杂建筑物的三维重建结果能更全面地反映出建筑物立面细节以及组合式屋顶各平面的拓扑关系。并且本章的三维重建建立在基于空-地 LiDAR 数据提取建筑物顶-底面特征信息的基础上，通过相关矢量图的对比论证与公式推导，保证了三维重建结果的整体精度。

8.5　本章小结

本章依据机载 LiDAR 点云、车载 LiDAR 点云与航空正射影像三种数据源提取了同一建筑物群顶面与地面矢量轮廓线，通过对三类矢量轮廓线平面间距的对比分析，认为建筑物顶部/底部轮廓线间隔为 0.4～0.6 m，该间隔主要由建造屋檐造成，廊檐是建筑物精细建模中不能忽略的因素。根据试验区建筑物的设计形式，本章选取三种有代表性的建筑物类型，结合书中所提取的建筑物屋顶与立面特征信息，以第三方建模软件为平台通过各特征信息之间的数据互补利用实现了平顶建筑物、人字形屋顶建筑物以及复杂建筑物的三维重建。空-地多源数据融合、进行自动化的建筑物精细三维建模是数字城市和智慧城市建设的必然要求，但当前研究尚处于初步阶段，还有大量问题需要深入系统地研究，主要问题有：空-地多源数据的精确配准、建筑物顶部/立面模型的融合机制、数据/规则驱动在多源数据融合中的运用、建筑物廊檐问题的解决等。

第9章　车载LiDAR应用于建筑物灾情应急测量

9.1　引　言

地震、台风、强降雨等重大突发自然灾害造成各类建(构)筑物倒塌和损毁，设备和设施损坏，交通、通信中断和其他生命线工程设施等的破坏，给人们的生命财产安全构成了严重威胁，也对救援工作提出了严峻挑战。建筑物与人们的生命财产安全密切相关，在以人为本的救灾理念下，快速准确地获取灾区建筑物的灾情信息无疑成为灾害应急中最迫切的任务之一。应急情况下，传统的建筑物灾情统计工作主要依靠基层上报模式，上报的信息往往是孤立的、分散的，其时效性和准确性都很有限，不能准确反映灾损建筑物的位置、空间分布及受损程度，显然不能满足灾害应急的需求。因此，需要采用有效的手段快速获取受灾区域大场景的建筑物数据，并在各种算法和模型的支持下，快速准确地识别灾损建筑物，确定灾损建筑物的位置、灾损程度及其空间分布，进而判别灾情等级，及时上报、下达灾情应急信息，这将对灾情快速评估、科学合理地制定救援计划、调度有限救灾力量达到最佳救灾应急效果起到非常关键的作用。然而，在重大突发灾害发生时，往往伴随着恶劣的气候条件，在获取受灾区域建筑物数据时，空中遥感平台受到很大的限制，不能充分发挥其应有的作用：卫星受轨道的影响不能及时出现在受灾区域上空，或者虽然运行在灾区上空，但受云层遮挡不能获取高质量数据；航空遥感一方面需要较长的准备时间，另一方面在恶劣气候条件下存在较大的安全风险，对灾害应急信息获取有一定的局限性；无人机系统同样会受到恶劣气候条件的限制，并且在夜间几乎不能工作。鉴于灾害应急条件下空中遥感平台的不足，需要有一种适应性更强的、准确高效的建筑物灾情数据获取技术来弥补上述不足，并在深入的理论与实践研究的基础上，实现高效自动化的数据后处理。

车载LiDAR系统是在高精度GPS/IMU支持下，以安装在机动车辆上的线阵激光雷达为主要信息源的多传感器集成的移动数据采集系统，“是当今测绘界最为前沿的科技之一”(李德仁，2006)，车载LiDAR系统在车辆快速行进过程中获取道路两侧详尽的地物信息，是高效获取道路、城市场景信息的重要平台(图9.1)。与其他数据获取方式相比，车载LiDAR具有数据获取速度快、精度高、成本低、不依赖光线和机动灵活等优点，能在刮风、下雨、阴天条件下甚至夜间工作，只要是车载系统能够抵达的区域，就能获取该区域地物详尽的三维空间信息。在突发重大自然灾害后，车载 LiDAR 系统可以快速抵达灾害现场，半天时间即可完成一个中小城市核心城区建筑物的数据采集与处理工作，为灾害应急提供及时的灾情信息。与空中遥感方式相比，车载 LiDAR 能获取更高的点位精度（通常情况下点位精度可达厘米级，StreetMapper 系统甚至达到优于 1 厘米的测试精度）和更密的空间采样点（每平方米数百个采样点），这为精确提取建筑物灾损特征信息提供了数据保证；另外，车载 LiDAR 系统从侧面获取建筑物表面信息，与顶部信息相比，建筑物侧面不但更适合视觉习惯，而且包含更加丰富的信息，能更准确地反映建筑物的灾损情况，建筑物的各种破坏形式（如倒塌、倾斜、开裂、破损等）均可在车载 LiDAR点云数据中被准确地记录下来，建筑物规则性的结构、规律性的门窗等空间分布特征为建筑物灾损特征提取提供了信息支持（图9.2）。

图 9.1　StreetMapper 车载 LiDAR 系统

图 9.2　街道场景点云图像（GRÄFE，2008）

纵观国内外车载 LiDAR 在建筑物方面的研究，几乎所有研究都是在建筑物完好的前提下，通过对特征信息的提取，或者在模型构建语法的支持下，研究如何从点云数据中构建出完整的三维表面模型。而本研究则是以建筑物受损为前提，通过灾害条件下建筑物立面灾损特征信息（包括灾损先验知识和几何特征要素）来判断建筑物的灾损情况。灾损建筑物在空间形态上与完好建筑物有很大区别（图 9.3），因此，与完好建筑物立面三维重建存在差异，本书不以追求建筑物立面表面特征的准确性和精细程度为目标，也不构建出实际的建筑物三维模型，而是判断建筑物的灾损类型和灾损程度，力求快捷和简单，这使完好建筑物识别和建模方法不再适用于灾损建筑物。

本书以我国东部中小城镇典型建筑物为研究对象（交通便利，易抵达灾区；公共设施少，重灾下仍能顺利工作；建筑物风格相近，易开展研究），以车载 LiDAR 数据为主要数据源，研究并解决建筑物应急灾情测量中的一些关键算法，对于进一步丰富车载 LiDAR 数据处理的方法和技术，拓展车载 LiDAR 技术的应用范围，并为重大自然灾害应急提供新的技术支持手段，具有重要的理论和现实意义。

图 9.3　灾损建筑物的可见光与点云图像(Montemerlo et al, 2004)

9.2　车载 LiDAR 点云中灾损建筑物分割

9.2.1　立面分割现状分析

车载 LiDAR 系统在采集数据过程中无选择地记录了所有能够探测的地物信息,包括地面、行人、建筑物、公共设施等。要对建筑物进行研究,首先需要将建筑物立面从原始点云数据中分割出来,这是各项研究的基础。在车载 LiDAR 前期的研究中,常以扫描线为单位进行建筑物立面分割:Früeh等(2005)沿扫描方向划分若干狭窄区间,把扫描点水平投影,按落在各区间内的扫描点数目建立直方图,先找到投影点最多的区间作为主平面,在建筑物前面找投影点最少的区间作为分割点,分割点前面为地面,后面为建筑物立面;赵卉菁先把每条扫描线分割为直线段,然后依据一定原则对数据点进行组合,从 Z 图像中提取建筑物立面信息;王健等(2003)先提取建筑物立面每条扫描线的上边界点,并根据局部立面来建立整个立面提取模型,再根据已获得的参数信息进行每条扫描线下边界点的提取,上、下边界点中间的信息点则为建筑物立面数据点。上述研究是以扫描线垂直于建筑物立面为前提的,虽然能简化数据处理的复杂度,提高数据处理效率,但是不同车载 LiDAR 系统获取数据方式不同,扫描线并不一定都垂直于建筑物立面,所以上述方法受到较大限制。把车载 LiDAR 数据点看作空间散乱点,将数据点投影到规则格网上,基于投影点密度的建筑物立面分割方法则可以不考虑车载 LiDAR 系统的数据获取方式,但是由于数据点密度差异很大,格网大小及相关参数很难把握。鉴于上述方法的不足,李永强等(2008)开发了激光点云背景裁剪工具,能半自动地分离出建筑物数据,这种方法直观、简单、准确性高,但处理大场景点云数据时,执行效率还有待提高。霍夫变换有很好的直线检测能力,常用来从深度图像中检测直线和建筑物轮廓线,三维霍夫变换可检测空间三维平面,在建筑物立面提取中得到较多应用：Rutzinger等(2009)用三维霍夫变换获取种子表面，然后用区域增长的分割方法在点云中找到平面区域，迭代计算平面并查找临近数据点，从而分割出建筑物立面数据；张爱武等(2005b)用霍夫变换检测垂直线，并计算直线长度(以点数计)，选择最长直线所处位置为主要墙面位置，保留主要墙面前后一定阈值内的数据，删除其他数据；Ning等(2009)基于形状特征从三维城市场景中提取目标，先用霍夫变换进行分类，并进一步对建筑物进行详细分割，用法向量来判断平面区域。除上述方法外，Carlberg(2009)先对原始点云数据构建表面格网，然后在一定规则下用区域增长的算法移除地面数据，从而分割出建筑物立面数据；Lim等(2009)利用超体元理论从三维点云图像中分割建筑物立面。当前研究大多是以建筑物立面垂直、表面完好为前提的，但是在灾害环境中，灾损建筑物立面可能是倾斜的，表面可能是破损的，甚至是倒塌的，因此上述多数算法很难适用于灾损建筑物立面数据的分割，必须研究灾害条件下建筑物立面的表现特征，对现有方法进行改进或研究新的分割算法，来实现灾害应急的建筑物立面快速分割。

9.2.2 灾损建筑物立面分割方案

车载LiDAR系统以极快的速度获取道路两侧地物详细的三维点云信息，其数据量相当大，不可能把所有数据都在一个场景中进行处理，而且本研究是以灾害应急服务为目标的，在数据采集过程中也需要对已获取的数据进行处理，因此需要对数据进行分块处理。以街道为单位进行数据分块，每个数据块为一个数据处理单位。在空间表现上，街道近似于直线，朝向街道的建筑物立面平行于街道，与其相邻的两个立面则垂直于街道。本书中拟定义三个投影平面，分别对原始点云数据进行投影变换，生成各自的深度图像。投影平面定义为：地平面为Z平面，平行于街道走向的竖直平面为Y平面，垂直于街道走向的竖直平面为X平面。

考虑到建筑物破坏形式的多样性，建筑物立面可能是垂直的、倾斜的或严重破坏的，采用如图9.4所示的技术路线从原始点云数据中自动识别和分割出建筑物。

(1)先进行Z平面投影，把地物简单分类为地面、建筑物和其他地物，疑似为建筑物的地物也划分为建筑物类，滤除地面和其他地物类数据，仅保留建筑物类数据。

(2)对步骤(1)处理后的数据分别进行X平面、Y平面投影，基于区域增长的霍夫变换提取出平面信息，把空间形态上呈现为平面和近似平面的建筑物立面数据分割出来，包括朝向和侧向街道的立面。

(3)对步骤(2)处理后的点云数据再次进行Z平面投影，在灾损先验知识支持下，基于表面簇模型对疑似的倒塌建筑物进行判断。

在以上处理过程中，要综合考虑各扫描角度，扫描距离，反射率以及检测对象的宽度、高度，扫描点的数量等信息。

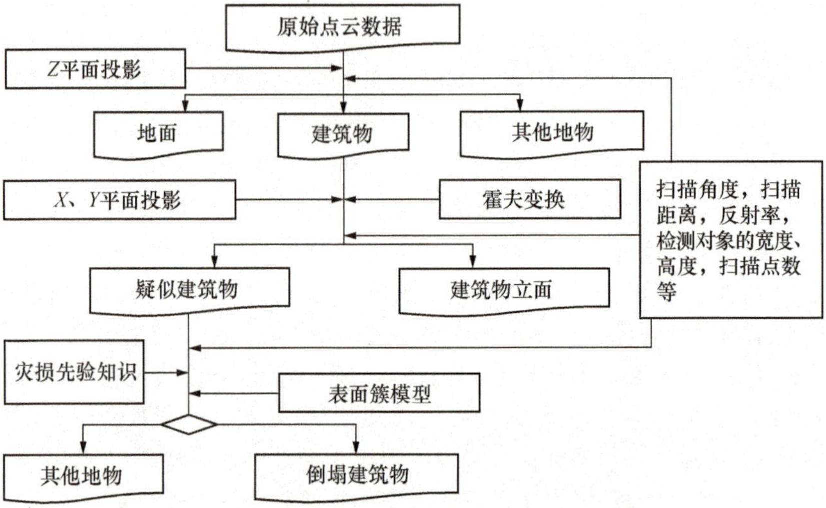

图 9.4 原始点云中建筑物的识别与分割技术路线

9.3 灾损建筑物立面特征信息提取

9.3.1 建筑物立面三维重建

当前基于激光点云的建筑物立面研究主要集中在三维重建方面，建模方法有基于数据驱动、基于模型驱动，以及两者的联合。

数据驱动是在三维空间信息驱动下，直接从多元数据中提取特征要素。Becker(2009)假设地物表面有相同的点云密度，通过没有数据点的区域查找窗户，这种方法提取的表面模型质量与数据质量密切相关，对错误数据和不完备数据很敏感。Pu等(2007,2009)把重要立面元素如墙壁、屋顶作为特征，先用相关特征(尺寸、位置、方位、拓扑关系等)知识来识别这些特征，通过最小二乘拟合、凸包拟合或凹多边形拟合等方法来提取每个特征的轮廓线，然后根据特征尺寸，再次使用知识来对直接提取的特征多边形遮挡部分进行假设，最后组合提取的特征多边形和多面体部分来构建一个多面体模型；Alegre等(2004)使用上级上下文自由属性语法，应用水平和垂直切割从影像数据中重建建筑物立面；Gool等(2007)讨论了不同立面重建算法并且用形状语法进行重建。

模型驱动则是对建模对象进行分析或分解，获得其内部组成结构的语法和规则。最近，基于外观和基于生成的建模方法被应用到许多表面重建算法中，前者通过统计分析或机器学习获得模板特征，后者对建模对象进行语意转换，融入随机可变模型中。知识在模型中是可继承的，也可以以语法形式存储，因此许多基于知识的技术使用形式语法来保证重建目标元素的真实性检验和拓扑校正，例如著名的L-System就是用来进行平面增长处理的建模方法，尽管L-System支持复杂物体的程序建模，但不适合进行建筑物建模，因为与平面相比，建筑物不能在自由空间内部增长，而且建模更适合描绘空间分割而非增长的过程。为了从语法和属性库中自动生成建筑物结构，Müller等(2006)给出了一个程序模型方法，这种方法不考虑任何传感器数据来生成详细的建筑物框架，仅仅使用上下文语意规则来沿建筑物主轴执行分裂，应用形式语法来自动提取建筑物立面的层次结构。

基于数据驱动和基于模型驱动两种方法联合处理对模型重建往往能起到更好的作用。Wonka等(2009)发展了综合两种语法的方法，用分裂语法构建一系列的规则，把建筑物分为多个部分并控制语法传播和属性分布，该方法能够使用一个规则集自动构建不同类型的建筑物；Ripperda等(2009)把结构信息整合到语法规则中进行建筑物立面重建，用可逆跳跃马尔可夫链蒙地卡洛法(reversible jump Markov Chain Monte Carlo，rjMCMC)构建模型驱动树来自动重建建筑物立面模型，并通过测量来控制rjMCMC过程，从而提高执行效率；Becker(2009)通过把自动推理规则整合到一个数据驱动的重建过程中，实现了两者的联合。

数据驱动的建模确保了真实建筑物立面结构的多样性，模型驱动的建模方法在应对不同数据质量和数据不完备性方面确保了拓扑的正确性和健壮性。在重建过程中，先用数据驱动方法构建表面模型元素，并作为知识为后续处理服务，再从表面模型元素中探测出结构特征和规则以及它们的层次关系并自动转化为规则，然后把这些规则和先前构建的模型元素组合成一个形式规则，它包含给定建筑物立面重建的所有必要信息。而本书是以建筑物应急灾情测量为目标的，只需判断出建筑物的灾损类型和灾损程度，而不必构建完整的三维表面模型，因此，除了依据数据驱动模式提取灾损特征要素外，还需要总结归纳建筑物灾情的知识表达模式，用灾损知识来保证灾情测量的正确性和健壮性，并且研究两者融合的技术和方法。

9.3.2　建筑物几何特征要素提取

几何特征要素提取在建筑物立面研究中占有非常重要的地位，主要包括主平面、轮廓线以及局部特征要素的提取。主平面是描述建筑物立面的重要部分，相关的研究有：Manandhar等(2002)先用最小二乘法把每条扫描线内竖直方向的点拟合为竖直线段，再根据线段的方向和中心等条件进行分组，然后对组内相邻线段构建小平面，最后通过小平面不断合并为大平面进而得到建筑物立面平面；李必军等(2003)先根据高度值分离地形数据和地物数据，然后根据激光扫描的回波信号强度去除无效点，利用中值滤波剔除奇异点，利用曲面拟合去除前端遮挡物，最后对保留的建筑物立面信息进行特征提取。轮廓线也是建筑物立面整体描述的重要特征要素，相关的研究有：孙殿柱等(2009)采用R^*-Tree建立散乱点云空间索引结构，并基于该结构快速准确获取局部平面参考点集，建立了该点集的基准平面，计算点集内各点到基准平面的距离，并将该距离与目标点到基准平面的距离进行比较，识别点云边界特征；贺美芳等(2004)采用局部基面参数化方法自动提取点云数据边界特征。局部特征则是对建筑物立面细节的描述，相关研究有：Alshawabkeh等(2004)通过平均曲率分析的方法，研究在深度图像和密集影像中提取兴趣目标的线性特征，该方法能够进行有效的边界探测，如褶皱或台阶边界等；Boulaassal等(2007)把随机抽样一致性(RANSAC)算法应用到建筑物立面中平面信息提取中。

相比完好的建筑物立面，灾损建筑物立面在空间形态上更为复杂，其特征要素也更为多样性，另外，在完好建筑物三维重建中占有重要地位的门、窗等几何特征要素在以应急灾情测量为目的的建筑物立面特征提取中，则不再占有重要地位。因此，需要在深入研究灾损建筑物空间形态特征的基础上，重新确定灾损建筑物特征要素的类型、重要程度，并在现有算法的基础上研究针对灾损建筑物立面特征要素提取的新算法。

9.3.3 建筑物立面灾损特征要素提取

1. 灾损特征要素的选择

建筑物立面的损毁形式主要有：倾斜、开裂、变形、局部损毁、完全损毁。从原始点云数据中识别和分割建筑物立面数据时，无法直接识别完好的建筑物立面，所有建筑物立面都被分别分割出来，无损建筑物是灾损建筑物的一个特例。结合在建筑物灾损的实际损毁特征，构建出建筑物代表性损毁模型，如图 9.5 所示。

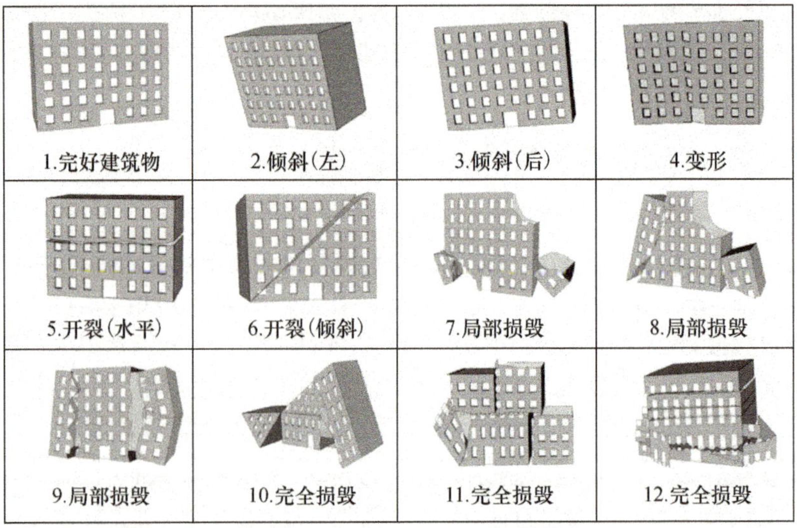

图 9.5 建筑物主要灾损模型

本书的目的是为灾害应急提供第一手信息，高时效性是本研究重要特色之一，只需要把能够表征建筑物灾损的主要特征提取出来。因此拟针对不同的损毁形式，以 1～2 个灾损要素为重点，以其他灾损要素为辅助来描述和判断建筑物的灾损形式和程度。拟选择的主要灾损特征要素及其作用如表 9.1 所示。

表 9.1　拟选择的主要灾损特征要素及其作用

特征类型＼灾损形式	前后倾斜	左右倾斜	变形	开裂	局部损毁	完全损毁
主平面法向量	—					
表面粗糙度						—
外轮廓线竖线	—	—				
主要竖向结构线			—			
主要横向结构线			—			
不规则狭长特征				—		
局部凸起、凹陷					—	—
局部结构不完整					—	

2. 灾损特征要素的提取

拟选择的灾损特征要素在空间形态上主要分为线特征、面特征和局部结构特征，用表面簇理论进行面特征和局部结构特征的提取，用 RANSAC 模型进行线特征的提取。根据重要程度和算法的复杂程度确定灾害特征的提取顺序，拟按如下顺序提取灾害特征：表面粗糙度、立面主平面、外轮廓线、水平与竖直结构特征、开裂轮廓线、局部结构不完整性、局部不规则的凸起和凹陷。针对局部数据不完整造成的灾损特征可靠性下降的问题，本书拟不对数据不完整区域进行局部灾损特征提取，只用全局性的特征和其他的局部特征对建筑物的灾损程度进行综合判断。为避免由于提取灾损特征数量过多或过少造成特征匹配的不准确情况，拟对单位面积上特征的平均数设定上、下阈值，当不符合阈值时则自动调整参数，重新进行特征提取。

9.4　建筑物灾情应急测量方法

车载 LiDAR 数据中包括建筑物、地面、行人、车辆、树木、公共设施等，建筑物立面是描述建筑物灾情的载体，需要从原始点云数据中分割出来；被分割出来的建筑物立面是由离散点云构成的，并不能对灾损状况进行描述，需要采用相应算法提取出能描述建筑物灾损状况的特征要素；单个特征要素并不能确切描述整个建筑物的灾损程度，需要与先验知识融合，才能达到建筑物灾情测量的目的。因此，建筑物灾情应急测量可遵循数据分割—特征提取—灾情测量的路线。

9.4.1 基于 RANSAC 算法灾损建筑物立面分割

通过建筑物模型模拟灾害发生后的试验，利用激光扫描仪获取灾损建筑物的点云数据，需要对获取的点云数据进行分析研究。由于分析的数据主要是模拟灾害后建筑模型点云，并没有现实中受损建筑物场景那么复杂混乱，灾损建筑物形式处于理想化状态，所以运用 RANSAC 算法对数据进行了立面分割。

1. RANSAC 算法基本原理

RANSAC 算法由 Fishier 和 Bolles 在 1980 年提出，经过不断发展，该算法在基础矩阵估计、特征匹配、运动模型选择等计算机视觉领域中有广泛的应用。该算法主要的思想为：在进行参数估计时，对所有可能输入的数据进行区分对待，针对具体的问题设计出具体的判断准则，利用设计的判断准则并进行迭代计算，将与所估计的参数不相同的数据进行剔除，利用获得的正确的数据进行参数估计。该算法要求在一定的置信概率下，基本子集最小的抽样数 M 和至少取得一个良性取样子集的概率 $P(P>\varepsilon)$，满足式(9.1)

$$P=1-(1-(1-\varepsilon)^m)^M \tag{9.1}$$

式中，ε 为数据错误率，m 表示计算模型参数需要的最小数据量。

2. 判断准则设计

在灾损建筑物立面分割中应用 RANSAC 算法，首先要对判断准则进行设计。在同一个平面上的激光点一般满足式(9.2)

$$ax+by+cz=d \tag{9.2}$$

式中 (x,y,z) 表示平面点的坐标，(a,b,c) 表示平面的法向量因此 $a_2+b_2+c_2=1$，d 为坐标原点到平面的距离。所以对点云进行分割实质是从点云中求出不同的面片参数。将平面参数利用基本矩阵表示，分割的实质可以变为对基本矩阵进行估计的问题。令 $\{x_i,y_i,z_i\}(i=1,2,3,\cdots,n)$ 表示灾损建筑物立面的待选点集，则基本的矩阵 $\boldsymbol{F}$ 满足式(9.3)

$$[x_i \quad y_i \quad z_i \quad -1]\boldsymbol{F}=0 \tag{9.3}$$

式中，$\boldsymbol{F}=[a\ b\ c\ d]$，从式(9.3)中发现，矩阵 $\boldsymbol{F}$ 有 3 个自由度，因此最少需要 3 个激光点才能得出基本矩阵。在计算时直接随机选取 3 个激光点作为起始的内点获得初始参数值，再根据获得参数值进行计算寻找符合条件的内点，这样能够大大提高数据处理的效率，可以最大限度地减少噪声点以及外点的影响。

参数模型建立后，需要对判断准则进行设计。主要设计两个判断准则：一个是点到平面的欧氏距离，另一个是局内点的个数。

点 $p(x,y,z)$ 到平面 $pl(a,b,c,d)$ 欧氏距离表示为

$$d(p,pl)=|ax+by+cz-d| \tag{9.4}$$

理论上，局内点到平面的距离为 0，这里所说的平面是通过局内点拟合得到的平面，因此在判断局内点时需要设置距离阈值 δ°。当点到对应的拟合平面距离不大于阈值 δ° 时，保留该点成为局内点，否则剔除该点。建筑物立面分割效果受到距离阈值 δ° 的影响较大，如果 δ° 设置比较大会造成平面的腐蚀现象，而 δ° 过小又会导致平面过度分割，因此一定要设置合理的 δ°，这样才能获得更好的分割效果。

在进行实际应用时，阈值 δ° 的设定还要考虑建筑物的实际形状。如果建筑物立面细节比较多，各个面片之间距离较近，邻接关系复杂，这时需采用严格的阈值。如果建筑物立面细节较少，阈值 δ° 的设定可以较宽松，如图 9.6 所示。对于灾损建筑物而言，立面有多种形态，因此对于距离阈值 δ° 的设定一定要严格，只有这样才能分割出不同的灾损立面。

如果仅仅使用欧氏距离来作为对模型参数进行判断的判断准则，不能保证分割的精确性，如图 9.7 所示，在左侧方框中的点由于同右侧面片上的点几乎处于同一平面上，在进行判断时符合距离阈值 δ° 被判断为局内点，然而这部分离散点明显属于噪声点。

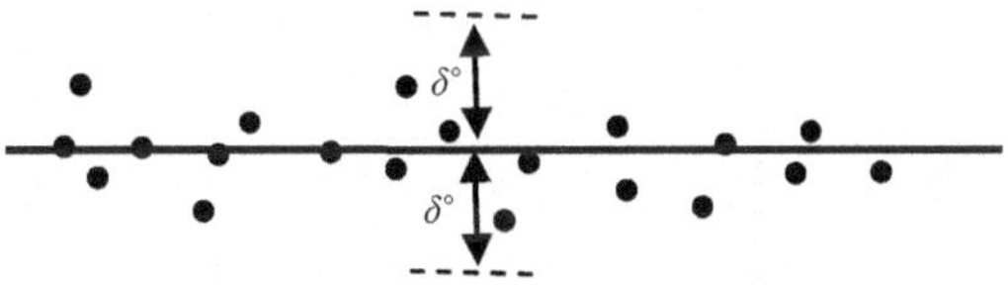

图 9.6　点云面片平视图

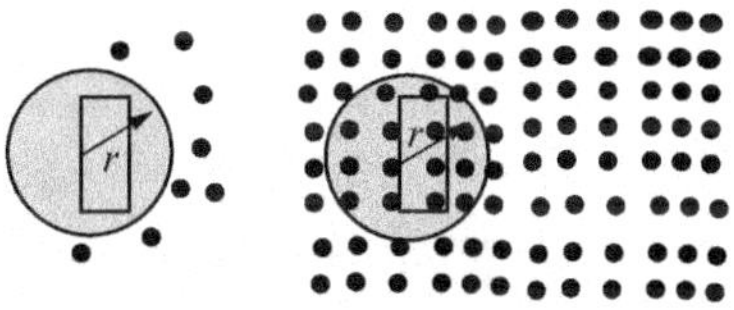

图 9.7　领域关系判断

为了减少这种现象导致的错误分割，判定准则除了要设定距离阈值 δ° 外，还需要对相邻点之间的邻域关系进行考虑。通过分析立面点云空间分布特征发现：在点云面片内的点密度稠密，而面片区域外的点密度稀疏。鉴于此，本算法的判断准则中采用了图形学中的 r 半径密度，即半径为 r 的空间范围内激光点的个数 *rnum*，如图 9.7 所示。通常情况下，各个立面激光点在面片范围内呈现连续性分布，*rnum* 比较大，而面片外的点 *rnum* 比较低，可以设定合适点个数阈值 r°。通过对两个判断准则的设置，能够提高 RANSAC 算法对灾损建筑物不同立面分割的准确性。

3. 面片合并

当面片分割结束后，分割后不同面片可能存在部分在空间中近似为一个平面，这时需要设计一定的条件对面片进行合并。设计的条件主要有：①两个面片之间的夹角要小于设置的角度阈值；②原点到各个面片的距离差的绝对值小于给定的距离阈值。图 9.8 所示为提取的 L_1 和 L_2 面片关系图，P_1、P_2 分别为两个面片上的激光

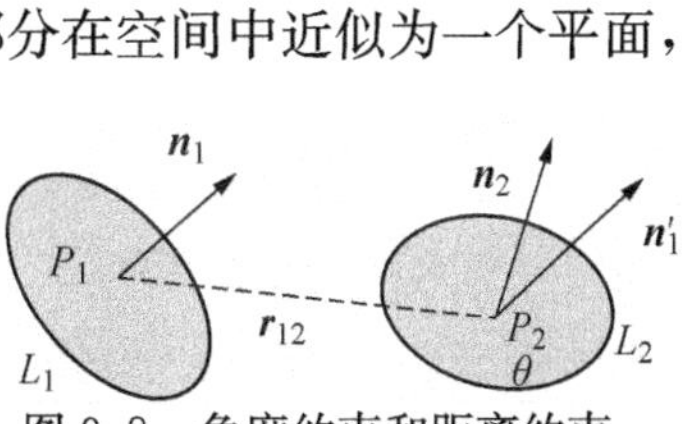

图 9.8　角度约束和距离约束

点，$\boldsymbol{n}_1$、$\boldsymbol{n}_2$为过 P_1、P_2 两点的法线，$\boldsymbol{n}_1'//\boldsymbol{n}_1$，$P_1$ 和 P_2 两点之间的距离向量为$\boldsymbol{r}_{12}$。

两个面片之间夹角可以用两个面片的法向量夹角 θ 表示，其中 θ 为

$$\theta=\cos^{-1}(\boldsymbol{n}_1\cdot\boldsymbol{n}_2) \tag{9.5}$$

而对于条件②，一般计算出两个面片分别到原点距离的差值 d，即 $\Delta d=|d_1-d_2|$，然后对比分析 d 与设置阈值的大小来进行判断。只要设定好角度阈值 θ_0 以及距离阈值 d_0 后，只要满足上面的两个判断条件时，就可以将不同的面片进行合并。

4. 立面分割算法流程

为了获得完整的立面分割结果，需要循环使用 RANSAC 算法。在每运行完一次后，将面片点集上的点提取出来，剩下的激光点云作为下次运行的原始点集，直到所有平面点集全部提取出来。立面分割主要流程如下：

(1)依据式(9.1)，计算出最小抽样数 M。

(2)从原始点云中随机选取 m 个点($m\geqslant3$)作为原始立面点集，并计算出平面模型参数。

(3)对原始点集中的所有点，根据式(9.4)计算出每个点的容忍值 δ，与阈值 δ° 对比，在阈值 δ°范围内将点归为局内点，其余归为局外点。

(4)重复进行 M 次步骤(2)～(3)，对每次分类后的局内点个数进行统计，将局内点个数最多时获得的参数模型作为最优参数模型。

(5)对获得的最优参数模型的局内点计算半径为 r 的点密度，如果密度小于设置的阈值 r°时，将其归到局外点。统计所有局内点的个数，当大于设置的阈值 $Rnum$ 时，将所有的局内点利用最小二乘拟合法拟合成平面，获得最终的平面模型参数；反之，跳出循环，将数据点集上的点全部归为离散点。

(6)剔除所有点集中的局内点，剩下的点集作为下次数据处理的原始点集，重复进行步骤(2)～(6)，直到所有的平面都被分割出来。

(7)对所有的分割平面根据条件①和②进行面片的合并，得到最终的不同立面分割结果。

9.4.2 基于凸壳法提取灾损建筑物特征线

建筑物立面分割完成后，为了更好地反映建筑物灾损的类型以及形态特征，需要将灾损建筑物立面轮廓特征线提取出来。本书主要采用了一种凸壳算法来对分割后不同的灾损建筑物立面进行特征线的提取。

在完好建筑物立面中，主要的特征线一般有建筑物立面轮廓线、窗户轮廓线以及门洞等的轮廓线。一般常用的轮廓线提取主要有：将 LiDAR 激光点云进行栅格化生成栅格图像，利用形态学等提取轮廓线；基于原始 LiDAR 点云的轮廓线提取。魏征等(2012)将分割后的建筑物立面点云投影到立面上，生

成栅格图像，利用形态学的方法从栅格图像中提取出立面的外轮廓线构成立面边界，立面内轮廓线成为窗户和门洞的边界。杨洋等(2010)寻找出墙面点云中每条扫描线上 Z 值最大的点，构成建筑物立面的顶端轮廓线，最左端和最右端的点投影到地面上获得两侧轮廓线，然后将建筑物立面点云投影到立面上，构建不规则三角网，根据比较三角网中三角形的边长来提取窗户和门洞的轮廓线。Haider等(2008)通过统计激光点云距离均值、方差以及偏差等信息来进行窗户的提取，但是该方法需要用到窗户的光学信息。Schmittwilken等(2010)根据 LiDAR 点云中窗户、门洞等特征，首先人工建立门洞、窗户等的真实数据库，记录分析不同特征的形状参数和概率密度函数，然后利用 RANSAC 算法对实际数据进行预测，采用决策树计算实际数据模型和模型库数据的契合度，实现了立面细节的提取。沈蔚等(2008)用 Alpha-Shapes 算法提取了建筑物轮廓线，该算法对于凸凹多边形以及带洞的多边形具有适应性。主要采用了一种局部凸壳算法来对灾损建筑物特征线提取。

在平面点集中，凸壳边界就是点集中的点作为顶点的凸多边形，同时凸壳边界是包围点集的最小多边形。因此利用该算法从点云中获得凸壳点可以作为灾损建筑物的轮廓特征点。由于建筑物立面点云主要是三维的，将点云投影到立面上获得二维的点云数据。与凸壳算法相同，为了提取特征线点需要确定初始凸壳点，对于分割后的立面选择左下点作为初始凸壳点如图 9.9(a)中灰色点所示。为了提取凸壳点更准确，在进行搜索时可以设定一个点集范围，把点集范围内探测的凸壳点作为特征线点，将水平向左作为主方向，对比起始方法与子点集中点与起始点连线的顺时针方向夹角的大小，将角度值最小的点作为下一个凸壳点，如图 9.9(b)所示，然后以刚得到的凸壳点作为起始点，确定点集范围，将该点与上次获得凸壳点连线作为起始方向，确定下一个凸壳点，如图 9.9(c)所示。依据上面的步骤获得所有的凸壳点，如图 9.9(d)所示。

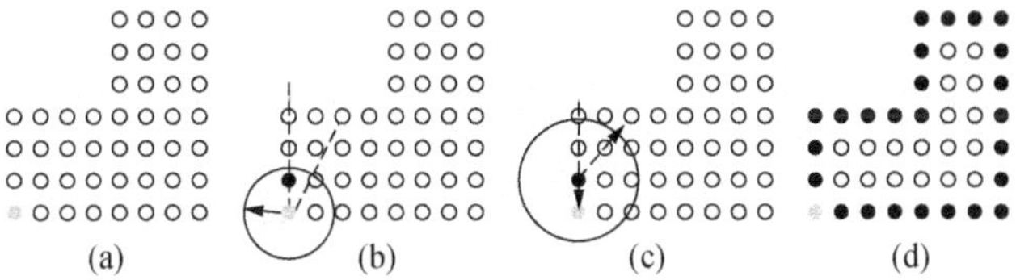

图 9.9　凸壳算法示意

利用局部凸壳算法提取灾损建筑物的凸壳点，需要确定局部点集区域，即子点集。当子点集确定后，需要从原始点云中搜寻临近的点，采用 K-D tree 组织数据。子点集主要以确定的凸壳点为中心，半径为 2～3 倍点间距的范围内的点，这样提取出的凸壳点才能更加准确表现出灾损的特征线。该算法主要的流程如下：

(1)输入灾损建筑物离散点云数据 A。

(2)利用 K-D tree 将离散点云之间建立索引。

(3)确定起始点 P_a。

(4)将起始点作为圆心,2～3 倍的点间距作为半径,确定该范围内的点集 $S=\{P_1,P_2,\cdots,P_n\}$。

(5)利用凸壳法,从点集 S 中确定凸壳点 P_b,其中 $P_b\in S$。

(6)将 P_b作为初始点,重复流程(4)～(5),确定下一个凸壳点 P_c。

(7)重复流程(4)～(6),直到最后一个凸壳点 P_m与初始点 P_a相同,算法结束,特征点提取完毕。

9.4.3 基于先验知识与灾损特征要素的建筑物灾情测量

以我国东部中小城镇典型建筑物为主要研究对象,构建建筑物立面灾损先验知识库。通过对大量灾损建筑物立面点云图像的分析与总结,并参照相关先验知识库构建的语义和语法规则,概括出对各主要灾损形式和灾损程度的知识描述,并平衡复杂度和准确性。灾损特征要素的提取,尤其是局部灾损特征要素的提取,其尺寸较小、数量较多,存在一定的质量问题,需要建立相应的质量评价与筛选准则,将质量较差、对灾害测量贡献较小的特征要素滤除,可通过大量试验来逐渐完善质量评价与筛选准则。

灾损特征要素是对建筑物灾损状况的几何描述,先验知识是对各种灾损类型和灾损程度的语义描述。在一定规则下,先对灾损特征要素进行概括,产生与先验知识库接近的参数描述,与先验知识库进行匹配,并自动调整相关参数,确定最接近匹配,进而确定建筑物的灾损类型与灾损程度,完成建筑物灾情测量。建筑物的灾损程度拟分为四级:基本完好、一般损坏、严重损坏、完全损坏。在灾情测量过程中,不完全按照立面分割—灾损特征要素提取—建筑物灾情测量的模式进行,而是根据灾损特征要素重要程度,采用边提取边判断的模式,也可以在灾损特征明显的情况下直接判断出灾损类型和灾损程度,而终止该建筑物的后续处理。

9.5 模拟灾损条件下建筑物灾害测量研究

9.5.1 灾损模拟可行性分析

要研究灾损建筑物在车载 LiDAR 点云中的表达特征,其可行的办法有两种:①研究实际受到灾害损坏的建筑物在车载 LiDAR 点云中的表达特征;②先研究灾损建筑物的模拟模型,然后将研究逐步扩展到实际灾损的建筑物。在研究过程中,没有用车载 LiDAR 系统获取重大突发自然灾害发生后灾损建筑物点云数据,研究团队于 2013 年 7 月到四川省第三测绘院进行技术交流，该院使用车载 LiDAR 系统获取了雅安地震时城区灾损情况，但由于测绘数据保密因素的限制，研究团队未得到该相关数据资料。在对地震等重大自然灾害对建筑物破坏形式进行深入探讨与总结后，研究团队主要采用第二种研究思路，并在研究过程中逐步改进和完善研究思路和方法，经过反复的探索和总结，探索出如下的思路和方法：先选择数条有代表性的街道场景为模拟试验场景，采用车载 LiDAR 系统获取该街道详细的三维激光扫描点云；再配以相机获取的 CCD 影像，通过对点云的空间量算，获取这些街道中所有建筑物的空间几何信息；然后按一定比例尺缩小该模型，制作街道场景的实景模型（以薄的泡沫板材料为主要材料），再以地面三维激光扫描系统（或小型移动激光扫描测量系统）获取模拟场景的点云数据。由于真实场景和模拟场景在空间尺寸上存在一定的比例关系，而获取的点云也存在一定相似性，通过认真的分析和研究，可以找出真实场景和模拟场景车载点云的对应关系，然后按照建筑物在灾害状态下的破坏形式，对建筑物模型进行各种形式的破坏，用地面三维激光扫描系统（或小型移动激光扫描测量系统）获取破坏模型的激光点云，按照真实建筑物和模型建筑物的对应关系，研究灾损建筑物的破坏形式。通过大量的模拟试验分析和研究，从中探索灾损建筑物在车载激光扫描点云中的表现形态特征，进而实现车载激光扫描点云中灾损建筑物的快速识别、灾损特征的提取、灾损程度，实现最终的应急测量。

9.5.2　灾损建筑物模型构建

为了分析灾损建筑物在原始点云中的表达特征，需要采集实际灾害发生地区的点云数据，但是由于国家测绘数据保密等诸多因素的限制，没有获得受到灾害地区的建筑物原始点云数据。通过分析研究，为了营造出建筑物的受灾情况可以利用构建建筑物模型的方法，模拟出建筑物受灾的各种形式，然后再将模拟试验应用到实际情况中。

为了构建有参考性的建筑物模型，选取有代表性的街道作为灾害模拟的环境，利用车载 LiDAR 系统获取该街道实际场景中建筑物原始的三维激光点云，然后利用全站仪、量尺等工具并通过对点云之间的测量获取现实中建筑物的实际尺寸以及空间几何信息，再利用 CCD 相机获取街景的影像信息。根据通过各种不同手段获得建筑物的实际尺寸以及信息，将建筑物按一定的比例进行缩小，利用 PU 板（比较薄的泡沫板）为主要的材料构建出缩小后建筑物的模型。利用构建的模型模拟建筑物发生灾害时所表现出的灾损状态，当某地区收到灾害时，建筑物主要有完好、倾斜、开裂、变形、局部损毁以及完全损毁等表现形式，可以将建筑物模型模拟出不同的受灾形式，然后采用小型的移动 LiDAR 测量系统或者利用三维激光扫描仪（获取的点云形式与车载 LiDAR 系统相同）来采集模拟灾害场景的原始点云数据。模型与现实中的建筑物具有对应的关系，因此所获取的模型点云数据也可以与现实中建筑物数据构建出一一对应的关系。利用模型进行灾害的模拟试验，研究建筑物模型在灾害发生后的破坏形式，从模拟试验中可以探索出灾损建筑物在车载 LiDAR 点云中表现的形态和空间特征，总结出不同受损建筑物的表现形式，快速识别出不同的建筑物立面受损形式以及受灾的程度，为上级救灾控制中心提供准确的灾情信息，以便快速合理地发布信息进行救灾活动。

9.5.3 模型精度分析

利用小型移动测量系统或者地面三维激光扫描仪获取模型点云后，为了使获取数据与实际建筑物数据建立联系，需要对模型数据进行处理。由于建筑物模型是将现实中的建筑物按照一定的比例进行缩小，应此需要将采集的点云数据按照相同的比例进行放大，因为模型点云密度比较大，经过放大后的点云密度与车载 LiDAR 系统点云的密度大致相同，能够达到要求的精度。

原始车载 LiDAR 点云数据与获得模型点云数据不在同一个坐标系统下，需要将放大后的点云数据转换到与车载 LiDAR 点云相同的坐标系下。

将建筑物模型点云的坐标转换到实际的车载 LiDAR 系统的坐标过程中，两个坐标系统的原点不一致，因此在转换中存在三个平移的参数 ΔX、ΔY、ΔZ；两个坐标系统的坐标轴互不平行，在转换时具有三个旋转参数 αx、αy、αz。因此在车载 LiDAR 点云中点的坐标（$X_{车}$，$Y_{车}$，$Z_{车}$）对应的点在模型点云中的坐标为（$X_{模}$，$Y_{模}$，$Z_{模}$），那么两个坐标系统之间的转换公式为

$$\begin{bmatrix} X_{车} \\ Y_{车} \\ Z_{车} \end{bmatrix} = \lambda \boldsymbol{R}_{模}^{车} \begin{bmatrix} X_{模} \\ Y_{模} \\ Z_{模} \end{bmatrix} + \boldsymbol{P}_{模}^{车} \tag{9.6}$$

式中：$\boldsymbol{R}_{模}^{车}$和 $\boldsymbol{P}_{模}^{车}$分别表示从模型坐标到车载 LiDAR 坐标转换的旋转矩阵和平移矩阵；λ 为两个坐标系统之间尺度的比例因子，在本书中令 λ 的值为 1。

为了实现两个坐标系统之间的转换，只要求出 ΔX、ΔY、ΔZ、αx、αy、αz 这 6 个转换参数，或者直接求出式(9.6)中的旋转矩阵和平移矩阵。为了求出两个坐标系统之间的转换参数，一般在两个原始点云中找到一定数量的相对应的公共点：(Xi，Yi，Zi)和(Xi'，Yi'，Zi')，$i=1$、2、…、n($n\geqslant 3$)，然后利用一定的转换模型来求出转换参数。将两个坐标系统中提供的公共点全部转换为以中心为原点的中心化坐标，相对应的中心化坐标如式(9.7)所示

$$X_{车}^{cg} = \frac{\sum_{i=1}^{n} X_{车}^{i}}{n},\ Y_{车}^{cg} = \frac{\sum_{i=1}^{n} Y_{车}^{i}}{n},\ Z_{车}^{cg} = \frac{\sum_{i=1}^{n} Z_{车}^{i}}{n};$$

$$X_{模}^{cg}=\frac{\sum_{i=1}^{n}X_{模}^{i}}{n},\ Y_{模}^{cg}=\frac{\sum_{i=1}^{n}Y_{模}^{i}}{n},\ Z_{模}^{cg}=\frac{\sum_{i=1}^{n}Z_{模}^{i}}{n} \tag{9.7}$$

将公共点进行中心化处理后，令

$$\begin{aligned}&\overline{X}_{车}=X_{车}-X_{车}^{cg},\overline{Y}_{车}=Y_{车}-Y_{车}^{cg},\overline{Z}_{车}=Z_{车}-Z_{车}^{cg};\\&\overline{X}_{模}=X_{模}-X_{模}^{cg},\overline{Y}_{模}=Y_{模}-Y_{模}^{cg},\overline{Z}_{模}=Z_{模}-Z_{模}^{cg}\end{aligned} \tag{9.8}$$

将处理后的点坐标代入式(9.6)得

$$\begin{bmatrix}\overline{X}_{车}\\\overline{Y}_{车}\\\overline{Z}_{车}\end{bmatrix}=\boldsymbol{R}_{模}^{车}\begin{bmatrix}\overline{X}_{模}\\\overline{Y}_{模}\\\overline{Z}_{模}\end{bmatrix} \tag{9.9}$$

$$\boldsymbol{P}_{模}^{车}=\begin{bmatrix}X_{车}^{cg}\\Y_{车}^{cg}\\Z_{车}^{cg}\end{bmatrix}-\boldsymbol{R}_{模}^{车}\begin{bmatrix}X_{模}^{cg}\\Y_{模}^{cg}\\Z_{模}^{cg}\end{bmatrix} \tag{9.10}$$

因此为了求解出转换参数，可以先通过式(9.9)求出旋转矩阵，然后利用式(9.10)求出平移矩阵。采用罗德里格斯矩阵形式，可以将 $\boldsymbol{R}_{模}^{车}$ 表示为

$$\boldsymbol{R}_{模}^{车}=(\boldsymbol{I}-\boldsymbol{S})^{-1}(\boldsymbol{I}+\boldsymbol{S}) \tag{9.11}$$

式中，$\boldsymbol{I}$ 表示单位矩阵，$\boldsymbol{S}$ 表示为反对称矩阵。因此可以设 $\boldsymbol{S}$ 为

$$\boldsymbol{S}=\begin{bmatrix}0&-c&b\\c&0&-a\\b&a&0\end{bmatrix} \tag{9.12}$$

式中，a、b、c 表示为罗德里格斯参数。将式(9.11)和式(9.12)代入式(9.9)中得出

$$\begin{bmatrix}\overline{X}_{车}-\overline{X}_{模}\\\overline{Y}_{车}-\overline{Y}_{模}\\\overline{Z}_{车}-\overline{Z}_{模}\end{bmatrix}=\begin{bmatrix}0&\overline{Z}_{车}+\overline{Z}_{模}&-(\overline{Y}_{车}+\overline{Y}_{模})\\-(\overline{Z}_{车}+\overline{Z}_{模})&0&\overline{X}_{车}+\overline{X}_{模}\\\overline{Y}_{车}+\overline{Y}_{模}&-(\overline{X}_{车}+\overline{X}_{模})&0\end{bmatrix}\begin{bmatrix}a\\b\\c\end{bmatrix} \tag{9.13}$$

$$\boldsymbol{V}_{3n\times1}=\boldsymbol{A}_{3n\times3}\boldsymbol{X}_{3\times1}-\boldsymbol{L}_{3n\times1} \tag{9.14}$$

式中

$$\boldsymbol{X}_{3\times1}=[a\quad b\quad c]^{\mathrm{T}}$$

$$\boldsymbol{A}_{3n\times3}=\begin{bmatrix} 0 & -(\overline{Z}^1_{车}+\overline{Z}^1_{模}) & -(\overline{Y}^1_{车}+\overline{Y}^1_{模}) \\ -(\overline{Z}^1_{车}+\overline{Z}^1_{模}) & 0 & \overline{X}^1_{车}+\overline{X}^1_{模} \\ \overline{Y}^1_{车}+\overline{Y}^1_{模} & \overline{X}^1_{车}+\overline{X}^1_{模} & 0 \\ \vdots & \vdots & \vdots \\ 0 & -(\overline{Z}^n_{车}+\overline{Z}^n_{模}) & -(\overline{Y}^n_{车}+\overline{Y}^n_{模}) \\ -(\overline{Z}^n_{车}+\overline{Z}^n_{模}) & 0 & \overline{X}^n_{车}+\overline{X}^n_{模} \\ \overline{Y}^n_{车}+\overline{Y}^n_{模} & \overline{X}^n_{车}+\overline{X}^n_{模} & 0 \end{bmatrix}$$

$$\boldsymbol{L}_{3n\times1}=\begin{bmatrix} \overline{X}^1_{车}-\overline{X}^1_{模} \\ \overline{Y}^1_{车}-\overline{Y}^1_{模} \\ \overline{Z}^1_{车}-\overline{Z}^1_{模} \\ \vdots \\ \overline{X}^{\mathrm{n}}_{车}-\overline{X}^n_{模} \\ \overline{Y}^n_{车}-\overline{Y}^n_{模} \\ \overline{Z}^n_{车}-\overline{Z}^n_{模} \end{bmatrix}$$

利用式(9.14)，可以直接求出罗德里格斯参数：

$$\boldsymbol{X}_{3\times1}=[a\quad b\quad c]^{\mathrm{T}}=(\boldsymbol{A}_{3n\times3}{}^{\mathrm{T}}\boldsymbol{A}_{3n\times3})^{-1}\boldsymbol{A}^{\mathrm{T}}_{3n\times3}\boldsymbol{L}_{3n\times1} \tag{9.15}$$

求出罗德里格斯参数后，再根据式(9.10)求得旋转矩阵 $\boldsymbol{R}^{车}_{模}$，然后再利用式(9.11)，求得平移矩阵 $\boldsymbol{P}^{车}_{模}$。

根据求得旋转矩阵以及平移矩阵，将模型点云数据转换到与车载 LiDAR 点云数据相同的坐标系之下，对比分析两组点云数据。

9.5.4 模型数据可行性验证

由于 SSW 车载 LiDAR 系统在河南理工大学校内采集过数据，因此本次试验主要将河南理工大学的某些建筑物和街道作为主要的研究对象，首先选取有代表性的建筑物作为研究对象(图 9.10)。然后采用免棱镜全站仪、量尺测取建筑物的边界、窗户、拐角等各个特征点的信息，对原始车载 LiDAR 点云数据进行测量获得测不到的信息，然后按照 1∶60 比例，利用 PU 板制作建筑物模型数据，模型的制作精确到窗户等细节特征。图 9.11 所示为制作好的建筑物模型，图中模型的立面特征显著，整体与实际建筑物相同，可以进行精度对比分析。

图 9.10　模拟试验建筑物

图 9.11　模拟试验建筑物模型

模型做好以后，利用三维激光扫描仪获取模型的原始点云，获取的点间距为1 mm，将获取的模型点云数据放大 60 倍，放大后点间距为 6 cm，而本次试验中的车载 LiDAR 点云数据精度为 5 cm×5 cm，放大后模型点云精度与实际车载数据精度相近，因此精度满足要求。然后通过坐标转换算法将放大后的模型点云数据转换到车载 LiDAR 建筑物点云的坐标系统下。在坐标转换中的旋转矩阵与平移矩阵参数分别为

$$\boldsymbol{R}_{模}^{车}=\begin{bmatrix}-0.6434 & 0.8830 & -0.0024\\ -0.7936 & -0.5518 & 0.0183\\ -0.0791 & -0.0182 & 0.9910\end{bmatrix}$$

$$\boldsymbol{P}_{模}^{车}=[169.6298 \quad -137.8519 \quad 11.9933]$$

对转换后的点云与经过滤波提取出的试验楼车载 LiDAR 点云数据同时进行读取，对比分析两组点云数据吻合程度。图 9.12(a)为车载 LiDAR 建筑物点云图；图 9.12(b)为经过放大和坐标转换后的模型点云图；图 9.12(c)为车载 LiDAR 建筑物点云与建筑物模型点云侧视对比图；图 9.12(d)为车载 LiDAR 建筑物点云与建筑物模型点云顶视对比图。

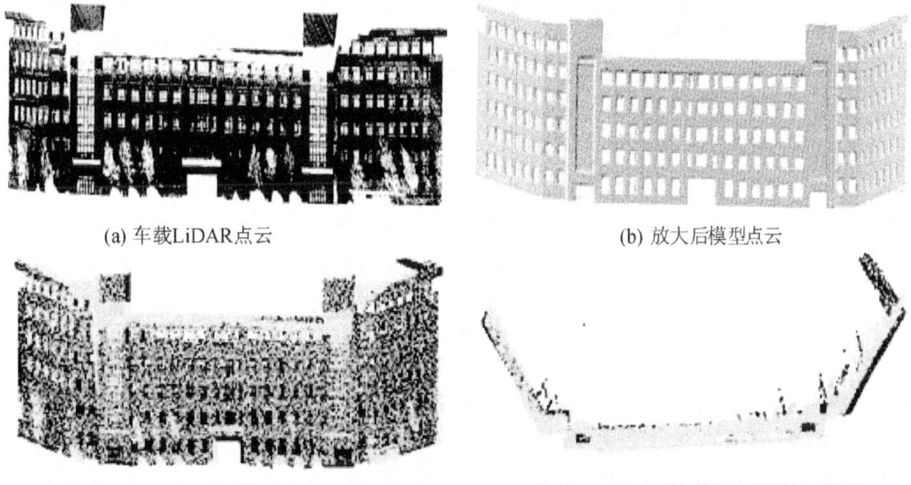

(a) 车载LiDAR点云　(b) 放大后模型点云

(c) 车载LiDAR点云与模拟点云侧视对比图　(d) 车载LiDAR点云与模拟点云顶视对比图

图 9.12　车载 LiDAR 点云与模拟点云对比

从模型对比图可以看出，经过放大以及转换后的模型点云数据与建筑物车载LiDAR点云数据整体重合度很高，尤其是两组点云在建筑物的轮廓线上几乎重叠在一起，只是在部分细节例如窗户的大小和轮廓线上还存在部分的差异。本书的此次研究主要是为建筑物应急灾情测量服务的，只需判别出建筑物的灾损类别和灾损程度，而完好建筑物三维重建中占有重要地位的门、窗等几何特征要素在以应急灾情测量为目的的建筑物立面特征提取中，则不再占有重要地位，因此可以对模型的点云数据进行研究，将建筑物模型模拟出真实建筑物的灾损状态，利用扫描仪获取点云数据，只要模型模拟的灾损形式同真实建筑物的灾损形式相符合，就完全可以利用建筑物模型的试验数据来代替真实建筑物受灾后的数据来进行研究和分析。

9.5.5 灾损建筑物模型分类

建筑物立面的损毁形式主要有：完好、倾斜、开裂、变形、局部损毁、完全损毁六种模式。基于上述六种损毁形式，分别构建对应的六种损毁模型，如图9.13至图9.18所示，每种模型分别采用六张图片进行说明。

1. 完好模型

完好模型具有以下特征：①分割后各对应立面呈竖直状态；②外轮廓线比较规则，呈水平或竖直状态；③窗户等细节特征的特征线也比较规则，窗户轮廓线呈闭合四边形，且其所在表面垂直于地面。对应效果如图 9.13 所示。

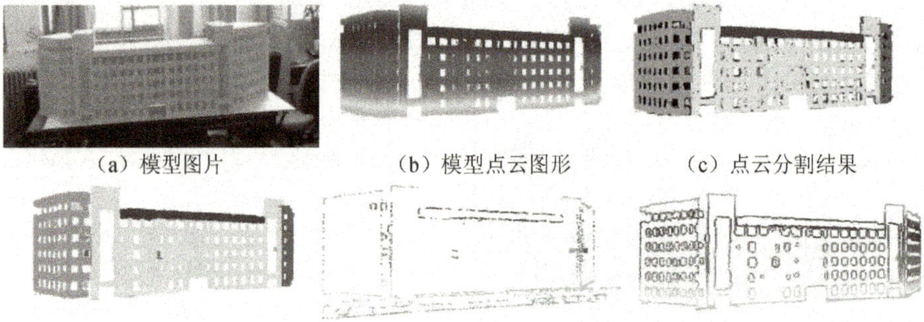

(a) 模型图片　(b) 模型点云图形　(c) 点云分割结果

(d) 去掉未分割点云后效果图　(e) 模型外轮廓特征提取　(f) 模型详细特征提取

图 9.13　建筑物完好模型与特征提取

2. 倾斜模型

倾斜模型具有以下特征：①分割后各对应立面拟合平面与地面不呈竖直状态；②外轮廓线相对比较规则，横向特征线基本呈水平状态，竖向特征线不是垂直状态；③窗户等细节特征的特征线比较规则，窗户轮廓线呈闭合四边形，且其所在表面不垂直于地面。对应效果如图 9.14 所示。

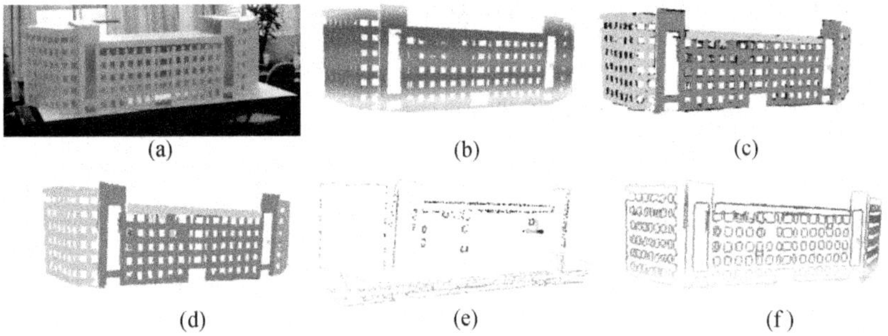

图 9.14　建筑物倾斜模型与特征提取

3. 变形模型

变形模型具有以下特征：①分割后各对应立面拟合平面与立面点云吻合程度较差；②外轮廓线的直线性遭到破坏，呈空间曲线形态；③窗户等细节特征的特征线相对比较规则，窗户轮廓线呈闭合四边形，各窗户轮廓线所在平面法向量一致性较差。对应效果如图 9.15 所示。

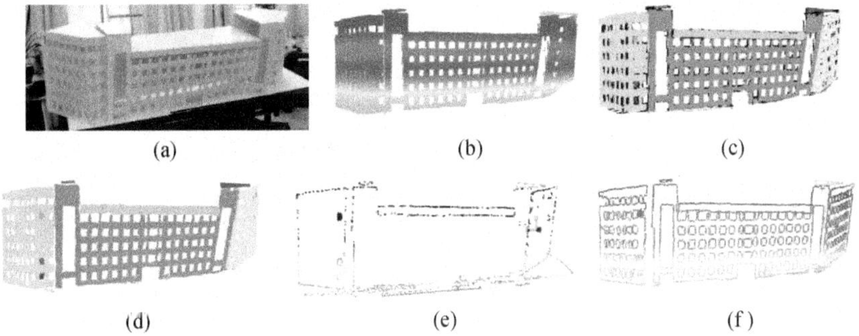

图 9.15　建筑物变形模型与特征提取

4. 开裂模型

开裂模型具有以下特征：①分割后部分立面拟合的平面与地面不垂直；②部分外轮廓线的直线性遭到破坏，呈相对复杂的空间曲线形态；③部分窗户的外轮廓线的规则性遭到破坏，各窗户轮廓线所在平面法向量一致性较差。对应效果如图 9.16所示。

5. 局部损毁模型

局部损毁模型具有以下特征：①分割后大部分立面拟合的平面与地面不垂直，且倾斜角度较大；②大部分外轮廓线的直线性遭到破坏，呈相对复杂的空间曲线形态；③部分窗户外轮廓线的规则性遭到破坏，各窗户轮廓线所在平面法向量一致性很差。对应效果如图 9.17 所示。

6. 完全损毁模型

完全损毁模型具有以下特征：①绝大多数分割面片所拟合平面与地面不垂直，

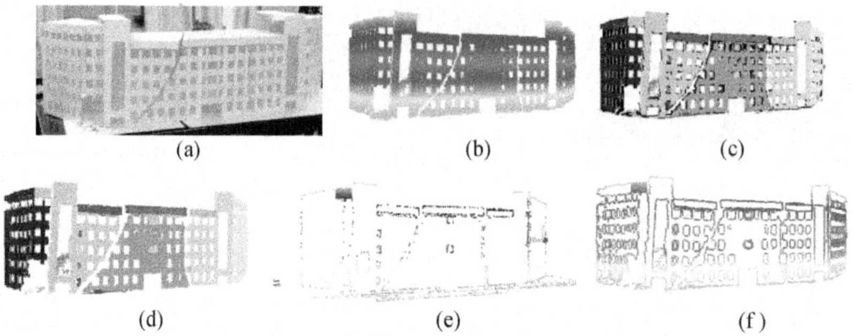

图 9.16 建筑物开裂模型与特征提取

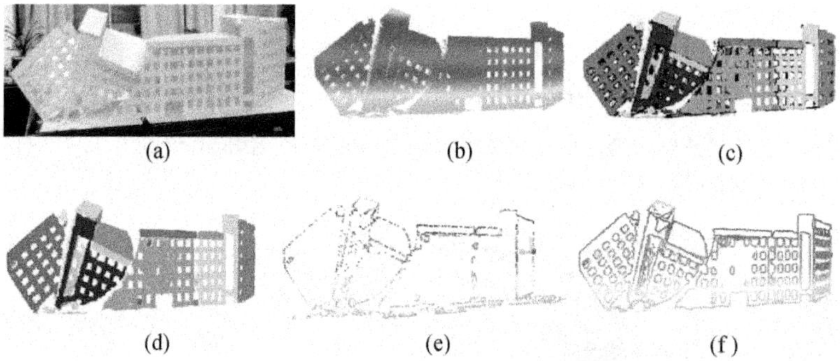

图 9.17 建筑物局部损毁模型与特征提取

且倾斜角度很大，或者根本不能分割出较大面积的平面片；②几乎所有分割面片外轮廓线的直线性遭到破坏，呈相对复杂的空间曲线形态；③绝大部分窗户的外轮廓线规则性遭到破坏，各窗户轮廓线所在平面法向量一致性非常差。对应效果如图 9.18所示。

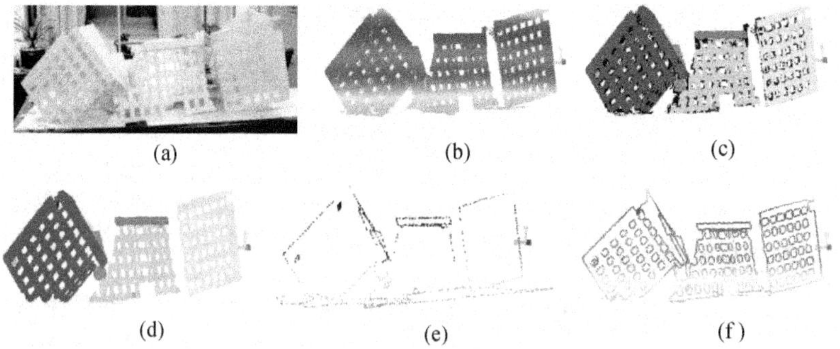

图 9.18 建筑物完全损毁模型与特征提取

当前，激光点云技术（机载 LiDAR、车载 LiDAR、地面 LiDAR）在处理建筑物对象时，绝大多数研究集中在完好建筑物的三维重建与特征提取方面，而对灾损建筑物的研究相对较少，其重要的因素是数据获取困难，很难得到能满足研究需求的数据。本书中，将科研中常用的模拟试验方法成功运用到建筑物灾情应急测量方面，给相关领域的研究工作者提供了一个有价值的参考思路，在节约研究成本、缩短研究周期、增强研究全面性方面有一定的促进。

9.6　总结与讨论

本章先从重大自然灾害应急需求和车载 LiDAR 技术对灾害环境信息获取的优势出发，详细分析和探讨了车载 LiDAR 技术应用于建筑物灾情应急测量的可行性；再从技术层次出发，分别从建筑物立面分割、建筑物特征信息提取、建筑物灾情应急测量三个方面，详细分析了相关技术方法；最后通过试验模拟的方法，对建筑物的主要灾损形式进行了模拟分析，提取了建筑物灾损的主要灾损特性信息，建立了初步的试验灾损模型，为今后进一步深入研究指出了方向。

在总结车载 LiDAR 及相关研究的基础上，本章详细分析和讨论了基于车载 LiDAR 数据的建筑物灾情应急测量方法和技术，并对灾害环境中建筑物立面的快速识别与分割、建筑物立面灾损特征要素的快速提取、基于知识发现与灾损特征要素的建筑物灾情测量等关键技术，给出了详细、可行的数据处理方法。

以我国东部中小城镇典型建筑物为研究对象，是考虑到东部地区地势平坦、交通便利，灾害发生后能保证车载 LiDAR 系统顺利抵达灾害现场；另外，中小城镇中公共设施较少，灾损严重时，车载 LiDAR 系统也能够快速获取大部分街区的建筑物灾损数据；在建筑物风格上，东、西部存在差异，以东部典型建筑物为对象构建灾损知识库，则能降低构建灾损知识库的难度，并可随着研究的深入再逐渐扩展灾损知识库的覆盖范围。本书研究是为了快速获取大场景建筑物灾损数据，着眼于从整体层面对灾情的把握，同时也兼顾局部。在灾损识别中，更关注损毁严重的建筑物。个别建筑物外表损伤较小而内部损毁较严重的情况，可看作是个例。

第10章　地下空间移动LiDAR测量技术研究

10.1　引　言

地下工程(地下矿山、地铁、隧道、停车场、人防工程等)是人们生产活动的重要设施,在国民经济建设中发挥重要作用,甚至起到非常关键的作用(刘先林,2015)。真实准确的三维场景信息对于实现地下工程的安全、稳定、高效运营和管理发挥非常重要的作用(吴立新 等,2012;李大军 等,2009;赵刚 等,2006;琚娟,2010;刘晓培 等,2015;李君丽 等,2015;顾卫峰 等,2014)。然而,地下作业环境中存在的诸多不利因素(空间狭小、光线不足、无GNSS信号、空气潮湿、地面凸凹不平等)给数据的获取工作造成极大困难,在地面上能够正常进行的数据采集活动往往在地下变得十分困难,甚至无法进行。常规的地下工程测量方法速度慢、成本高、数据量有限,无法实现整个地下场景信息的快速准确获取。基于固定基站的非接触测量技术(三维激光扫描仪、近景摄影测量、可编程控制的测量机器人、空穴探测仪等)能准确地获取地下空间大量的点云信息,对地下空间的形态进行准确的表达和描述。但受数据获取方式的限制,完成一个基站的数据采集后才能转移到下一个基站,地下工程往往为狭长空间,频繁转换基站会使工作变得十分繁重,严重影响作业效率,把大量的基站数据拼接后,误差累积会使测量结果无法满足需求(文仁强 等,2005;过江 等,2005,2006;刘希灵 等,2008)。多传感器集成的移动激光测量技术成为地下空间三维信息获取的有效手段,国外多家研究机构,包括卡内基梅隆大学、波恩大学、柏林大学、牛津大学等都开展了相关的研究(Huber et al,2005;Lingemann et al,2005;Thrun et al,2004;Baker et al,2004;Michael et al,2003),并在隧道、室内、废旧矿山中进行了实验研究,取得了很多有价值的研究成果。图10.1为地下空间数据获取与点云图像,可以看出,移动激光点云能对地下空间进行精确的描述。我国在该方面也开展了相关的研究工作,取得了一些研究成果(王植 等,2011;吴立新 等,2011;Wang et al,2011)。地下空间没有GNSS信号,高精度IMU系统也只能提供短时间内可靠的位置和姿态信息,随着时间的推移,测绘数据的可靠性逐渐变弱,乃至无法满足应用需求。我国有数以万计的矿山企业、数万公里长的地下防空工程隧道、数千公里的大型公路和铁路隧道、数十条已经建成或正在建设的地铁隧道网。要实现这些地下工程精细的三维重建,必须要有一种高效率、低成本、能适应地下空间特点的数据获取设备,并能快速处理和充分利用这些数据。地下空间信息获取需要与装备缺乏的矛盾逐渐凸显,开发能适应地下空间信息快速获取的专业装备系统的要求也提到日程上来。随着国产化传感器性能的提高，利用国产的仪器，如激光扫描仪、CCD 相机、IMU、磁罗盘等完全能够集成满足应用需求的地下移动测量三维建模系统。在国家“十二五”科技支撑计划“测绘仪器国产化及应用示范”支持下，河南理工大学与中国测绘科学研究院合作，对地下空间三维信息快速获取开展了一系列探索研究，并研发了地下移动激光测量系统。

图 10.1　地下空间数据获取与点云图像

10.2　硬件系统设计

10.2.1　应用目标

地下移动激光测量系统的主要应用对象是面向我国的地下矿山、地下人防工程，地铁，隧道等地下工程空间信息的快速、准确获取，因此对系统提出了如下要求：能较好适应地下空间作业环境，采用非接触方式快速获取地下空间三维信息；能够进行长时间作业，所获取的数据仍能满足应用需求。

10.2.2　功能设计

根据应用目标，结合地下空间特点，该系统需要具备获取激光点云的功能，以点云为基础实现地下空间的信息提取、三维建模与可视化表达。为了使地下场景更加真实，从长远发展的角度，需要获取场景内的影像信息作为激光点云的有效补充。同时，为满足长时间作业条件下所采集点云和影像数据的有效性，要求能提供高精度的位置/姿态信息。

10.2.3　主要传感器及平台选择

1. RA-0100 车载激光扫描仪

RA-0100 激光扫描仪是北科天绘 R-Angle Ⅲ系列最新的车载式激光三维测

量仪器，代表着移动激光数据采集效率新的突破。RA-0100 采用相位式测量方法，扫描频率高达 500 kHz以上，扫描视场 360°，获取的三维点云数据分布均匀、精度高。它外形轻巧，采集速度快，可安装于车辆或其他移动平台，对行驶过程中周边 360°视场进行环绕扫描测量。该款扫描仪广泛应用于电力巡线三维数据采集、城市三维信息化建模、矿山测量、隧道监测、地籍测量及监视等各种高效、高精度三维测量领域。设备示意图如图 10.2 所示。

图 10.2　RA-0100 车载激光扫描仪

(1)扫描仪的工作原理。由激光器发送连续脉冲信号，经转子连续旋转形成扫描视场，再经过一定距离范围内的目标反射后被光学接收系统收集，记录每个脉冲的收发时间及转子角度从而确定目标的空间方位，形成点云数据。

(2)扫描仪的特点。①相位式测量；②体积轻巧，运输方便；③点频高，最多可达每秒 100 万个点；④线缆集成度高，操作简单；⑤360°全方位、多回波数据采集；⑥灵活的系统集成能力，可集成多台激光扫描仪传感器；⑦全方位解决方案，可配置各类惯性导航系统，可集成于不同的车载平台；⑧软件配备完善，提供了二次开发接口。

(3) RA-0100 车载激光扫描仪的性能指标(表 10.1)。

表 10.1　RA-0100 性能指标

序号	性能指标	参数
1	光斑发射度	≤0.3 mrad
2	测距方式	相位测量
3	激光脉冲频率	500～1 000 kHz
4	测量距离	0.5～50 m(ρ≤20%)
5	测距精度	2～5 mm @50 m
6	扫描视场角	360°
7	扫描转速	≥3 000 rpm
8	测角分辨率	<0.01°
9	扫描仪重量	约 9 kg
10	工作温度	−20～50℃
11	储存温度	−20～70℃
12	系统功耗	≤80 W
13	配套软件	控制操作软件、数据解算软件
14	点云文件输出格式	XYZ、LAS、PLR(距离、角度、时间、强度、回波)等

续表

序号	性能指标	参数
15	相机控制	可定角、定时控制相机
16	时间同步	与 GPS 时间同步误差<0.1 ms,系统输出时间均为 GPS 时间

2. 位置姿态测量系统 POS 2010

(1)基本原理及特点。POS 2010 位置姿态测量系统是惯性导航系统的一种,惯性导航系统的基本工作原理是以惯性空间的力学定律为基础,通过惯性元件测量载体在惯性参考系的旋转角速度和加速度,将它对时间进行积分,并转换到导航坐标系中,最终得到载体在导航系中的速度、相对位置和姿态等导航信息(图 10.3)。

图 10.3 POS 2010 位置姿态测量系统

(2)惯导系统特点。位置姿态测量系统用于给激光扫描仪进行精确的定位定姿。POS 2010 位置姿态测量系统是一款高精度小型化位置姿态测量设备,主要用于实现对载体三个线运动与三个角运动的高频高精度测量与记录,并通过专用后处理软件对记录的原始数据进行后处理,获得载体高精度的位置、姿态测量参数。POS 2010 体积小、重量轻、精度高,目前已批量生产,并在车载移动测量系统及航空测绘领域获得了较为广泛的应用。

(3)性能指标(表 10.2)。

表 10.2 POS 2010 性能指标

序号	性能指标	参数
1	准备时间	≤5 min
2	工作温度范围	−40～50℃
3	系统质量	≤5.5 kg
4	实时姿态精度	方位精度优于 0.1°,水平姿态精度优于 0.05°
5	实时位置精度	与 DGPS 组合导航精度优于 1 m

续表

序号	性能指标	参数
6	后处理精度	航向优于 0.008°，姿态优于 0.005°，位置优于 0.3 m，速度优于 0.05 m/s
7	激光陀螺	陀螺仪零偏稳定性≤0.01°/h，陀螺仪零偏重复性≤0.01°/h，随机游走≤0.005°/h，标度因数非线性度≤10 ppm，测量范围≥±300°/s，启动时间≤10 s
8	加速度计	测量范围±20 g，零偏月重复性≤10 ug，标度因数月重复性≤50 ppm
9	供电	供电 28±4 V
10	功耗	额定功率≤40 W
11	数据存储	自主存储于 CF 卡
12	接口	具备接收民用 GPS 接收机的 TTL 电平的 PPS，和 RS232 接口或兼并 RS422 接口
13	其他要求	与 GPS 时间同步误差＜0.1 ms；能够输出原始数据：时间、3 个加速度增量、3 个角度增量；系统输出时间为 GPS 时间系统；输出 1～50 Hz 可调频脉冲，并记录时间

3. 履带机器人平台 STR-R03

履带机器人平台 STR-R03(图 10.4)是仪器设备承载平台，适合地面崎岖不平环境。该款履带机器人主要材质为铝，带有翻转结构，可以运行在水泥路面、平地、斜坡、台阶、废墟等很多场合。仪器重约 20 kg，载重 30 kg 以上，能够在地下狭小空间进行作业。它的一些性能指标与参数如表 10.3 所示。

表 10.3　STR-R03 相关指标

序号	性能指标	参数
1	主机	一台，并包含：包装箱一个，充电器四个，说明书一本，拆装工具一套，光盘一张，备用配件等
2	电源	包含电池动力系统及充电器等
3	主动电机	由直流减速电机、电机驱动器、减速箱等组成
4	翻转电机	由直流减速电机、驱动器、减速箱等组成
5	编码器	增量编码器

4. 轮式机器人小车平台 JL-DP668 型

轮式机器人小车 JL-DP668(图 10.5)是仪器设备承载平台，适合地面平缓环境。这是一款四轮独驱智能机器人小车底盘，主体采用全钢制造，坚实耐用。仪器为四驱轮式运行方式，可以运行在水泥路面、平地、斜坡、石子路面等很多场合。仪器平台上可以搭载多种仪器，其载重量可以达到 50 kg，非常适合本套系统。它的一些性能参数如表 10.4 所示。

图 10.4　履带机器人平台

图 10.5　轮式机器人平台

表 10.4　JL-DP668 相关指标

序号	性能参数	指标
1	主体结构	全钢结构
2	控制方式	需要加装控制，人工遥控控制，遥控距离>20 m
3	运动方式	轮式
4	驱动方式	四驱
5	动力蓄电池	30 kg 载重负荷下，单个蓄电池工作时间>2 小时
6	爬坡角度	≥30°
7	可载重	≥50 kg
8	行驶速度	≥1 m/s
9	主体尺寸	长≥0.8 m；宽≥0.6 m；高≥0.25 m
10	机身净重	<60 kg
11	总功率	≥200 W
12	工作电压	DC24V
13	驱动轮直径	≥0.25 m
14	底板离地间隙	≥75 mm
15	顶板面积	≥600 mm×600 mm

5. 与系统配套的其他设备

作为一套完整的数据采集与处理系统，除上述设备外，地下移动测量系统还配备有高性能笔记本电脑、锂电池以及图形工作站。其中，笔记本电脑作为移动测量系统控制和数据存储中枢，实现对激光扫描仪、惯导数据的实时采集与设备控制；

大容量锂电池为移动测量系统各传感器动力来源；图形工作站作为数据后处理平台，能够满足海量数据的流畅加载、浏览及操作功能。

10.2.4 集成方案

1. 系统对地下作业环境的适应性

地下作业环境与地上环境存在明显差异，不但空间狭小、光线不足、空气潮湿、地面凸凹不平，而且往往还要求很高的安全保障（例如煤矿），因此系统的设计必须能适应地下作业环境。主要从如下三方面考虑：①小型集约化设计，尽量减轻重量、减小体积、降低能耗；②稳定的工作状态，能经得起颠簸、晃动、噪音、粉尘多、空气潮湿、光线不足等不利因素的影响；③足够的安全保障，系统易于操控，有防侧翻、防碰撞设计，在特殊环境中（例如煤巷）还需要有防爆措施。

2. 集成原理

根据应用目标和系统功能设计，将系统分为动态测量部分和静态纠正部分。动态测量部分由数个数据采集子系统高度集成，安装在轻便的移动平台上，在移动过程中快速获取地下空间三维信息；静态纠正部分由一系列三维空间合作标靶组成，根据一定原则分布在地下空间中，其作用相当于控制点组合，对移动测量系统获取数据进行位置和姿态纠正。

3. 系统集成

移动平台系统主要包括以下几个子系统：激光扫描系统、影像获取系统、POS系统、数据传输与存储系统、动力系统、合作标靶系统、其他附属系统等。地下移动LiDAR系统总体框架设计技术路线如图10.6所示。激光扫描系统采用线阵激光扫描仪，在移动过程中获取地下空间详尽的三维点云，是地下空间数据获取的主要传感器；影像获取系统获取同步彩色影像、红外影像；IMU/里程计组合系统实时获取位置/姿态信息；合作标靶系统布设在地下空间内，它们和位置和姿态由常规精密测量方法精确测定，其作用相当于位置/姿态的控制点；动力系统负责移动平

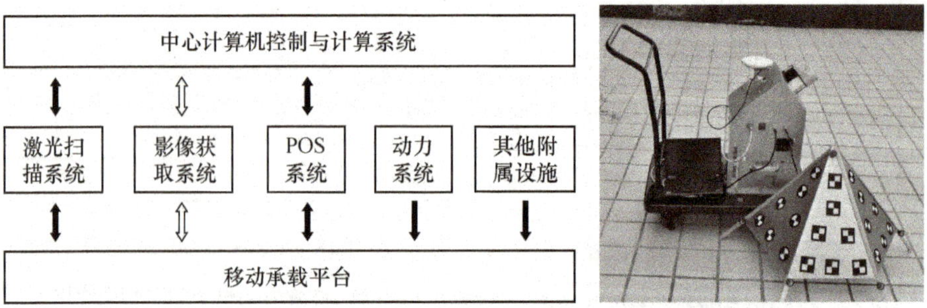

（a）框架　　（b）实物

图10.6　地下移动LiDAR系统

台、各传感器系统、数据的传输与存储、照明等所有动力供应。考虑到了系统集成的发展性及当前应用的实际需求，系统预留了影像获取系统接口，没有实际安装相机。考虑到内外一体化的作业模式，POS系统保留了GNSS的室外定位功能，由GNSS、IMU和里程计紧密耦合。图10.6(a)为地下移动LiDAR系统总体框架设计，图10.6(b)为实物。

10.3　合作标靶

地下空间无GNSS信号，移动系统中各传感器的位置和姿态由自主导航系统实时提供，随着时间的增加，导航系统的漂移量逐渐增加，由此引起的测量误差也逐渐增加，所获得测量数据的可靠性逐渐降低。为了将地下测量误差控制在允许范围内，引入了合作标靶的概念，其相当于控制点，通过由多个合作标靶构建的“控制网”，达到对移动系统位置和姿态的有效精度控制，最终保证测量数据质量的整体可靠性。

10.3.1　合作标靶材料

与其他数据一样，合作标靶信息也是在动态过程中获取的，将合作标靶信息快速准确地从原始点云中分离出来，需要使表征标靶的点云与周围地物明显区别出来，除了标靶的空间形态外，最重要的一个途径是通过点云图像中反射强度的差异来区分。激光扫描仪通过发射固定波长的激光束来测量仪器中心距离目标地物的距离，不同的地物由于材质的不同，对激光束的反射强度也不同，激光扫描仪在接受地物反射的激光束时，将强度信息也一并记录下来。因此，合作标靶材料选择时需要根据激光扫描仪特定的波长，选择反射信号强的材料，以使标靶能明显与周围环境区分开来。依据标靶材料选取原则，地下空间LiDAR研究团队分别对工程级反射膜、铝合金板、激光反射片、木板、油漆板、石膏板、背胶相纸等10余种认为可作为标靶的材料进行了试验，从当前业内同行试验经验看，背胶相纸是一种常用的标靶材料，不但有良好的激光反射效果，而且可以通过打印机打印任何设计的图形，价格便宜、使用方便。因此在本书中，采用背胶相纸组合成为三维标靶，开展更深层次的研究工作。为了适应地下空间潮湿的环境，也选用具有较好防水功能的车用发光贴为标靶材料，根据需要组合成标靶图形。

10.3.2　标靶图形设计

合作标靶虽然在作用上类似于控制点，但在布设的时候则是在某一个区域集中布设，标靶并不是单独放置的，而是一组标靶按照一定的原则集中布设在一个较小的范围内，一方面是利于多个标靶的共同作用达到精确控制的目的，另一方面也是为了更方便使用传统方法对标靶的空间位置和姿态进行精确测量。在地下空间信息获取时，主要选用三种形式的标靶图形（图 10.7），图 10.7(a)～图 10.7(c)分别为方形平面标靶、十字形平面标靶和三维立体标靶，方形标靶和立体标靶使用背胶纸材料，十字标靶使用车用发光贴材料。三种标靶常配合使用。平面标靶主要用于基于空间位置的纠正，立体标靶则可以同时进行位置和姿态的纠正，通常情况下，平面标靶和立体标靶配合使用。

10.3.3 位置姿态纠正

合作标靶的作用相当于控制点组，对平面合作标靶来讲，其每个角点相当于一个控制点，对三维合作标靶来讲，每个图形的中心相当于一个控制点。在使用移动测量系统获取数据前，先使用高精度全站仪精确测量每个标靶（全部或部分）的特征点，这些特征点的空间关系已经精确标定，对测量值进行平差，可精确计算标靶的空间位置和姿态。移动测量系统获取数据时，标靶摆放位置相距系统很近，系统在合作标靶表面获取密集的点云数据，通过人工交互或自动提取方式，精确提起各特征点的点云坐标，每个点云坐标中都带有位置信息和姿态信息。

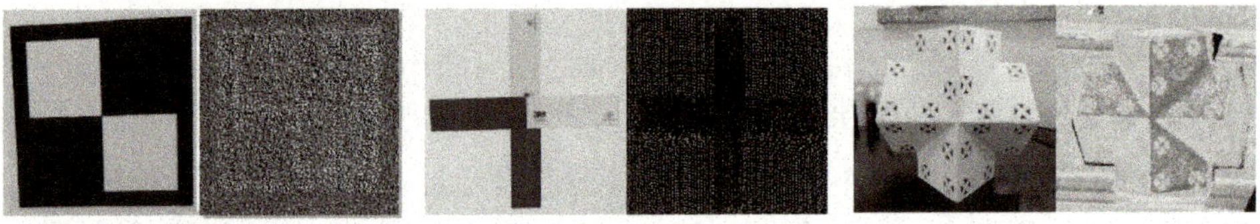

(a)方形平面标靶　　(b)十字形平面标靶　　(c)三维立体标靶

图 10.7　标靶图形设计

由于地下空间没有 GPS 信号，激光点云的位置和姿态推算是根据 IMU 和里程计获取的数据进行推算的，激光点云的位置和姿态的推算具有累积性，误差的累积与时间基本成正比关系。系统获取每个标靶所用的时间（从获取标靶第一个点到最后一个点）很短，在这段时间内，可以认为相对的误差累积很小，同一个标靶上的点具有相同的位置误差和姿态误差。根据多余观测，列出误差方程，平差可求出每个标靶上激光点的位置和姿态误差。对两标靶间的点位和姿态纠正，采用按时间差分配的原则。

10.4　软件系统开发

使用地下移动 LiDAR 系统获取地下空间密集点云数据后，最重要的是对数据的处理和应用（Li et al，2013）。

10.4.1　软件系统基础数据

1. 对象元素

煤矿巷道系统主要由延伸型的巷道、团状的硐室及有多个连通点的巷道节点组成，在形态上与水管有相似之处（水管主要由管道、阀门和接头构成），因此借助水管组件的思想对巷道系统进行建模：把巷道系统抽象为一个水管系统，将巷道模型抽象为三类对象元素：巷道体包括直巷道和弯巷道，如图 10.8(a)和图 10.8(b)所示；节点体如图 10.8(c)和图 10.8(d)所示；硐室体如图 10.8(e)所示。分别与上述水管组件管道、接头和阀门相对应；水管各组件之间都是通过螺纹进行连接，所有对象之间通过相同方式进行连接，巷道模型对象元素之间也借鉴螺纹的思想，采用一种简单、统一的接口方式实现不同对象体之间的关联（图中各对象体中标示 1 的地方均为接口）。

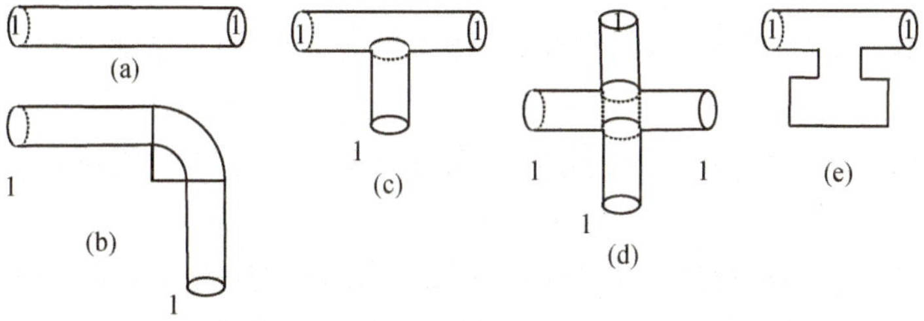

图 10.8　地下巷道基本对象元素

每个对象元素都可以看作独立的单元，其与外界的联系都是通过接口进行的，通过对象间接口的关联，不同对象元素有效组合起来，最终构建完整的巷道数据模型，图 10.9 为由三类对象元素构建的巷道模型示意图，其中 a、c 为节点体，b、f、d 为巷道体，e 为硐室体。

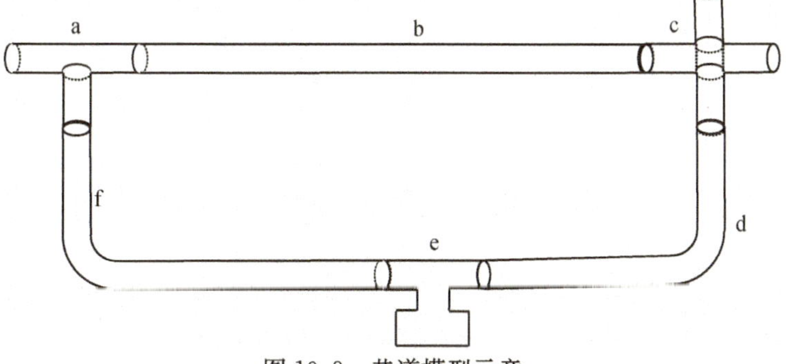

图 10.9　巷道模型示意

庞大的煤矿巷道系统往往包含大量的对象元素，这可能给数据管理带来一定程度的困难，为有效管理这些对象元素，需要把若干对象元素组合为高一层次的对象组合体(简称组合体),图 10.9 中由数个对象元素组合成的巷道模型可以整合为一个组合体。组合体也通过接口与外界联系,图 10.9 中的组合体包含三个接口。

2. 数据元素

精细煤矿巷道三维数据模型的构建是建立在大量的三维激光扫描点云数据基础上的,精细、逼真和细节突出是该模型的特点,因此上述三类对象元素需要在真实数据的支持下,准确反映出巷道各部分的真实空间形态。对原始点云数据进行处理,构建四类基本数据元素:点、点环、环带、三维 TIN。这四类基本元素构成了模型对象元素的数据基础。

(1)点。点是最基本的数据单元,由 X、Y、Z 三个坐标值组成,如图 10.10(a)所示。激光扫描仪获取煤巷场景内大量的三维点云数据,这些数据中除包含必要的巷道壁数据点外,还包括其他一些非必要数据点,需要对原始点云进行必要的数据预处理工作,保留巷道壁数据,滤除其他非必要数据。还需要对预处理后的数据点进行坐标转换,将所有空间点都存放在同一坐标系内赋值。

(2)点环。点环是由一系列按顺序排列的数据点构成的闭合环,如图 10.10(b)所示。点环生成方法如下:垂直于巷道中线作剖面,找出落在剖面两侧一定距离范围内的点集;把剖面作为投影面,点集中的数据点在上面投影产生新的点集,其中的数据都在一个平面内,可近似看作巷道的一个剖面;在相关规则约束下,设置一定误差限差,对其中散乱无序的数据进行简化、插值、排序等操作,构成一个有序排列的点环,点环准确地描述了其所在剖面的空间形态特征。

(3)环带。环带是由两条相邻点环通过一定规则构建的带状 TIN,如图 10.10(c)所示。每个点环相当于巷道的一个剖面,能准确地反映出其所在局部巷道断面的空间形态特征,对相邻两个点环构建 TIN,能准确地表达其所在局部巷道的空间形态特征。环带是巷道体模型构建的基础,也是不同对象体模型连接的纽带。

(a)点　(b)点环　(c)环带　(d)三维TIN

图 10.10 数据元素

(4)三维 TIN。三维 TIN 用于对煤巷中不规则形体部位的表达,主要是对硐室体和节点体的表达,如图 10.10(d)所示。由于硐室体有两个接口,节点体有多个接口,用于表达接口的数据只能参与部分的构 TIN,因此三维 TIN 的构建是有约束条件的。三维 TIN 能准确地表达出巷道在不规则部位的空间形体特征,而这些不规则部位在巷道模型中往往发挥更重要的作用。

3. 数据结构

(1)基本数据结构。每个对象元素(包括巷道体、节点体和硐室体)都是独立的对象,数据成员都包含序号、属性、数据、拓扑、操作、接口,组合体的数据成员则包含序号、属性、数据集、对象集、拓扑、操作、接口。其中序号是各对象的唯一标识号,数据、拓扑、操作和接口各由一个专门类来负责各种操作,数据集和对象集是组合体中两个指针数组。对象元素和组合体的基本数据结构分别描述如下:

```
Class BaseObject //对象元素
{
    int id;                  //序号
    CAttribute attr;         //属性
    CData data;              //数据
    CTopology topo;          //拓扑
    COperation oper;         //操作
    CInterface inte;         //接口
};
```

```
Class ComObject //组合体
{
    int id;                          //序号
    CAttribute attr;                 //属性
    std::vector<CData>data;          //数据集
    std::vector<BaseObject>obj;      //对象集
    CTopology topo;                  //拓扑
    COperation oper;                 //操作
    CInterface inte;                 //接口
};
```

(2)数据(集)。激光扫描仪获取了煤矿巷道密集的点云数据,需要根据实际的煤巷空间形态,采用交互方式完成点云的分块处理,然后给分割后的各点集赋属性值,并根据所要生成的对象类型进一步处理各点集数据,生成符合要求的数据。巷道体在空间形态上呈线状延伸分布,在局部细节上存在差异,在整体上相似,结构简单。对分割后的巷道体点集,采用相应算法自动拟合出巷道体模型的中线,垂直于中线按一定间隔生成一系列剖面,数据点在这些剖面上投影进而生成一系列点环数据,如图10.10(b)所示,这些点环是巷道模型的数据基础。由于每个点环相当于巷道的一个剖面,相邻点环在空间形态上非常接近,对相邻两个点环按照一定法则构网就形成一个环带,如图10.10(c)所示,对所有相邻点环重复进行环带生成操作就生成了一个环带集合。每个环带都准确描述了其所在狭窄区域巷道的局部细节特征,这个环带集就准确地描述了巷道体各部分的细节特征,实际上,环带集中的各个环带并不是孤立的,所有环带的生成过程就是一个完整TIN生成过程。它不但准确描述了巷道体的细节特征,而且结构简单、表达灵活,对于巷道体的表达具有明显优势。硐室体是巷道壁向外延伸的部位,内部连通呈不规则形状,有两个接口与外界联系。分割后的硐室体点云数据中存在噪声和空洞,先进行预处理工作(去噪、补洞、简化等),并在两个接口处进行点环生成操作,各自生成一个点环,然后对所有数据点构建三维TIN模型,点环数据在参与计算过程中是受约束的。由于硐室体形状不规则,空间TIN模型能准确地表达其各部分的细节特征。节点体与硐室体相似,所不同的是节点体有三个以上的接口。组合体的数据是一个指向子元素数据的指针数组,每个子元素中的数据都是一个 TIN,组合体中各子元素数据通过接口处的环带把各个分块的 TIN 连接为一个更大的 TIN,这个 TIN 准确地描述了组合体各部分的细节特征。巷道体数据除包含由点环组成的 TIN,还包括两端作为用作接口数据的点环,如图 10.11(a)所示。巷道体、硐室体、节点体、组合体中的数据除包含自身数据构成的 TIN,还包括用于接口数据的点环,如图 10.11(b)所示,每类对象的数据分别由一个专门的数据管理类负责管理,这些类分别为:巷道体数据管理类、硐室体数据管理类、节点体数据管理类、组合体数据管理类。

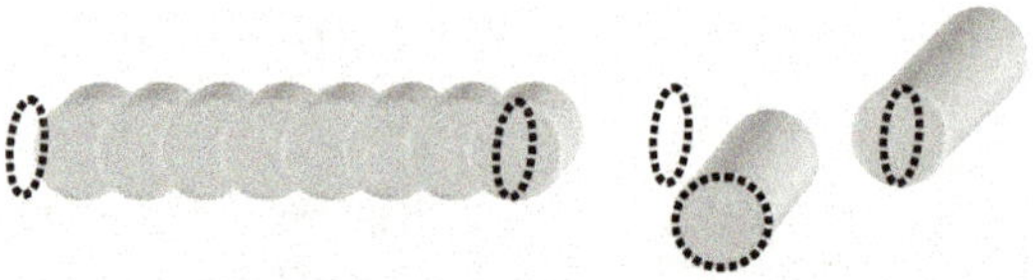

(a) (b)

图 10.11 对象元素的数据

(3)接口。接口是对象元素(或组合体)之间联系的纽带,是对象间高效、智能通信的主要通道,直接关系到整个巷道模型建设的质量。接口类负责接口的各项功能操作,主要解决以下四个方面的问题:①接口关系发生变化时(连接或断开)的数据变动。虽然各对象元素(或组合体)在空间形态上不同,但所有接口处的数据都是一个点环,相邻对象元素进行组合时,只需要对接口处的两个点环构建环带,就完成了两个对象元素的数据连接。两接口连接后产生新的数据,采用如下规则存储这些新数据:若对象元素相同,则按先后顺序存储;若不同,则优先的顺序为:巷道体、硐室体、节点体、组合体。接口断开是接口连接的逆操作。②通过接口连接的不同对象元素(或组合体)数据的一致性表达。接口与数据管理类进行通信,主要由数据管理类中的函数功能完成。③组合体的接口。组合体中各子元素的接口都由一个属性值标示,没有参与过环带计算的接口将作为组合体的接口。④高效、智能的信息交换,由接口类中的一系列智能函数来完成。

(4)拓扑关系。对象元素(组合体)间的拓扑关系有两类:①数据层面的拓扑关系,即对象元素(组合体)所包含数据间的拓扑关系;②对象间的拓扑邻接关系,即由接口关联的对象元素(组合体)间的邻接关系。巷道体、硐室体、节点体、组合体的拓扑关系分别由一个专门的拓扑管理类负责管理,这些类分别为:巷道体拓扑管理类、硐室体拓扑管理类、节点体拓扑管理类、组合体拓扑管理类。

(5)操作。对象元素(组合体)除使用专门的类负责数据、接口和拓扑关系的管理,还需要一系列的功能函数集实现各种操作。

4. 数据处理整体模式

数据处理整体模式如图 10.12 所示，其基本描述为：对散乱点云进行处理，在节点体和硐室体内的点云，在完成数据简化处理后，构建为三维 TIN 模型，巷道体和节点体内的点云，进行有序化处理生成点环。相邻两个点环构建 TIN 模型，生成环带。位于巷道体最外侧的点环依旧保留，与环带共同构成巷道体模型。巷道体和节点体最外侧的点云有序化处理为一个点环，与三维 TIN 一起构成巷道体模型和节点体模型。

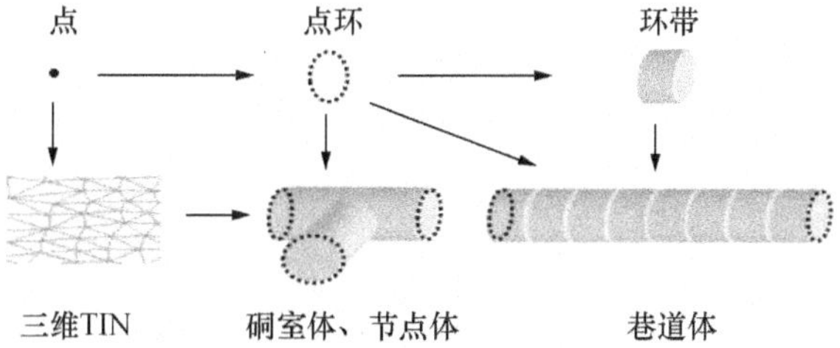

图 10.12　数据处理整体模式

10.4.2　软件系统设计

1. 框架设计

系统主要包括以下功能模块：三维场景组织、用户漫游、用户交互操作、大规模场景数据的动态调度与管理、立体显示支持、三维建模、灾害测量应用等。

2. 数据组织管理

基于海量点云数据，构建金字塔三维点云模型，建立多级别、多块的三维点云，并利用空间索引方式(四叉树索引、八叉树索引、BSP 树索引等)组织点云数据，采用分页数据的存储及调度方式，实现海量点云数据的快速显示。

3. 操作方法

软件系统的操作方法分为两类，普通操作和专业操作。普通操作指作用于全局的、容易操作和最常用的操作命令，包括图像的缩放、移动、旋转、清除、中心化、圈选、撤销、恢复等；专业操作包含一定专业性质，通常需要进行参数设置的操作命令，包括裁剪操作、去噪、补洞、格网化、坐标提取、区域复制、查询、分析等。

4. 专业模块

对地下空间采用分块建模方式，构建不同的对象体，每个对象体有自身的数据及数据处理方法，各对象体间采用功能强大的“接口”模块实现无缝连接。在理论研究的基础上，开发出面向地下空间三维建模的通用算法模块，并在通用建模算法的基础上，进一步针对性地开发不同的专业模块，如隧道专业模块、煤矿巷道专业模块、金属矿山专业模块、人防工程专业模块、地铁专业模块等。

10.4.3 原型系统开发

基于上述建模思想，开发了精细煤矿巷道三维建模原型系统 3DMM，如图 10.13 所示。图 10.14 描述了直伸型巷道体模型的生成过程，其中，图 10.10(a)为根据原始点云拟合的中线，图 10.10(b)为根据投影面生成的点环数据，图 10.10(c)为由点环数据生成的巷道体 TIN 模型。

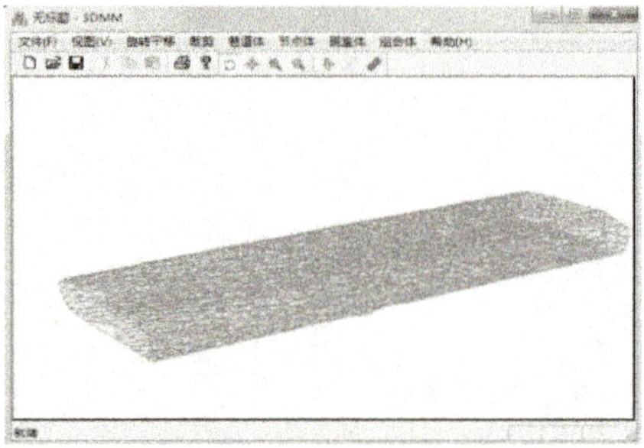

图 10.13 3DMM 系统界面

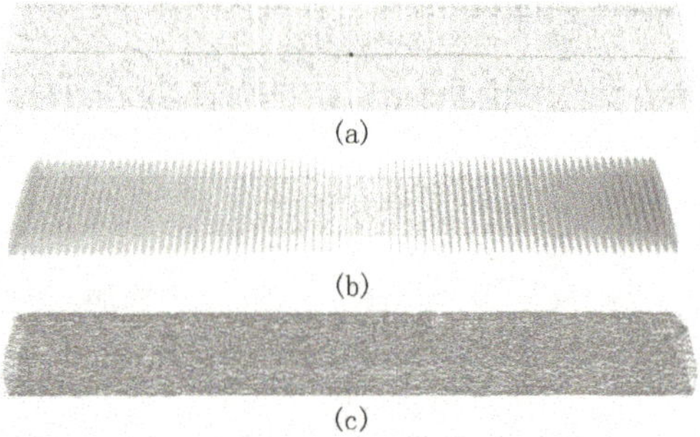

图 10.14 直伸型巷道体模型的生成过程

10.5 试验分析

试验区选择北京地铁 15 号线某路段，该路段跨越 3 个站台，长度约为 3 km。由于该路段地铁当时尚未竣工，混乱的施工现场及地铁内的积水，给数据采集带来了困难。通过对试验区的考察分析，科研组对采集系统进行了适当的改装，将数据采集系统安装在能在轨道上滑行的平板车上，如图 10.15 所示，通过人力方式，以步行的速度获取地铁隧道内详尽的激光点云数据，图 10.16 为数据获取现场图像，30 分钟即完成了 3 km 地铁隧道数据采集工作。

图 10.15 改装后的地下移动激光测量系统

图 10.16 地铁数据获取

传感器的优良性能保证了数据获取的质量，图 10.17 为地铁整体效果图，图 10.18为地铁内点云效果图。所获取的有效点云数据间隔约为 2 cm，保证了对整个地下空间场景的精细描述，各部分的细节特征都能够被精细描述。在本试验中，每 25 m 布设一个十字形控制标靶，保证有足够的控制标靶密度，用来对传感器进行位置和姿态的纠正。

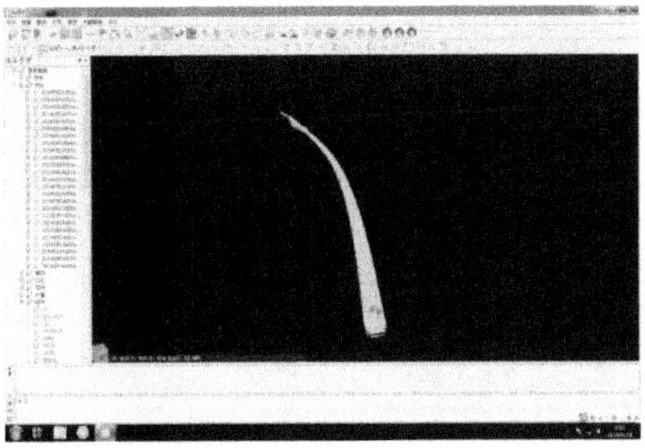

图 10.17　地铁整体效果

图 10.18　地铁内部效果

试验选择 34 个控制点，完成对整体点云坐标的位置纠正。为了验证纠正后点云的精度，试验每 50 m 选择 1 个检查点，共 21 个，点位纠正后点云坐标和人工测量坐标对比如表 10.5 所示。按公式 $m=\pm\sqrt{\frac{W}{2n}}$，计算得到 X、Y、Z 三个方向的中误差分别为 $m_x=\pm0.051$ m，$m_y=\pm0.162$ m，$m_z=\pm0.096$ m，点位中误差为 $m_t=0.195$ m。从试验结果看，点位中误差为 0.195 m，小于 0.25 m 的设计要求，能够满足地下空间的准确定位及精细三维重建的要求。

表 10.5　点位精度检查对比　　单位：m

点号	检查点点云坐标			检查点人工测量坐标			坐标差		
	X(*)	Y(*)	Z	X(*)	Y(*)	Z	dX	dY	dZ
t1	817.692	872.170	24.904	817.686	872.251	24.941	0.006	−0.081	−0.037
t2	880.687	877.544	26.091	880.691	877.738	26.092	−0.004	−0.194	−0.001
t3	796.974	875.011	25.924	796.998	875.225	25.903	−0.024	−0.214	0.021
t4	712.447	873.752	25.799	712.370	873.384	25.562	0.077	0.368	0.237
t5	792.757	684.836	17.049	792.754	685.013	17.001	0.003	−0.177	0.048
t6	770.932	688.175	17.135	770.966	688.289	17.098	−0.034	−0.114	0.037
t7	739.322	688.148	18.380	739.288	688.031	18.445	0.034	0.117	−0.065
t8	724.880	695.888	17.324	724.891	696.011	17.234	−0.011	−0.123	0.090
t9	681.258	705.781	17.485	681.266	705.902	17.379	−0.008	−0.121	0.106
t10	635.333	719.663	17.624	635.428	719.790	17.517	−0.095	−0.127	0.107
t11	589.739	736.914	17.850	589.846	737.008	17.739	−0.107	−0.094	0.111
t12	524.262	764.478	18.098	524.308	764.618	18.010	−0.046	−0.140	0.088

续表

点号	检查点点云坐标			检查点人工测量坐标			坐标差		
	X(*)	Y(*)	Z	X(*)	Y(*)	Z	dX	dY	dZ
t13	477.980	784.120	18.228	478.038	784.274	18.122	−0.058	−0.154	0.106
t14	433.458	803.091	18.388	433.499	803.201	18.281	−0.041	−0.110	0.107
t15	345.098	838.124	19.282	345.146	838.297	19.157	−0.048	−0.173	0.125
t16	299.980	852.399	20.086	300.053	852.584	19.914	−0.073	−0.185	0.172
t17	233.420	863.307	21.966	233.374	863.147	22.019	0.046	0.160	−0.053
t18	117.107	882.367	23.253	117.168	882.505	23.229	−0.061	−0.138	0.024
t19	069.377	883.235	24.068	069.448	883.409	24.026	−0.071	−0.174	0.042
t20	970.592	880.922	25.431	970.594	880.935	25.427	−0.002	−0.013	0.004
t21	946.172	875.051	26.740	946.178	874.922	26.691	−0.006	0.129	0.049

X方向中误差	Y方向中误差	Z方向中误差
±0.051	±0.162	±0.096

注：为数据安全，* 为该项坐标前取3位有效数字。

10.6 本章小结

本章先进行了移动LiDAR技术服务于地下空间灾害测量的必要性和可行性分析，然后在阐述地下移动激光测量系统工作原理的基础上，重点阐述了系统集成中的几个关键技术问题，包括硬件系统集成、三维合作标靶研发、位置姿态纠正等，最后以实例应用说明了该系统的高效性和精确性。系统的高度集成和相对轻便的模块化设计是该系统适应地下环境的先决条件，从实际应用看，系统对地下空间有较好的适应性，但仍存在一定的减重空间，今后将进一步对系统进行优化设计。合作标靶是该系统的重要特色，在合作标靶的支持下，获取数据的整体精度得到保证，从实际应用来看，布设的合作标靶数量较多，前期工作量相对较大，后续研究中，需进一步加强合作标靶的研究，在标靶材料、形状、尺寸等方面进一步规范化，并深入研究标靶布设方案，以尽可能减少标靶布设数量，提高作业效率。在三维合作标靶的支持下，进行位置姿态的联合解算，对于提高数据解算质量具有重要作用，但严密的解算模型需要大量的研究工作，这是进行研究的重点内容。地下移动激光测量系统能实现地下空间三维数据的精确获取，但最终的目的还是要更加充分地使用这些数据，因此如何根据移动系统获取地下空间数据的特点、研究数据处理的理论和方法、尽可能获取更多更有价值的信息、更加充实地使用这些数据，则是地下移动激光测量系统今后相当长一段时期内的重要工作。

第 11 章　车载 LiDAR 信息处理系统

本书采用的车载激光扫描系统功能只有信息的采集、记录与监控输出，没有激光扫描数据的后处理与建模工具，也没有现成的软件处理系统可以利用，因此有必要开发相应的数据处理软件系统，以满足信息提取与建模以及可持续性研究的需要。基于上述原因，笔者开发了一套车载激光扫描信息处理软件系统（VLSS）（李永强，2007）。

11.1　系统目标

开发一套具有自主知识产权、针对车载激光扫描数据、专业技术含量高的软件系统。

另外，在系统的开发中还要遵循以下原则：

（1）实用性。系统开发的主要目的是为信息提取和当前研究服务的，必须能够解决当前研究中遇到的实际问题。

（2）易操作性。本系统是以很强的专业技术为依托的，为了让更多的人能操作该系统，要求系统有易掌握的操作命令和友好的交换界面。

（3）可扩充性和易维护性。为后继的研究预留充分的空间，使该项研究可持续性地不断向前发展。

11.2　系统设计

在本节中只介绍车载激光扫描信息处理软件系统（VLSS）的总体设计与结构，如图 6.1 所示，系统的总体设计与结构主要分五个部分：

（1）点云显示。从 Access 数据库中分块读取数据，数据块的大小和位置可以动态调节，数据块经坐标转换后得到 OpenGL 环境下的点云图像。

（2）普通操作。指作用于全局、容易操作和最常用的操作命令，包括图像的缩放、移动、旋转、清除等。

（3）专业操作。包含一定专业性质，通常需要进行参数设置的操作命令，包括裁剪操作、去噪、补洞、格网化等。

（4）专业模块。目前主要实现了公路环境、城市环境和隧道的专业模块开发，堤岸、斜坡模块正在开发完善中，其他专业模型需要在后继的研究中不断添加。

(5)成果表达。目前成果的表达主要为点状地物、线状地物、面状多边形和表面格网的形式表达，数据存储在 Access 数据库中，其他类型的数据成果以及数据输出形式需要在后继研究中进行补充。

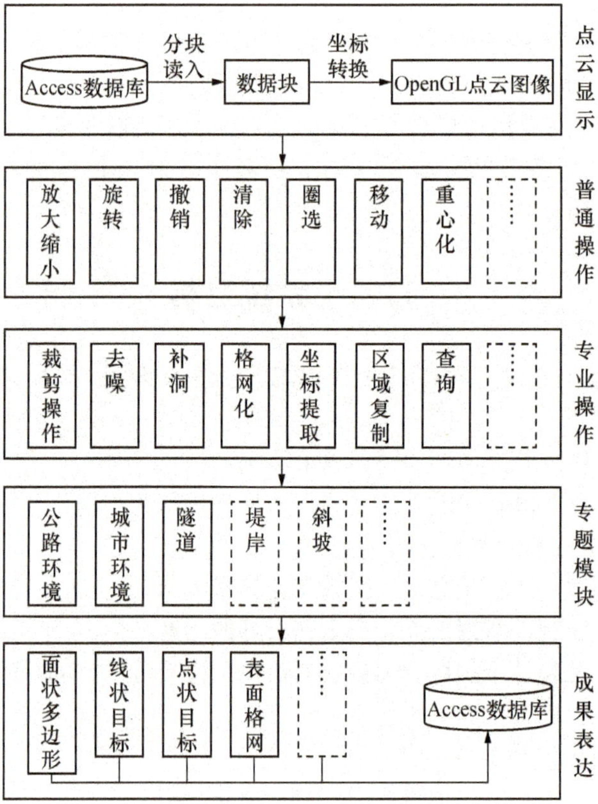

图 11.1 车载激光扫描信息处理系统总体设计与结构

11.3 系统实现

以 VC+.NET 和 OpenGL 为开发工具，采用 ADO 数据库绑定技术，开发了基于 MFC 单文档的软件系统。VLSS 系统主界面如图 11.2 所示。

另外，系统设计了友好的、功能完备的交互界面，图 11.3 为其中的点云参数设置界面和公路三维信息提取界面。

图 11.2　车载激光扫描信息处理软件系统主界面

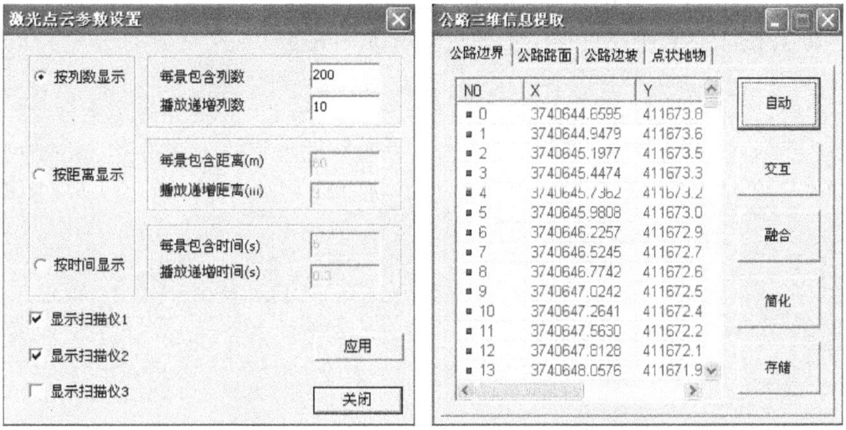

(a)激光点云参数设置界面　　(b)公路三维信息提取界面

图 11.3　VLSS 系统交互界面

11.4　系统应用

笔者在车载激光扫描研究的过程中不断进行系统的开发和完善，系统的开发过程贯穿了笔者研究的整个过程，系统的功能包括了笔者研究的所有内容，各项功能的操作和应用都是经过反复试验验证的。本书中第 2、5、6、7 章中所使用的截图

(引用除外)大多由该系统完成。

11.5 辅助系统的开发

为满足 VLSS 的开发以及研究的需要,笔者还开发了另外两个辅助的软件系统。

(1)车载激光扫描仪标定系统:解决了激光扫描仪标定中目标点查找困难的问题,并开发了用 7 参数法和 13 参数法进行平移向量和旋转矩阵求取功能。

(2)数据整合处理系统:运用 ADO 数据库绑定技术,实现了原始数据文件的整合、目标点空间坐标计算以及重叠数据的精简等功能,为 VLSS 提供直接调用的数据库文件。

11.6 本章小结

本章简单介绍了车载激光扫描信息处理软件系统(VLSS)的系统目标、系统设计、系统实现、系统应用以及辅助系统的开发。该系统在笔者进行车载激光扫描研究过程中发挥了重要的作用,涵盖了笔者研究的全部成果,但仍然存在一些不足之处,需要在后继的研究过程中不断进行补充和完善。

第 12 章　车载 LiDAR 应用

随着车载 LiDAR 系统在全国各省级测绘部门的普及以及在有实力测绘公司和高校中的广泛引入，目前国内投入使用的车载 LiDAR 系统已达数十套，而且这个数字呈快速增长趋势（刘先林，2013；刘守军，2013；张珂殊，2013；查礼华，2014）。在广大科研和生产技术人员的努力下，车载 LiDAR 的应用也得到了比较广泛的探索和实践，其中最有代表性的应用包括道路测量、城市部件测量、三维城市建模、街景建设、大比例尺地形图测绘、地籍测量、地下车库测量以及水上测量等，本章分别对各种典型应用进行介绍。

12.1　道路测量

车载 LiDAR 系统最大的优势是在车辆快速行进过程中快速获取道路两侧地物详尽的三维空间信息，对道路信息的获取无疑是所有车载 LiDAR 系统数据获取的第一要素，因此对道路的测量也是车载 LiDAR 系统应用的最主要的内容之一（张攀科 等，2014；段培勇 等，2013；顾慧，2015；孙伟俐，2013；曾力 等，2014；张熙，2011；江智云，2013；Guan et al，2014；谭敏，2011；王国飞 等，2013）。基于车载 LiDAR 数据的道路测量，主要包含以下内容：

（1）道路边线测量。采用数据处理系统自动提取功能，或采用人机交互方式，提取道路边界线，并将其矢量化作为 GIS 数据库基础数据。自动提取大多基于路沿与路面呈现高度突变的特性进行提取，并进行适当的人工修正。对路面边缘特征不明显的道路，特征线则需要进行人工交互提取。由于路面边线结构相对简单，对道路边线提取的工作量相对较小，如图 12.1(a)所示。

（2）道路路面三维建模。道路路面是道路两个边线中间的部分，道路路面三维建模通常在道路边线提取工作完成之后。通常在两个边线的作用下，获得道路的中线，中线是带有高程值的线段或曲线函数，在中线的支持下，代入公路模型，能自动生成道路路面三维模型。有时为了真实反映道路的真实情况，会对路面上的点云进行适当处理，如去除路面上行人、车辆等地物，探测并填补空洞，然后对真实点云进行抽稀和均匀化处理，构成能相对均匀覆盖路面的点云模型，对点云进行构网，便形成了道路路面三维模型，如图 12.1(b)所示。

（3）道路断面信息提取。道路断面能真实准确反映道路各个路段的情况，道路断面线的获取通常有两种情况:①直接对扫描线进行处理;②对散乱点云进行投影和重采样,间接获取道路断面线。如图 12.1(c)所示。

(4)道路隧道、桥梁三维建模。隧道、桥梁是道路中的重要组成部分,通常都进行单独处理,将隧道、桥梁点云单独截取,采用自动或人工交互方式进行建模(熊爱武,2013;徐宁 等,2014)。大型的隧道,考虑到建模的精度,在数据获取时通常会采用与地面测量相结合的方式,布设适当的人工测量点进行纠正,当精度满足要求后,对点云进行模型化处理。与路面模型相似,隧道、桥梁模型也可以采用参数模型或实测模型。如图 12.1(d)所示。

(5)道路资产管理。道路沿线的树木、路灯、电线杆、指示牌等道路资产,是道路测量的重要组成部分。虽然对树木、路灯等柱状地物提取进行了大量的研究工作,但由于这些地物的多样性,自动提取的同时还需要大量的人工辅助,是一个相对烦琐的工作,工作量较大。如图 12.1(e)所示。

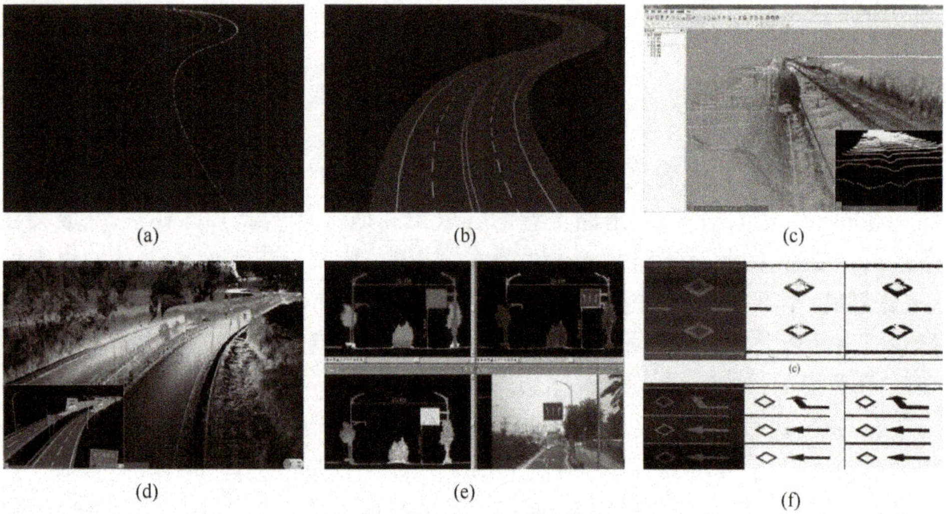

图 12.1 车载 LiDAR 道路测量应用

(6)道路标志信息提取。由于不同地物在车载 LiDAR 点云中,其反射强度不同,采用与数字图像处理类似的方法,将道路各种标志信息提取出来,由于车载 LiDAR点云具有三维性,相对于影像,基于 LiDAR 点云对道路标志信息的自动提取具有优势。如图 12.1(f)所示。

12.2 城市部件测量

城市部件(灯杆、线杆、变压器 通信箱、行道树、广告牌、消防栓等)测量是车载 LiDAR 技术在城市环境中应用的一个重要方面(李媛 等,2012;谭德宝 等,2012)。

城市部件种类繁多、形态各异，若完全采用人工判断的方式，则这项工作将非常繁重。当前，大多数车载LiDAR系统的配套软件都能实现城市部件的半自动提取，即采用自动提取和人工判读相结合的方式，在赋予了属性后，自动建立各种部件模型，并将相关信息存储在数据库中。由于车载LiDAR对城市部件信息的快速获取能力，在相关软件系统的支持下，能实现数据的快速创建与更新，保证数据库信息的时效性，对满足我国当前城市环境信息快速更新提供了有力支持。另外，由于车载LiDAR点云数据获取的高精度，能实现城市部件的准确测量，通过多期数据的对比分析，可以实现城市部件的变化检测，这对于城市规划与管理，具有重要的意义。图12.2是一些典型的城市部件测量效果。

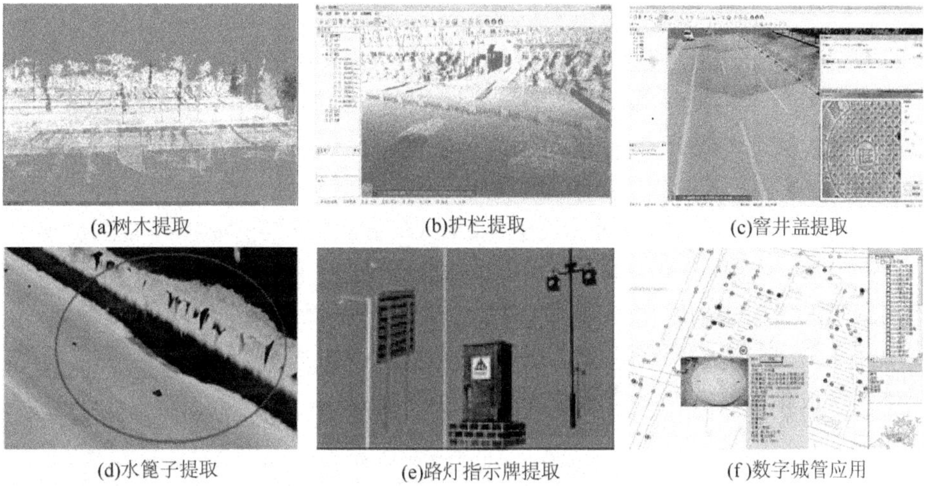

(a)树木提取　(b)护栏提取　(c)窨井盖提取

(d)水篦子提取　(e)路灯指示牌提取　(f)数字城管应用

图12.2　典型城市部件测量及应用

12.3　三维城市建模

三维数字城市建模是车载LiDAR研究和应用最广泛的方向之一，在车载LiDAR点云支持下，依赖专业建模软件，能快速构建建筑物三维模型，并映射高清纹理，是3D GIS、数字城市、数字地球建设的重要技术支持手段（丁莹莹 等，2015；吴海若 等，2013），如图12.3所示。

车载LiDAR能获取建筑物立面精细三维点云，从点云中提取建筑物立面特征信息，所构建的建筑物三维模型能反映建筑物的细部结构特征，但不能获取建筑物顶部信息，因此车载LiDAR与机载LiDAR结合，联合构建建筑物精细三维模型，是大规模城市三维模型的必然趋势。当前，基于车载LiDAR技术的三维数字城市建设依然过度依赖人工交互，自动化、精细化、室内外一体化则是今后的发展方向。

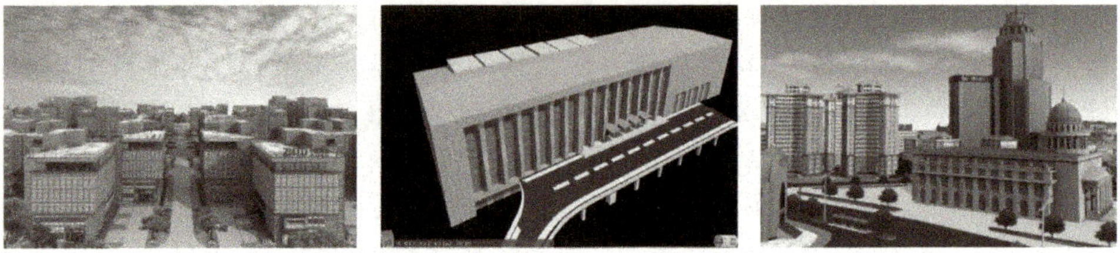

(a)　(b)　(c)

图 12.3　三维城市建模应用

12.4　街景建设

车载 LiDAR 是街景的主要数据源，车载 LiDAR 系统的全景相机在动态移动过程中，获取沿线全景影像，这是街景建设的基础数据，如图 12.4(a)所示。与全景影像同步获取的激光点云，则可以为街景建设提供三维空间信息。由于点云数据量巨大，为了获得更加流畅的展示效果，通常需要对点云数据进行加工处理，在点云的基础上，构建地物的面片模型，如图 12.4(b)所示，在地物面片模型的支持下，街景具有了空间三维功能，“量距”等一些简单的空间操作功能得以实现。虽然当前街景的发展势头迅猛，但随着应用人群的扩大，以及对功能要求的增加，街景发展需要向更深入的方向发展，面向对象的实体模型街景、室内外一体化、地上下一体化将会是今后发展的重要方向。

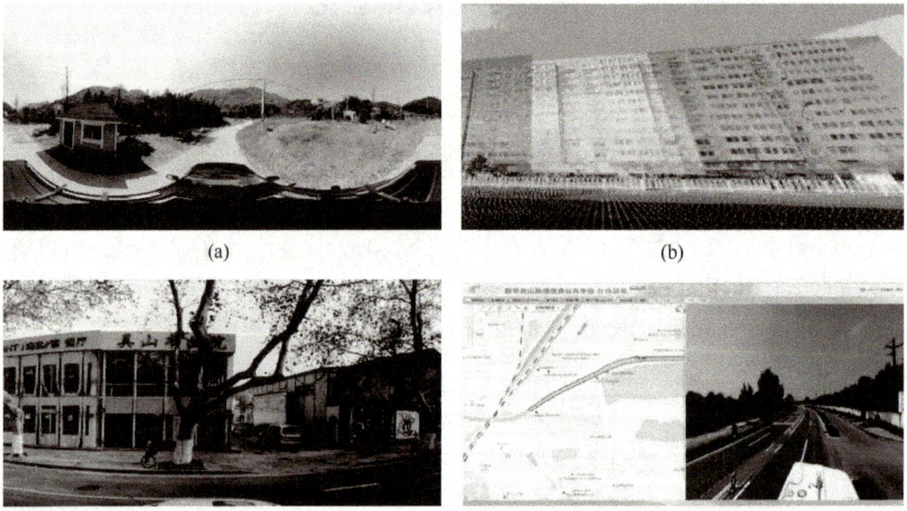

(a)　(b)

(c)　(d)

图 12.4　街景建设应用

12.5　大比例尺地图测绘

车载LiDAR系统在快速行进过程中，能够对沿线两侧一定宽度范围内(30～80 m)的地面进行精细扫描，获取高密度、高精度点云，相比于传统测绘手段，在效率、成本等方面都具有明显优势(丁安民 等，2011；陈芳，2011；徐培罡 等，2014；薛效斌 等，2014)。在完成噪声点滤除及非地形地物的分离后，可构建高精度带状地形模型，应用于地图测图、公路改扩建、城市道路竣工测量、路面检测、公路设计等方面。如图12.5所示为车载LiDAR系统在公路改扩建中的应用，图12.5(a)为公路沿线数字表面模型，图12.5(b)为非地形数据滤除后效果图，可以看出，所构建的表面模型真实反映了道路及沿线地形信息，为各种应用提供了基础数据保证。

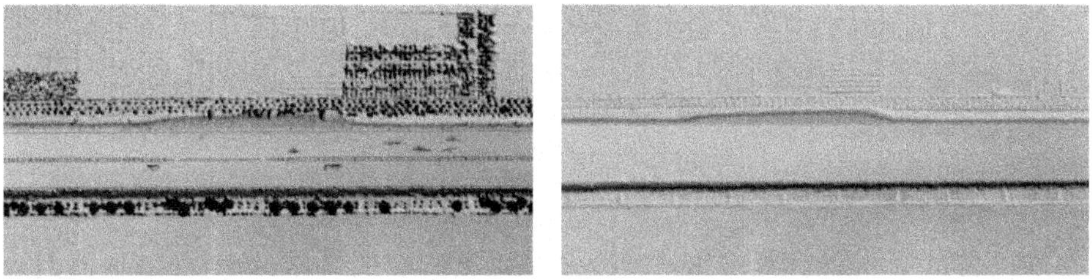

(a)　(b)

图12.5　公路改扩建应用

12.6　地籍测量

地籍测量是一项烦琐的测量工作，尤其农村地籍测量，测量工作者往往需要克服很大的困难才能开展工作(郝铭辉，2011；张攀科 等，2015)。以北京四维远见的车载LiDAR系统为代表，安装有可以升降10 m的升降杆，可以实现非接触式的大面积高台转扫，为地籍测量工作带来了全新的理念。图12.6(a)所示为带有升降装置的SSW-3型车载LiDAR系统，图12.6(b)和图12.6(c)所示分别为转扫平台获取的影像和点云。在转扫平台上获取的车载LiDAR点云数据，点位精度可控制在5 cm以内，能够满足地籍测量的精度要求。对获取的建筑物，采用自动探测方式获取建筑物特征点，并通过人工干预方式获取建筑物角点。虽然采用升降装置的车载LiDAR系统无法获取完整的建筑物角点，但可以通过与小型移动LiDAR系统结合以及用实时动态差分技术进行补测的方法联合完成，但车载LiDAR技术对地籍测量工作带来了很大的便利。图12.6(d)所示为建筑物特征点提取，图12.6(e)和图12.6(f)分别为大场景车载LiDAR点云图和地籍测量成果图。

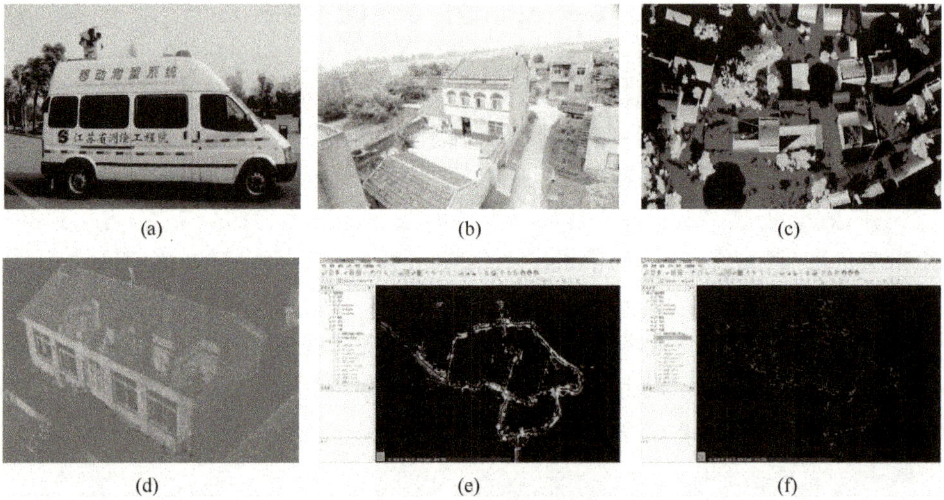

图 12.6　地籍测量应用

12.7　地下车库测量

地下车库在人们的日常生活中发挥越来越重要的作用，快速准确地获取地下车库完整的空间信息，对于构建车库管理信息系统、实现车位的优化管理，以及方便车主取车，都具有很强的实用价值。但由于地下空间的特殊性，与地面相比，对地下空间的测量工作往往要困难得多。由于车载 LiDAR 系统在动态过程中获取数据，不需光线支持，对地下车库数据的获取具有很好的适应性。图 12.7(a)为地

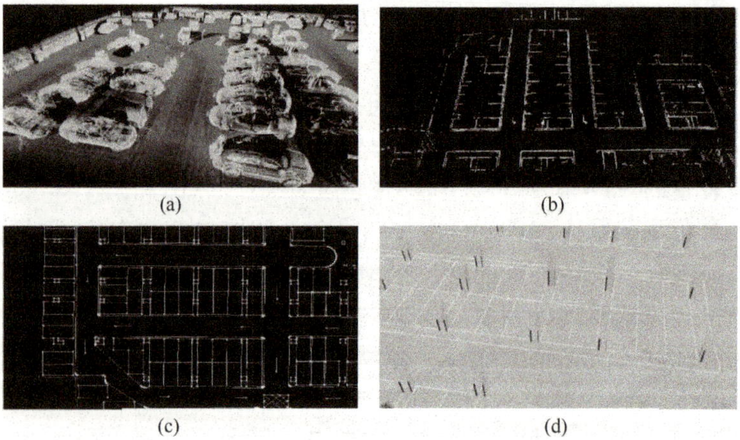

图 12.7　地下车库测量应用

下车载点云图像，根据 LiDAR 点云对地物反射强度的不同，可清楚地实现地下车库各种不同的标线，如图 12.7(b)所示，通过人工交互方式，可绘制准确的地下车库矢量图，如图 12.7(c)所示。并可根据点云的三维空间特征，构建地下车库三维模型，如图 12.7(d)所示。

12.8　水上测量

河岸、海岸等水边地形，由于其形态复杂，测量条件艰苦，给传统测绘手段带来很大困难，如图 12.8(a)所示。把车载 LiDAR 系统直接或经过适当改装，可以安装在船只上，在船只运动过程中动态获取水面及沿岸地物精细三维点云，使堤岸的测绘变得简单易行，图 12.8(b)所示为河道堤岸点云，可以看出，整个堤岸水面以上地物均能获得精细点云。船载 LiDAR 与水下地形测量(多波速水下地形测绘)联合，可以获取完整的河道地形，如图 12.8(c)所示。因为船载 LiDAR 系统有在水面上自由行驶的优势，对沿岸地物点云的获取更加全面，如图 12.8(d)所示。船载 LiDAR 与地面上车载 LiDAR 联合，可以获取水岸地物完整的点云，对数字城市建设具有重要作用，如图 12.8(e)所示。船载 LiDAR 也为海岛礁测绘提供了全新的测绘手段，如图 12.8(f)所示。

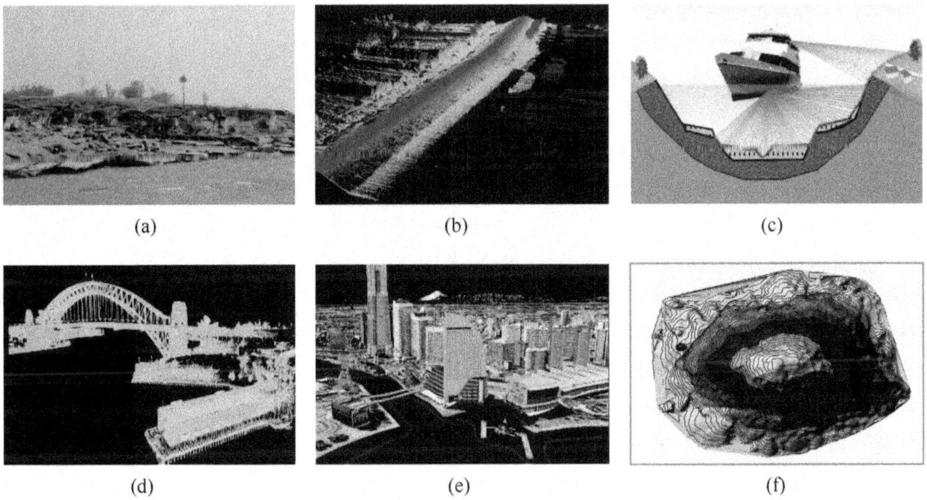

图 12.8　水上测量应用

12.9　其他应用

以上是车载 LiDAR 技术的一些代表性应用，经过广大科研人员和测绘工作者不断的探索和实践，车载 LiDAR 技术还应用于其他很多方面，如电力设施维护与管理、石油管道设施维护与管理、虚拟现实场景服务、工程监测与土石方计算、灾害监测、公共安全、电力、房地产、国情监测等(周民立 等，2012；张辉 等，2012；张成，2012；刘亚兵 等，2015；吴俣 等，2009；王世杰，2014)。随着车载 LiDAR 技术的逐步普及，以及从事相关方面人员队伍的逐步壮大，车载 LiDAR 技术势必成为测绘领域中的主导技术之一。

参考文献

蔡兴泉，李凤霞，战守义，2005. 复杂战场环境中基于规则格网的动态地形的研究[J]. 系统仿真学报，17(3)：650-652.

揣锦华，蒋万民，2006. 公路隧道视景仿真建模技术[J]. 长安大学学报（自然科学版），26(1)：63-66.

陈芳，2011. 移动测量系统在城镇大比例尺地图快速测量和更新中的应用[D]. 焦作：河南理工大学.

陈志杨，张三元，叶修梓，2005. 点云数据中空洞区域的自动补测算法[J]. 计算机辅助设计与图形学学报，17(8)：1793-1797.

丁安民，陈芳，张合兵，等，2011. 车载移动测量系统在大比例尺测图中的应用[J]. 河南理工大学学报（自然科学版），30(2)：160-163.

丁莹莹，赵云昌，2015. 多种激光扫描系统在数字城市中综合应用研究探索[D]. 山东国土资源，31(4)：83-86.

杜剑侠，李凤霞，战守义，2005. LOD 算法研究及其在地形实时显示中的应用[J]. 计算机工程与应用：211-213.

段培勇，薛峰，谢锦妹，等，2013. 激光扫描技术在铁路限界检测中的应用研究[J]. 铁道建筑(8)：89-92.

方莉娜，杨必胜，2013. 车载激光扫描数据的结构化道路自动提取方法[J]. 测绘学报，42(2)：260-267.

冯洁，查红彬，2006. 大型三维网格模型的简化及基于视点的 LOD 控制[J]. 计算机辅助设计与图形学学报，18(2)：186-193.

盖绍彦，达飞鹏，雷明涛，等 2003. 三维重构中的杂乱点云排序问题研究[J]. 计算机与现代化，(10)：33-35.

高云琼，徐建刚，黄照强，等，2002. 一种城市三维建模的集成处理方法[J]. 中国图象图形学报，7(3)：282-286.

龚俊，朱庆，眭海刚，等，2003. 从 CAD 模型到数码城市 GIS 模型的若干问题[J]. 武汉大学学报（工学版），36(3)：64-68.

顾慧，2015. 车载移动测量系统在智慧交通中的应用[D]. 长春：吉林大学.

顾卫锋，唐杭，2014. 上海城市地下空间调查数据采集方法与精度研究[J]. 上海国土资源(02)：74-78.

过江，罗周全，邓建，等，2005. 三维动态空区监测系统 CMS 在矿山的应用[J]. 地下空间与工程学报，1(7)：994-996.

过江，古德生，罗周全，2006. 金属矿山采空区 3D 激光探测新技术[J]. 矿冶工程，25(5)：16-19.

韩友美,2011. 车载移动测量系统激光扫描仪和线阵相机的检校技术研究[D]. 青岛:山东科技大学.

韩友美,杨伯钢,2014. 车载 LiDAR 技术市政道路测量高程精度控制[J]. 测绘通报 (8):18-21,35.

郝铭辉,2011. 车载激光扫描数据在三维地籍建模中的应用[D]. 北京:中国测绘科学研究院.

和平鸽工作室,2003. OpenGL 三维图形系统开发与实用技术[M]. 北京:清华大学出版社,重庆:重庆大学出版社.

贺美芳,周来水,朱延娟,2004. 基于局部基面参数化的点云数据边界自动提取[J]. 机械科学与技术, 23(8):912-915.

黄雄,刘学军,2006. 基于 TIN 的公路三维表面模型建立方法[J]. 现代测绘, 29(2):6-8.

江智云,2013. 车载激光雷达技术在公路拓宽勘测中的应用[J]. 科技风(14):81-82.

李必军,方志祥,任娟, 2003. 从激光扫描数据中进行建筑物特征提取研究[J]. 武汉大学学报(信息科学版), 28(1): 65-70.

李大军,王明洋,2009. 城市地下空间管理实景化[J]. 地理空间信息, 7(3):121-123.

李德仁,2006. 移动测量技术及其应用[J]. 地理空间信息,4(4):1-5.

李峰,崔希民,袁德宝,等,2013. 利用机载 LiDAR 点云提取复杂城市建筑物面域[J]. 国土资源遥感,25(3):86-89.

李君丽, 焦学军,王艳艳, 2015. 基于 VR 的三维矿山信息管理系统研究[J]. 矿山测量 (3):72-74.

李明辉,田雪冬,胡维强,2014. 基于车载三维激光扫描的道路线提取研究[J]. 测绘与空间地理信息,37(4): 118-124.

李娜,马一薇,杨洋,等,2011. 利用 RANSAC 算法对建筑物立面进行点云分割[J]. 测绘科学,36(5): 144- 145,138.

李清泉,李必军,陈静,2000. 激光雷达测量技术及其应用研究[J]. 武汉测绘科技大学学报,25(5):387-392.

李清泉,左小清,谢智颖,2004. GIS-T 线性数据模型研究现状与趋势[J]. 地理与地理信息科学,20(3):31-35.

李婷,詹庆明,喻亮,2012. 基于地物特征提取的车载激光点云数据分类方法[J]. 国土资源遥感(1): 17-21.

李耀庄,邱昌辉,陈长坤,2006. 隧道火灾危险性评估研究[J]. 安全 (4):13-16.

李永强,2007. 基于车载激光扫描的地物三维信息提取与表面快速重建[D]. 南京:南京师范大学.

李永强,吕海洋,苏蕾,等, 2014. 车载 LiDAR 点云中建筑物立面的自动分割[J]. 测绘科学,39(4):106- 109.

李永强,盛业华,刘会云,等. 激光扫描点云图像背景交互式滤除[J]. 测绘科学,33(1):130-131,134.

李永强,王文越,郑艳慧,等,2008. 基于车载 LiDAR 数据的道路边界精细提取[J]. 河南理工大学学报(自然科学版),2014,33(4):54-58.

李永强，吴立新，刘会云，等，2011. 陡坡密集点云双重滤波方法研究[J]. 地理与地理信息科学，27(1)：7-10.

李媛，李为鹏，张晓峰，等，2012. 车载激光扫描系统及其在城市测量中的应用[J]. 测绘与空间地理信息，35(2)：22-24.

刘会云，李永强，陈猛，等，2014. 基于车载 LiDAR 数据的建筑物三维重建[J]. 河南理工大学学报(自然科学版)，33(3)：295-298.

刘如飞，田茂义，许君一，2015. 车载激光扫描数据中高速公路路面点滤波[J]. 武汉大学学报(信息科学版)，40 (6)：751-755.

刘守军，2013. 一体化三维激光测量系统及应用[R]. 武汉：首届三维激光扫描技术工程化应用高级培训班.

刘文洁，2005. 利用有向距离场的三维网格模型的补洞方法研究[D]. 北京：北京大学.

刘学军，符锌砂，2000. 公路数字地面模型整体建立原理及方法[J]. 西安公路交通大学学报，20 (3)：16-20.

刘先林，2015. 测绘装备发展的新趋势[J]. 遥感信息，30(1)：3-4.

刘先林，2013. SSW 车载激光建模测量系统设计与实现[R]. 武汉：首届三维激光扫描技术工程化应用高级培训班.

刘晓培，常德强，宫锐，等，2015. 金属矿山通风系统三维仿真优化[J]. 中国矿业工程，44(3)：25-28.

刘希灵，李夕兵，刘科伟，等，2008. 地下空区激光三维探测应用研究[J]. 金属矿山 (11)：63-65，86.

刘亚兵，严怀民，刘如飞，2015. 基于车载三维激光扫描技术的露天矿三维建模[J]. 露天采矿技术 (4)：37-39.

琚娟，2010. 基于特征的复杂地铁车站三维数字建模方法与应用[J]. 计算机工程与应用，46(2)：195-196，220.

马浩，王留召，2014. 基于车载激光点云的道路边线自动分类与提取[J]. 测绘科学，39(6)：126-128.

欧新良，匡小兰，倪问尹，2010. 三维散乱点云分割技术综述[J]. 湖南工业大学学报，24(5).

潘洋宇，李东波，慈瑞梅，2005. 点云数据曲面重构和小波分解研究[J]. 计算机集成制造系统，11(10)：1496-1500.

彭伟，霍然，胡隆华，等，2006. 隧道火灾的全尺寸试验研究[J]. 火灾科学，15(4)：212-218.

芮小平，张彦敏，2004. 一种实时连续 LOD 技术的改进算法[J]. 系统仿真学报，16(11)：2628-2630.

沈蔚，李京，陈云浩，等，2008. 基于 LiDAR 数据的建筑轮廓线提取及规则化算法研究[J]. 遥感学报，12(5)：692-697.

沈蔚，王林，王崇倡，等，2011. 基于机载 LiDAR 数据的建筑三维重建[J]. 辽宁工程技术大学学报，30(3)：374-377.

沈永林，2009. 车载激光扫描数据的整合、分割与建模[D]. 南京：南京师范大学.

盛业华，王永波，闾国年，等，2007. 一种基于边收缩的 3 维表面模型数据压缩算法[J]. 中国图象图形学报，12(1)：159-163.

史文中,李必军,李清泉,2005. 基于投影点密度的车载激光扫描距离图像分割方法[J]. 测绘学报,34(2):95-100.

舒琪,2012. 精细三维场景制作中数据量控制的方法研究[J]. 测绘通报(增刊):441-443.

孙殿柱,朱昌志,李延瑞,2009. 散乱点云边界特征快速提取算法[J]. 山东大学学报(工学版),39(1): 84-86.

孙敏,陈军,张学庄,2000. 基于表面剖分的 3DCM 空间数据模型研究[J]. 测绘学报,29(3): 257-265.

孙伟利,2013. 基于车载技术的公路三维建模与应用[D]. 北京:首都师范大学.

谭贲,钟若飞,李芹,2012. 车载激光扫描数据的地物分类方法[J]. 遥感学报,16(1):58-66.

谭德宝,张煜,余峰,等,2012. 车载移动基础地理信息采集与三维建模系统[J]. 人民长江,43(8): 101-103.

谭敏,2011. 基于 Lynx 车载激光点云数据的路面检测与重建研究[D]. 长沙:中南大学.

田茂义,赵倩,等,2013. 一种车载激光扫描数据的滤波处理算法[J]. 测绘科学技术学报(306): 593-596.

童礼毕,程亮,李满春,等,2013. 建筑轮廓的车载和航空 LiDAR 数据配准[J]. 测绘学报,42(5): 699-706, 714.

万国伟,2011. 面向建筑物的三维点云生成、增强和重建技术研究[D]. 北京:国防科技大学.

王国飞,陈春明,李建平,等,2013. 车载激光雷达在高速公路扩建勘测中的应用[J]. 中国地质学会学术年会:40-43.

王华建,张爱武,马惠敏,等,2004. 基于统计模型的三维场景重建补洞算法[J]. 光电子·激光,15(10):1235-1237.

王健,2006. 移动激光扫描数据处理与应用研究[D]. 青岛:山东科技大学.

王健,靳奉祥,丁世飞,2003. 基于建筑物立面测量的激光扫描仪数据预处理技术[J]. 计算机工程与应用, 39(31):27-29.

王世杰,2014. 基于机载和车载 LiDAR 集成的公路多视角三维可视化方法[J]. 中国交通信息化(10): 134-136,142.

王涛,杨建思,廖明生,2006. 从机载激光扫描数据中提取道路[J]. 测绘信息与工程,31(5): 10-11.

王婉娣,冯炼,2004. 公路隧道火灾三维数值模拟[J]. 制冷与空调 (1):20-23.

王植,吴立新,孔祥勤,2011. 盲环境移动定位(Ⅰ):序列编码图形路标识别算法[J]. 东北大学学报(自然科学版),32(5): 743-747.

魏双全,房华乐,林祥国,2014. 先验知识引导的车载激光扫描点云道路信息提取[J]. 测绘科学,39(10):81-84

魏征,2012. 车载 LiDAR 点云中建筑物的自动识别与立面几何重建[D]. 武汉:武汉大学.

魏征,杨必胜,李清泉,2012. 车载激光扫描点云中建筑物边界的快速提取[J]. 遥感学报,16(2): 291-296.

文仁强,罗年学,陈雪丰,等,2005. 测量机器人在船舶液舱容积测量中的应用[J]. 地理空间信息,3(3): 46-48.

吴宾,2014. 基于体元和车载激光扫描数据的行道树提取方法研究[D]. 上海:华东师范大学.

吴宾,余柏蒗,岳文辉,等,2013. 一种基于车载激光扫描点云数据的单株行道树信息提取方法[J]. 华东师范大学学报(自然科学版),2(38):38-49.

吴飞,吴凡,2005. TIN 向规则格网 DEM 转换的快速算法[J]. 测绘科学,30(4):76-77.

吴芬芳,李清泉,熊卿,2007. 基于车载激光扫描数据的目标分类方法[J]. 测绘科学,32(4):75-77,55.

吴海若,钟若飞,2013. 使用 Sketch Up 结合车载扫描和航空影像数据进行建筑物三维建模——以纽约布法罗为例[J]. 首都师范大学学报(自然科学版),34(6):92-98.

吴焕萍,潘懋,胡金星,等, 2004. 基于空间所引的规则格网 DTM 内插算法研究[J]. 地理与地理信息科学,20(1):43-46.

吴立新,汪云甲,丁恩杰,等,2012. 三论数字矿山——借力物联网保障矿山安全与智能采矿[J]. 煤炭学报,37(3):357-365.

吴立新,王植,孔祥勤,2011. 盲环境移动定位(Ⅱ):基于单目视觉系统的定位技术[J]. 东北大学学报(自然科学版),32(5):748-752.

吴秀芸,2011. 基于高分辨率遥感影像的建筑物提取及轮廓矢量化研究[D]. 南京:南京大学.

吴俣,叶泽田,杨长强,等,2009. 车载三维激光扫描系统在铁路沿线景观建模中的应用[J]. 工程勘察(11):61-66.

熊爱武,2013. 基于车载激光点云数据的道路模型重建[J]. 地理信息世界,20(6):86-88.

徐宁,聂倩,2014. 利用车载三维激光测量系统进行城市道路竣工测量[J]. 工程勘察 (3):70-72,78.

徐培罡,白露,闫会杰,等,2014. 移动测量系统及其在数字城市中的应用[J]. 测绘标准,30(4):39-41.

许妙忠,李德仁,2003. 基于点删除的地形 TIN 连续 LOD 模型的建立和实时动态显示[J]. 武汉大学学报(信息科学版),28(3):321-325.

薛效斌,钱星,马宁,2014. 基于车载三维激光扫描的地形图数据采集的研究[J]. 北京测绘 (1):88-90,110.

闫治国,杨其新,朱合华,2006. 火灾时隧道内烟流流动状态试验研究[J]. 土木工程学报,39(4):95-99.

杨必胜,魏征,李清泉,等, 2010. 面向车载激光扫描点云快速分类的点云特征图像生成方法[J]. 测绘学报,39(5):540-545.

杨必胜,董震,魏征,等,2013. 从车载激光数据中提取复杂建筑物立面的方法[J]. 测绘学报,42(3): 412-417.

杨伯钢,韩友美,2013. 车载移动激光扫描技术大比例尺测图技术分析[J]. 测绘科学,38(1):106-108.

杨长强,2008. 激光扫描仪检校及车载激光点云的分类与矢量化研究[D]. 青岛:山东科技大学.

杨洋,马一薇,杨靖宇,2010. 基于车载激光扫描数据的窗户提取与重建技术[J]. 海洋测绘,30(3):48-51.

于景华,胡志勇,侯国华,等, 2009. 基于 Imageware 的点云分割[J]. 机械制造与自动化 (1):113-115.

喻亮,2011.基于车载激光扫描数据的地物分类和快速建模技术研究[D].武汉:武汉大学.
曾静静,卢秀山,王健,等,2011.基于 LiDAR 回波信息的道路提取[J].测绘科学,36(2):142-143.
曾力,雷攀,2014.车载激光扫描测量在高速公路扩建工程的应用[J].科技致富向导(23):210.
查礼华,2014.多平台点云数据集成技术研究[D].南京:南京大学.
张爱武,孙卫东,李风亭,2005a.大规模三维场景几何信号基本处理方法[J].计算机辅助设计与图形学学报,17(7):1486-1491.
张爱武,孙卫东,李风亭,2005b.基于激光扫描数据的室外场景表面重建方法[J].系统仿真学报,17(2):384-387
张超,魏占营,王锐,等,2012.数字城市建模方法研究与应用[J].测绘科学,37(5):190-193.
张成,2012.车载移动扫描测量技术在公路设计中的应用[D].西安:长安大学.
张辉,刘增良,2012.车载三维激光扫描技术在首钢工业遗产保护中的应用探讨[J].测绘通报(增刊):92-97.
张珂殊,2013.三维激光扫描技术、产品及发展趋势[R].武汉:首届三维激光扫描技术工程化应用高级培训班.
张攀科,裴亮,王留召,等,2015. 车载激光扫描系统在地籍测量中的应用[J/OL].测绘科学,40(9):163-166.
张攀科,张伟红,王留召,2014.车载激光扫描系统在道路断面数据采集中的应用[J].测绘与空间地理信息,37(11):59-62.
张熙,刘晓东,孙伟,等,2011.车载激光扫描技术在西藏公路改扩建中的应用[J].公路交通科技(应用技术版)(10):155-157.
张志超,2010. 融合机载与地面 LiDAR 数据的建筑物三维重建研究[D].武汉:武汉大学.
赵刚,付邦举,院琛,2006.地下人防工程火灾特点与消防设计施工[J].消防科学与技术,25(2):269-270.
赵建军,王启付,王小刚,2005.基于数字地面模型的公路实时三维动画[J].计算机工程,31(12):196-198.
钟登华,刘奎建,吴康新,2005.公路隧道三维建模与可视化实现[J].工程图学学报(4):81-86.
周民立,李新民,2012.基于运动激光扫描技术的铁路隧道建筑空间数据采集与处理系统[J].上海工程技术大学学报,26(3):219-224.
周艳,朱庆,黄铎,2006.三维城市模型中建筑物 LOD 模型研究[J].测绘科学,31(5):74-77.
朱理,胡超,2006.一种有效的规则网格到不规则三角形的转换算法[J].计算技术与自动化,25(2):67-70.
朱庆,李逢春,张叶廷,2007a.三维城市模型的统一表示[J].长安大学学报,27(1):54-58.
朱庆,李逢春,张叶廷,2007b.一种复杂轮廓线的真三维 TIN 算法[J].武汉大学学报(信息科学版),32(3):259-262.
朱庆,吴波,钟正,2006.三维 GIS 与公路 CAD 的集成[J].中国公路学报,19(4):1-6.
邹晓亮,2011.车载测量系统数据处理若干关键技术研究[D].郑州:解放军信息工程大学.
左小清,李清泉,唐炉亮,2004.公路三维模型建立与数据组织[J].武汉大学学报(信息科学版),

29(2):179-183.

ABUHADROUS I,AMMOUN S,NASHASHIBI F,et al,2004a. Digitizing and 3D Modeling of Urban Environments and Roads using Vehicle-Borne Laser Scanner System[C]. IEEE/RSJ International Conference on Intelligent Robots and Systems (IROS 2004),Sendai,Japan.

ABUHADROUS I,AMMOUN S,NASHASHIBI F,et al,2004b. Digitizing and 3D Modeling of Urban Environments and Roads using Vehicle-Borne Scanner System[C]. International Conference on Intelligent robots and Systems,Sendai,Japan.

ABUHADROUS I,NASHASHIBI F,LAURGEAU C,2003a. 3-D Land Vehicle Localization: a Real-time Multi-Sensor Data Fusion Approach using Rtmaps[C]. 11th International Conference on Advanced Robotics.

ABUHADROUS I, NASHASHIBI F, LAURGEAU C, 2003b. Onboard Real-time System for Digitizing and Geo-referencing of 3D Urban Environments[C]. 11th International Conference on Advanced Robotics,University of Coimbra.

ALEGRE F,DALLAERT F,2004. A Probabilistic Approach to the Semantic Interpretation of Building Facades[R]. Proceedings International Workshop on vision techniques applied to the rehabilitation of city centers.

ALEKSEY B,THOMAS F,2011. Extracting Roads from Dense Point Clouds in Large Scale Urban Environment[J]. ISPRS Journal of Photogrammetry and Remote Sensing,66(6): 2-12.

ALSHAWABKEH Y,HAALA N,FRITSCH D,2006. 2D-3D Feature Extraction and Registration of Real World Scenes[J]. IEEE Workshop Mathematical Methods in Biomedical Image Analysis,61(4):198-203.

ASAI T,KANBARA M,YOKOYA N,2004. 3D Modeling of Wide Area Outdoor Environments by Integrating Omnidirectional Range and Color Images[C]. Proc. IEEE and ACM Int. Symp on Mixed Augmented Reality(ISMAR 04):264-265.

ASAI T,KANBARA M,YOKOYA N,2005a. 3D Modeling of Outdoor Scenes by Integrating Stop-and-Go and Continuous Scanning of Rangefinder[C]. Proceedings of the ISPRS Working Group V/4 Workshop 3D-ARCH 2005: Virtual Reconstruction and Visualization of Complex Architectures,Vol. XXXVI.

ASAI T,KANBARA M,YOKOYA N,2005b. 3D Reconstruction of Outdoor Environments from Omnidirectional Range and Color Images[M]. SPIE Electronic Imaging(5664):579-588.

BAKER C,MORRIS A,FERGUSON D,et al,2004. A Campaign in Autonomous Mine Mapping [C]. In Proceeding of the IEEE International Conference on Robotics and Automation(ICRA).

BANG K I,2008. Integration of Terrestrial and Airborne LiDAR Data for System Calibration [R]. Beijing: ISPRS Congress Beijing 2008.

BECK M,2003. Real-time Visualization of Big 3D City Models[J]. International Archives of the Photogrammetry,Remote Sensing and Spatial Information Sciences:439-442.

BECKER S,2009. Generation and Application of Rules for Quality Dependent Facade Reconstruction[J]. Isprs Journal of Photogrammetry & Remote Sensing,64(6):640-653.

WU B,YU B L,YUE W H,et al,2013. A Voxel-based Method for Automated Identification and Morphological Parameters Estimation of Individual Street Trees from Mobile Laser Scanning Data[J]. Remote Sensing,5(2):584- 611.

BOULAASSAL H,LANDES T,GRUSSENMEYER P,et al,2007. Automatic Segmentation of Building Facades using Terrestrial Laser Data[J]. Laser:65.

BRENNER C,HAALA N,FRITSCH D,2001. Towards Fully Automated 3D City Model Generation[J]. Proc. Workshop on Automatic Extraction of Man-Made Objects from Aerial and Space Images Ⅲ:1-10.

CARLBERG M, 2009. Fast Surface Reconstruction and Segmentation with Ground-based and Airborne LIDAR Range Data[D]. Master's Thesis,University of California at Berkeley.

CARSTEN H,2005. On the Use of Airborne Laser Scanning Data to Verify and Enrich Road Network Features[J]. Proceedings of Isprs Technical Commission III Symposium:138-143.

DÖLLNER J,KOLBE T,LIECKE F,et al,2006. the Virtual 3D city model of berlin-managing, Integrating and Communicating Complex Urban Information[J]. Proceedings of the 25th International Symposium on Urban Data Management UDMS 2006,Denmark.

EWALD K,COORS V,2005. Appraisal of Standards for 3D City Models[C]. Ninth International Conference on Information Visualization(IV'05):157-162.

FRÜEH C,JAIN S,ZAKHOR A,2005. Data Processing Algorithms for Generating Textured 3D Building Facade Meshes from Laser Scans and Camera Images[J]. Computer Vision, 61(2): 159-184.

FRÜEH C,SAMMON R,ZAKHOR A,2004a. Automated Texture Mapping of 3D City Models with Oblique Aerial Imagery[C]. 2nd International Symposium on 3D Data Processing, Visualization, and Transmission, Thessaloniki, Greece.

FRÜEH C,ZAKHOR A,2001. Fast 3D Model Generation in Urban Environments[C]. International Conference on Multisensor Fusion and Integration for Intelligent Systems, IEEE, Baden-Baden, Germany:165-170.

FRÜEH C, ZAKHOR A, 2003. Reconstructing 3D City Models by Merging Ground-Based and Airborne Views[J]. IEEE Computer Society Conference on Computer Vision & Pattern Recognition,2(6):306-313.

FRÜEH C, ZAKHOR A, 2004b. An Automated Method for Large-Scale, Ground-Based City Model Acquisition[J]. International Journal of Computer Vision,60(1):5-24.

GEEM C,GAUTAMA S,2006. Mobile Mapping with A Stereo-Camera for Road Assessment in the Frame of Road Network Management[J]. 2th International Workshop on the Future of Remote Sensing, ISPRS, Belgium.

GERKE M,BUSCH A,2005. Verification of A Digital Road Database using IKONOS Imagery [J]. ISPRS Workshop High-Resolution Earth Imaging for Geospatial Information Summary (CD-ROM), 36, part 1/W3, Germany.

GILLIÉRON P,SKALOUD J,LEVET Y,et al,2001. A Mobile Mapping System for Automating

Road Data Capture in Real Time[J]. 5th Conference on Optical 3D Measurement Techniques, Vienna, Austria.

GOOL L, ZENG G, BORRE F, et al, 2007. Towards Mass-produced Building Models[J]. Proceedings Photogrammetric Image Analysis.

GRÄFE G, 2008. Kinematic 3D Laser Scanning for Road or Railway Construction Surveys[J]. 1st International Conference on Machine Control and Guidance.

GUAN H Y, LI J, YU Y T, et al, 2014. Using Mobile Laser Scanning Data for AutomAted Extraction of Road Markings[J]. ISPRS Journal of Photogrammetry and Remote Sensing, 87 (1): 93-107.

HAALA N, BRENNER C, 1999. Virtual City Models from Laser Altimeter and 2D Map Data [J]. Photogrammertic Engineering and Remote Sensing, 65(7): 787-796.

HAIDER A, BASHEER A, 2008. Robust Window Detection from 3D Laser Scanner Data[C]. In: 1st International Congress on Image and Signal Processing(CISP). Sanya, China.

HERNANDEZ, J, MARCOTEGUI B, 2009. Point Cloud Segmentation towards Urban Ground Modeling[C]. In: 2009 Joint Urban Remote Sensing Event, May 20-May 22. IEEE Computer Society, Shanghai.

HOPPE H, 1998. Efficient Implementation of Progressive Meshes[J]. Computers and Graphics, 22(1): 27-36.

HU X, TAO C, HU Y, 2004. Automatic Road Extraction from Dense Urban Area by Integrated Processing of High Resolution Imagery and LiDAR Data[C]. ISPRS XXth Congress, Istanbul, Turkey.

HUBER D, VANDAPEL N, 2006. Automatic 3D Underground Mine Mapping[M]. Field and Service Robotics. Springer Berlin Heidelberg(24): 497-506.

HUNTER G, COX C, KREMER J, 2006. Development of A Commercial Laser Scanning Mobile Mapping System- Street Mapper[J]. 2th International Workshop The Future of Remote Sensing, Antwerp.

ISHIKAWA K, TAKIGUCHI J, FUJISHIMA T, et al, 2006. Precise Road Line Localization using Single Camera and 3D Road Model[J]. Isarc Proceedings.

JAKKOL A, HYYPPA J, HYPPA H, et al, 2008. Retrieval Algorithms for Road Surface Modeling using Laser-based Mobile Mapping[J]. Sensors(8): 5238-5249.

JOCHEM A, 2009. Automatic Roof Plane Detection and Analysis in Airborne LiDAR Point Clouds for Solar Potential Assessment[J]. Sensors (Basel), 9(7): 5241-5262.

KIM T, PARK S, JEONG S, et al, 2002. Semi-automatic Tracking Of Road Centerlines From High Resolution Remote Sensing Data[C]. Asian Conference on Remote Sensing, Nepal.

KUMAGAI J, ZHAO H, NAKAGAWA M, et al, 2001. Road Extraction from High Resolution Commercial Satellite Data [R]. Asian Conference on Remote Sensing, Singapore, 2 (9): 1322-1325.

LACOSTE C, DESCOMBES X, ZERUBIA J, 2003. Road Network Extraction in Remote Sensing by A Markov Object Process[C]. International Conference on Image Processing, ICIP, Proceedings, IEEE, Barcelona, Spain: 1017-1020.

LI Y Q, LIU H Y, GUO Z Z, et al, 2013. Detailed 3D Roadway Modeling Method in Coal Mine [C]. International ISM Congress 2013 Proceedings, 2.

LIM E H, SUTER D, 2009. 3D terrestrial LIDAR Classifications with Super-Voxels and Multi-Scale Conditional Random Field[J]. Computer-Aided Design, 41(10): 701-710.

LINDSTROM P, KOLLER D, RIBARSKY W, 1996. Real-time, Continuous Level of Detail Rendering of Height Fields[C]. Computer Graphics(SIGGRAPH'96 Proceedings). New Orleans, LA: 109-118.

LINGEMANN K, NUCHTER A, HERTZBERG J, et al, 2005. About The Control of High Speed Mobile Indoor Robots[C]. In Proceedings of the Second European Conference in Mobile Robotics.

MADEIRA R, BASTOS C, SOUSA M, et al, 2008. Automatic traffic Signs Inventory using A Mobile Mapping System[J]. Gis Planet.

MANANDHAR D, SHIBASAKI R, 2000. Geo-referencing of Multi-Sensor Range Data for Vehicle-borne Laser Mapping System (VLMS) [C]. 21st Asian Conf on Remote Sensing, Taipei (2): 567-573.

MANANDHAR D, SHIBASAKI R, 2001a. Feature Extraction from Range Data[C]. 22th Asian Conf on Remote Sensing, Singapore(45): 346-356.

MANANDHAR D, SHIBASAKI R, 2001b. Vehicle-borne Laser Mapping System (VLMS) for 3D Urban GIS Database[J]. 7th Int'l Computers in Urban Planning and Urban Management Conf(CD-ROM), University of Hawaii at Manoa, USA.

MANANDHAR D, SHIBASAKI R, 2002. Auto-extraction of urban features from vehicle-borne Laser Data[J]. Geospatial Theory, Processing and Applications, ISPRS: 34.

MICHAEL M, HAHNEL D, FERGUSON D, et al, 2003. A System for Three-dimensional Robotic Mapping of Underground Mines[R]. In Proceeding of the IEEE International Conference on Robotics and Automation(ICRA).

MONNIER F, VALLET B, SOHEILIAN B, 2012. Trees Detection from Laser Point Clouds Acquired in Dense Urban Areas by A Mobile Mapping System[J]. Proceedings of the ISPRS Annals of the Photo-grammetry, Remote Sensing and Spatial Information Sciences (ISPRS Annals), Melbourne, Australia(25): 245-250.

MONTEMERLO M, THRUN S, 2006. Large-scale Robotic 3-D Mapping of Urban Structures [J]. Proceedings International Symposium on Experimental Robotic(ISER), Springer Berlin Heid(21): 141-150.

MÜLLER P, WONKA P, HAEGLER S, et al, 2006. Procedural Modeling of Buildings[J]. ACM Transactions on Graphics, 25(3): 614-623.

NING X J, ZHANG X P, WANG Y H, et al, 2009. Segmentation of Architecture Shape Information from 3D Point Cloud[J]. Proceedings of VRCAI.

NÜCHTER A, LINGEMANN K, HERTZBERG J, et al, 2006. 6D SLAM-Mapping Outdoor Environments[J]. International Workshop on Safty, Security and Rescue Robotics (SSRR '06), (CD-ROM).

NÜCHTER A, SURMANN H, LINGEMANN H, et al, 2004. 6D SLAM with An Application in Autonomous Mine Mapping[C]. IEEE International Conference on Robotics and Automation, New Orleans, USA, 2(2): 1998-2003.

OSISHI T, YAMADA K, TAKEDA H, et al, 2004. Development of Simple Mobile Mapping System for the Construction of Road Foundation Data[R]. XX th ISPRS Congress on Geo-Image Bridging Continents. Istanbul, Turkey.

PAGOUNIS V, TSAKIRI M, PALASKAS S, et al, 2006. 3D Laser Scanning for road safety and Accident Reconstruction[J]. 13th International FIG Congress, Munich.

PARRY I, MARSH F, 2003. Constructing Detailed Road Surfaces for Vehicle Dynamics Simulation using 3D Laser Scanning Techniques[D]. Transport Research Laboratory (TRL limited), United Kingdom.

PU S, VOSSELMAN G, 2009. Knowledge Based Reconstruction of Building Models from Terrestrial Laser Scanning Data[J]. ISPRS Journal of Photogrammetry and Remote Sensing, 64(6): 575-584.

PU S, VOSSELMAN G, WG C V, 2007. Extracting Windows from Terrestrial Laser Scanning [C]. Remote Sensing and Spatial Information Sciences, Spook, Finland: 3-52.

RIPPERDA N, BRENNER C, 2009. Application of A Formal grammar to Façade Reconstruction in Semiautomatic and Automatic Environments[C]. Proceedings of 12th AGILE Conference on GIScience, Hannover, Germany.

RUTZINGER M, 2009. Automatic Extraction of Vertical Walls from Mobile and Airborne Laser Scanning Data[J]. ISPRS, 37(3/W8): 7-11.

RUTZINGER M, ROTTENSTEINER F, PFEIFER N, 2009. A Comparison of Evaluation Techniques for Building extraction from Airborne Laser Scanning[J]. IEEE Journal of Selected Topics in Applied Earth Observations and Remote Sensing, 2(1): 11-20.

SCHMITTWILKEN J, PLIIMER, L, 2010. Model-based Reconstruction and Classification Offacade Parts in 3D Point Clouds[J]. In: Paparoditis N, Pierrot-Deseilligny M, Mallet C. Tournaire O. (Eds), The International Archives of the Photogrammetry, Remote Sensing, 38(Part 3A): 269-274.

SCHULZ T, INGENSAND H, STEINER M, 2005. Laser Scanning and Noise Reduction Applied to 3D Road Surface Analysis[J]. Optical 3-D, Measurement techniques Ⅶ, Austria.

SHEN Y L, SHENG Y H, 2010. Segmentation of Building Facades from Vehicle-Borne Laser Scanning Data Based on Mathematical Morphology[J]. Proc Spie, 7841(1).

SHI Y, NAKAGAWA M, SHIBASAKI R, 2004. Reconstruction of "Next-generation" 3D Digital Road Model from Three Linear Scanner Images[N]. ACRS(CD-ROM).

TANG L, LI Q, 2004. The Research of Transect-based Three-dimensional Road Model[J]. The

International Archives of the Photogrammetry, Remote Sensing and Spatial Information Sciences, Istanbul, Turkey(2005):174-177.

TEKUMALLA L, COHEN E, 2004. A Hole-Filling Algorithm for Triangular Meshes[J]. Technical Report UUCS-04-019, School of Computing, University of Utah.

THRUN S, THAYER S, WHITTAKER W, et al, 2004. Autonomous Exploration and Mapping of Abandoned Mines[J]. IEEE Robotics and Automation Magazine, 11(4):79-91.

TOBY P. BRECKON, ROBERT B FISHER, 2005. Non-parametric 3D Surface Completion[C]. 5th International Conference on 3-D Digital Imaging and Modeling: 573-580.

TRIEBEL R, KERSTING K, BURGARD W, 2006. Robust 3D Scan Point Classification using Associative Markov Networks[J]. In Robotics and Automation ICRA Processing IEEE International Conference.

VOSSELMAN G, 2003. 3D Reconstruction of Roads and Trees for City Modeling[J]. International Archives of Photogra- mmetry, Remote Sensing and Spatial Information Sciences, XXXIX-3/W13:231-236.

WANG J, OLIVEIRA M, 2003. A Hole-Filling Strategy for Reconstruction in Smooth Surfaces in Range Images[J]. 16th Brazilian Symp on Comp Graphics and Image Proc IEEE Computer Society.

WANG Z, WU L X, LI H Y, 2011. Key Technology of Mine Underground Positioning Based on LiDAR and Coded Sequence Pattern[J]. Trans: Nonferrous Met. Soc. China, 21(S3): 570-576.

WONKA P, WIMMER M, SILLION F, et al, 2003. Instant Architecture[J]. ACM Transaction on Graphics, 22 (3):669-677.

ZHANG Z, WU J, ZHANG Y, et al, 2003. Multi-view 3D City Model Generation with Image Sequences[J]. Vision techniques for digital architectural and archaeological archives, Ancona, Italy.

ZHAO H J, SHIBASAKI R, 2001. High Accurate Positioning and Mapping in Urban Area using Laser Range Scanner[C]. Proc. of IEEE Intelligent Vehicles Symposium, Tokyo.

ZHAO H J, SHIBASAKI R, 2003a. A New Interface for Extracting Urban Spatial Objects using Vehicle-borne Laser and CCD Cameras[D]. Proc. of Computers on Urban. Planning and Urban Management, Sendai, Japan.

ZHAO H J, 1999. Reconstructing Textured Urban 3D Model by Fusing Ground-based Laser Range Image and CCD Image[D]. Doctor Thesis of University of Tokyo.

ZHAO H J, SHIBASAKI R, 2003b. Reconstructing A Textured CAD Model of An Urban Environment using Vehicle-borne Laser Range Scanners and Line Cameras[J]. Special Issue on Computer Vision System Machine Vision and Applications, 1(14):35-41.

ZHAO H J, SHIBASAKI R, 2005. Update A Digital Geographic Database using Vehicle-borne Laser Scanners and Line Cameras[J]. Photogrammetric Engineering and Remote Sensing. 71 (4):415-424.